OMAN

DUMONT REISE-TASCHENBUCH

Vordere Umschlagklappe: Übersichtskarte Oman

Hintere Umschlagklappe: Capital Area, Stadtplan von Salalah

Alexandra Ardeleanu-Jansen

OMAN

DUMONT

Titelbild: Beim Kamelrennen in Nizwa
Umschlagklappe vorne: In der Töpferstadt Bahla
Umschlagklappe hinten: Wadi Shab bei Tiwi
Umschlagrückseite (von oben): Abendstimmung in der Wüste, die Festung
  Nakhl, in der Altstadt von Nizwa
Vignette: Die Stadt Bahla ist für ihre Töpferwaren bekannt
S. 2/3: In den Wahiba Sands
S. 208: Im Sandmeer der Rub al-Khali

Über die Autorin: Alexandra Ardeleanu-Jansen hat als Bauhistorikerin viele
Jahre an archäologischen Forschungsprogrammen in Pakistan (1981–87), den
Vereinigten Arabischen Emiraten (1989–91) und im Oman (seit 1995) mitge-
wirkt. Sie lebt als Autorin und Wissenschaftlerin in Aachen.

Die Deutsche Bibliothek – CIP-Einheitsaufnahme

Ardeleanu-Jansen, Alexandra
Oman/Alexandra Ardeleanu-Jansen. – Köln : DuMont, 2000
  DuMont-Reise-Taschenbuch ; 2192
  ISBN 3-7701-4490-2

© 2000 DuMont Buchverlag, Köln
Alle Rechte vorbehalten
Satz und Druck: Rasch, Bramsche
Buchbinderische Verarbeitung: Bramscher Buchbinder Betriebe

Printed in Germany   ISBN 3-7701-4490-2

INHALT

LAND & LEUTE

Natur, Umwelt, Wirtschaft, Politik

Geschichte, Gesellschaft und Kultur

UNTERWEGS
IM OMAN

Die Capital Area

Die Batinah-Ebene, Musandam und West-Hajar

Ost-Hajar, Wahiba Sands und die Ostküste

Dhofar – Omans tiefer Süden

TIPPS & ADRESSEN

Danksagung
Dieses Buch verdankt seine Entstehung der einzigartigen Gastfreundschaft der Omanis und dem Umstand, dass ich über mehrere Kampagnen an der Entwicklung des archäologischen Parks al-Balid in Salalah mitarbeiten konnte.

Für seine großzügige Unterstützung bin ich Seiner Exzellenz Abdul Aziz bin Mohammad Al Rowas, Minister für Information zu besonderem Dank verpflichtet. Darüber hinaus haben Abdullah bin Nasser Al Rhabi, vormaliger Hauptsekretär seiner Exzellenz des Ministers für Information, Salim M. Al Mahruqi, Hauptsekretär seiner Exzellenz des Ministers für Information, Ghaneem bin Said Al Shanfari, Sheikh Amir bin Saif Al Abri und Mabrook bin Mohammad Al Rawas, alle vom Ministerium für Information, stets große Kooperationsbereitschaft gezeigt, für die ich ihnen sehr verbunden bin. Ferner gilt mein aufrichtiger Dank Renate Komes vom Pressebüro Oman, Frankfurt, Annemarie Schimmel, Bonn, Michael Jansen, Aachen und ganz besonders Inken Bohn vom DuMont Buchverlag, Köln.

Alexandra Ardeleanu-Jansen

Verzeichnis der Karten und Pläne

Zur Transkription

Vorweg eine Anmerkung zum Namen des Reiselands. Oman besitzt im Arabischen keinen Artikel. Da jedoch im deutschen Sprachgebrauch ›der Oman‹ verbreitet ist, wurde zugunsten der Lesbarkeit des Textes diese Bezeichnung gewählt.

Die Transkription der arabischen Schrift, die nur drei Zeichen für die Vokale a, i und u kennt, die aber zumeist nicht geschrieben werden, erfolgte nach der im Oman üblichen Transkription ins Englische. So wurden die Ortsnamen auch nicht ›eingedeutscht‹. Es wurde die englische Schreibweise für Muscat übernommen, wenngleich eine lautgerechte Übertragung ins Deutsche die Schreibweise Mascat erfordert hätte. Es wurde versucht, Namen und Begriffe der gängigsten Schreibweise entsprechend zu vereinheitlichen. Dies heißt jedoch nicht, dass man vor Ort etwa auf Straßenschildern oder Wegweisern nicht auch andere finden wird.

Da der Artikel al im Arabischen mit dem Substantiv zusammengeschrieben wird, wurde in der Transliteration der Bindestrich gewählt. Für das Al in Verbindung mit Familiennamen wurde die Großschreibung gewählt.

LAND & LEUTE

»Sie gehören zu dem
freundlichsten Men-
schenschlag, den
man heutzutage
noch irgendwo an-
treffen kann und
der Ansturm der
Zivilisation hat sie
weder verzogen
noch argwöhnisch
gemacht ...«

Pauline Searle 1979,
Dawn over Oman

Natur
Umwelt
Wirtschaft
Politik

Sultanat Oman

Geografie und Klima

Pflanzen- und Tierwelt

Wirtschaft, Staat und Politik

Bei der Dattelernte

Sultanat Oman

Vom Oman hörte man bis vor kurzem recht wenig und noch blüht das Reiseland Oman fast im Verborgenen. Das Sultanat ist eine stolze und scheue Schönheit auf der Arabischen Halbinsel, ein Öl produzierendes Land, das erst vor einigen Jahren vorsichtig damit begonnen hat, sich der Außenwelt zu öffnen, und nun Urlauber einlädt, die Küsten des legendären Seefahrers Sindbad, die Ruinenstädte des geheimnisumwitterten Weihrauchlandes Arabia felix sowie die von Wilfred Thesiger so eindrucksvoll beschriebenen Wüsten zu besuchen, in denen vormals streitbare Beduinen ihre Blutsfehden ausfochten.

Die Legenden und Landschaften aus vergangenen Tagen sind geblieben, aber die Zeiten und Lebensumstände der Menschen haben sich inzwischen radikal geändert. Wo einst Karawanen wochenlang durch karge Wüsten zogen, fahren heute Geländewagen. Asphaltierte Pisten machen schroffe, fast menschenleere Bergwelten zugänglich und Bewässerungsanlagen haben Ödland in landwirtschaftlich nutzbare Flächen verwandelt. Schon lange ist nicht mehr Weihrauch das wichtigste Exportgut, sondern Erdöl und Gas haben dazu beigetragen, dass innerhalb zweier Jahrzehnte aus einem Dritte-Welt-Land ein moderner Wohlstandsstaat wurde.

So sind die Stammesfehden geschlichtet und die wenigsten Bedu ziehen noch innerhalb unsichtbar festgeschriebener Territorialgrenzen umher. Sie schicken ihre Kinder auf Schulen und gehen teilweise ganz ›bürgerlichen‹ Berufen nach. Krankenhäuser, sozialer Wohnungsbau, Wasseraufbereitungsanlagen und Kraftwerke haben die Annehmlichkeiten der Moderne in die entlegensten Gebiete gebracht. Klimatisierte Häuser stehen neben alten, verlassenen Siedlungen und die betagten Wehr- und Wachtürme, die Passstraßen und Wadis kontrollierten, sind entbehrlich geworden. Viele hat man restauriert, als beredte Zeugen einer sich erst seit kurzem verändernden Zeit.

Trotz aller Modernität sind sich die Omanis ihrer alten Werte bewusst geblieben. Obwohl der Fortschritt fast nirgendwo Halt gemacht hat, ist noch vieles wie in den Geschichten von Tausendundeiner Nacht. Im heutigen Arabia felix gibt es traditionelle Viehmärkte und klimatisierte Einkaufszentren, ist die orientalische Buntheit zwar an vielen Stellen aufgeräumter, wenn nicht gar fast klinisch rein geworden. Die mystischen Düfte von Räucherwerk und Weihrauch, die sprichwörtliche arabische Gastfreundschaft, die Mentalität und die kulturellen Errungenschaften der Menschen sind geblieben und entwickeln sich weiter, die Omanis blicken in die Zukunft und sind gleichzeitig ihren alten Werten verbunden. Den erhabenen Landschaften der Wüsten- und Bergwelten konnten auch Sendemasten und Stromleitungen nichts anhaben. Die

Blick auf die Corniche von Mutrah

sattgrünen Wadi-Oasen sind immer noch still und ursprünglich, die sternenklaren Nachthimmel trübt kein Industriesmog.

Geografie und Klima

Das Sultanat Oman grenzt im Westen an die Vereinigten Arabischen Emirate und an das Königreich von Saudi-Arabien. Im Südwesten ist die Republik Jemen der Nachbar. Die über 1700 km lange Küste wird im Süden von der Arabischen See umspült, weiter im Norden vom Golf von Oman und der Straße von Hor-

mus, wo die Enklave Musandam eine strategisch wichtige Kontrollfunktion über den Schiffsverkehr in den Arabischen Golf inne hat.

Der Oman ist gut 300 000 km^2 groß und somit in seiner Flächenausdehnung mit Italien vergleichbar. Bei einer Besiedlungsdichte von 6,5 Einwohnern pro km^2 gehört der Oman jedoch zu den am dünnsten besiedelten Staaten der Welt. Das Land besteht im Norden aus einer 270 km langen und fruchtbaren Küstenebene, der Batinah, hinter der sich weiter im Landesinnern das schroffe, zum Teil aber auch sehr fruchtbare Hajar-Gebirge erhebt. Man unterscheidet zwischen dem westlichen und dem östlichen Hajar-Gebirge, zwischen beiden liegt die grüne Jebal Akhdar-Formation, aus welcher der Jebal Shams mit 3009 m als höchster Berg herausragt.

›Steckbrief‹ Oman

Fläche: 309 500 km², zum Vergleich: Italien 301 262 km²

Bevölkerung: 2,3 Mio. Einwohner, der jüngste Zensus von 1993 zählte 2 018 074 Einwohner, davon 1 483 226 Omanis (73 %) und 534 848 Ausländer bzw. Gastarbeiter, vornehmlich aus Indien, Pakistan, Sri Lanka und den Philippinen; Bevölkerungsdichte: 6,5 Einwohner pro km² und somit eines der am dünnsten besiedelten Länder der Welt; Bevölkerungszuwachs im Jahr: 2,5 %; Analphabetenrate: 20 %

Hauptstadt: Muscat mit über 400 000 Einwohnern (31,1 % der Gesamtbevölkerung lebt in der so genannten Capital Area)

Religion: Muslimisch, mehrheitlich der ibaditischen Lehre (vgl. S. 49f.) angehörig, 25 % Sunniten

Regierungsform: Sultanat/Monarchie

Sprache: Offizielle Landessprache ist Arabisch, Englisch ist weit verbreitet

Pro-Kopf-Einkommen: Umgerechnet 13 000 DM im Jahr; Inflationsrate: 1,5 %; Ölproduktion: 800 000 Barrel pro Tag; Ölreserven: 5,4 Billionen Barrel erlauben noch eine Förderung in den nächsten 20 Jahren

Landwirtschaftliche Nutzfläche: Auf 100 000 ha werden im Oman 93 % des Eigenverbrauchs an Früchten, 75 % an Tierfutter, 64 % an Gemüse, 35 % an Knollenfrüchten wie Kartoffeln, 53 % an Milchprodukten, 45 % an Rindfleisch, 45 % an Eiern und jeweils 22 % an Lamm- und Hühnerfleisch erwirtschaftet. Die Exporte aus der Landwirtschaft und Fischerei machen 30 % der Einnahmen aus der ölunabhängigen Wirtschaft aus.

Wichtigste Exportgüter: Öl, seit dem Jahr 2000 auch Flüssiggas. Kupfer, Aluminium, Fisch und landwirtschaftliche Produkte, die 30 % der ölunabhängigen Exporte ausmachen

Tourismus: 1995 zählte man 14 000 westliche Besucher, 1997 waren es bereits über 70 000 und für 2005 erwartet man mehr als 100 000 Gäste, vornehmlich aus Europa.

Reisezeit: Als angenehmste Reisezeit gelten die Monate von Oktober/November bis März, dann betragen die durchschnittlichen Tagestemperaturen 25° bis 35° Celsius.

Im Osten, der Sharqiyah, erstrecken sich hinter dem felsigen Küstenstreifen des östlichen Hajar die Wahiba Sands, eine majestätische Wüstenlandschaft aus 15 000 km^2 Sanddünen. Der Oman ist durchzogen von Wadis, zumeist trocken gefallenen Flussläufen, die sich nach saisonalen Niederschlägen oder durch ein ausgeklügeltes, von Menschenhand angelegtes Bewässerungssystem in tropische Vegetationsnischen verwandeln können.

Im Süden erheben sich hinter den monsunbewässerten, grünen Küstenstreifen von Dhofar die 1400 bis 2000 m hohen Bergrücken der Jebal Samhan, Jebal Qara und Jebal Qamar. Die karge, von Salzflächen bedeckte Ebene, die sich nördlich dieser Bergkette anschließt, führt in die Wüste Rub al-Khali, das berühmte Leere Viertel, das Bertram Thomas (1930), John Philby (1932) und Wilfred Thesiger (1946–47, 1947–48) als erste Europäer durchquerten.

Den geografischen Regionen entsprechend, unterscheidet sich das Klima im Oman. Im Sommer ist es an den Küstenregionen feucht (Salalah bis zu 99 % Luftfeuchtigkeit) und mit über 40° Celsius im Norden sehr heiß. Sowohl an der Küste (Sohar) als auch im Landesinnern (Buraimi) können die Temperaturen bis auf 50° Celsius ansteigen; die Luftfeuchtigkeit ist dort indes geringer. In den höheren Lagen der Bergregionen und im südlichen Dhofar herrscht das ganze Jahr ein gemäßigteres Klima. Abgesehen von der südlichen Provinz Dhofar, die in

den Monaten Juni bis September vom Südwestmonsun gestreift wird, sind die Niederschläge im Oman eher unregelmäßig und gering. Dennoch kann es insbesondere von Januar bis März zu plötzlichen und starken Regenfällen kommen, die dann die Wadi-Betten zu reißenden Flüssen werden lassen.

Die Küstenregionen

Die Küste am Golf von Oman, die Batinah, gilt als die fruchtbarste Zone des Landes und wird deshalb auch als der Bauch (al-Batinah) bezeichnet. Die Batinah ist eine sichelförmige, zwischen 3 und 30 km breite Ebene, in der auf einem bis zu 5 km breiten Streifen intensiver Landbau betrieben wird, der Datteln, Obst und Gemüse hervorbringt. Landeinwärts verschwindet der fruchtbare Boden unter Geröll, das zumeist nur noch Akaziengewächse gedeihen lässt. Näher an den Berghängen treten tief eingeschnittene Wadi-Betten hervor, in denen nur noch eine kleinteilige Oasenwirtschaft möglich ist.

Von jeher gehörte die Batinah zu den am dichtesten besiedelten Gebieten des Oman. Während die Bevölkerung sich traditionell von Landwirtschaft, Fischerei und Seehandel ernährte, kommen heute viele Arbeitsplätze in der Industrie hinzu.

Historisch gesehen ist die Batinah eine der bedeutendsten Regionen auf der Arabischen Halbinsel gewesen. Im Hinterland gibt es reiche Mineralienvorkommen, die bereits im 3. Jt. v. Chr. über Wadi-Pässe zur Küste gelangten und von dort nach Persien und auf den indischen Subkontinent verschifft wurden. Im 9. und 10. Jh. war Sohar das wichtigste Handelszentrum der islamischen Welt mit Südostasien und Afrika.

Der Überseekontakt macht sich auch an der Zusammensetzung der Bevölkerung bemerkbar. Neben den einheimischen Sunniten und Ibaditen leben auch Baluchis, Perser und Zuwanderer aus Bahrain in der Batinah. Sohar hatte bis zum Ende des 19. Jh. eine große jüdische Gemeinde, wovon noch heute ein jüdischer Friedhof zeugt.

Die Architektur in der Batinah spiegelt die Komplexität der ethnischen Bevölkerungsgruppen wider. Die Festungen, die über die Jahrhunderte an der Küste errichtet wurden, gehen teilweise auf sassanidische und portugiesische Ursprünge zurück oder stammen aus der Zeit der al-Ya'aruba- (1624–1743) und al-Bu-Said-Dynastien (seit 1744).

Die Bergregionen

Die Bergregion im Norden wird als al-Hajar-Kette bezeichnet. Sie erstreckt sich entlang der gesamten Nordküste, wo sie manchmal unmittelbar und dramatisch aus der See aufsteigt oder bis zu 10 km hinter einem flachen Küstenstreifen sich allmählich erhebt, um in der Jebal-Akhdar-Region mit Bergspitzen von über 3000 m emporzuragen.

Im südlichen Dhofar bildet eine weitere Bergkette, bestehend aus dem westlichen Jebal Qamar, dem zentralen Jebal Qara und dem östlichen Jebal Samhan, eine 200 km lange Barriere zwischen der Salalah-Küste und dem nördlich gelegenen Nejd, einer kargen Gerölllandschaft, die in das Leere Viertel der Rub al-Khali übergeht.

Die nördlichen Hajar-Berge liegen in Musandam, einer noch wenig erschlossenen Gegend, die auch Touristen nicht einfach zugänglich ist, zumal Musandam vom Rest des Oman durch einen Streifen Landes getrennt wird, der zu den Vereinigten Arabischen Emiraten gehört.

Zum westlichen Hajar-Gebirge gehört der mit 3009 m höchste Berg des Oman, der Jebal Shams (Sonnenberg). In der Jebal-Akhdar-Formation, den ›grünen Bergen‹, wie sie aufgrund der Farbgebung ihrer Gesteinsmassen genannt werden, steigen die meisten Gipfel auf gut über 2000 m an. Die Landschaft ist zum Teil dramatisch, mit schroffen, engen Pässen und steilen, Schwindel erregenden Felswänden, die sich über tiefe Schluchten erheben. Am omanischen ›Grand Canyon‹ westlich des Jebal Shams, können alpinbegeisterte Besucher einen faszinierenden Blick in das 1000 m tiefer gelegene Tal des Wadi Nakhr/ Wadi Ghul werfen.

Auch wenn diese kahle Bergwelt auf den ersten Blick einen recht unwirtlichen Eindruck macht, gibt es hier viele alte Dörfer, die gefährlich steil an den Hängen kleben und von

Gebirgszug im Hinterland von Muscat

kunstvoll terrassierten Gemüsegärten umgeben sind. Durch *Aflaj*-Kanäle (vgl. S. 30ff.) bewässert, bringen die stufig angelegten Felder üppiges Grün hervor, lassen Mango-, Pfirsich-, Aprikosen- und Zitronenbäume gedeihen.

Die Gipfel des östlichen Hajar-Gebirges sind nicht höher als 2000 m. Die Bergwelt ist hier weniger schroff, die Bergrücken sind gerundeter, da sie aus einem weicheren und jüngeren Kalkstein bestehen als die westlichen und nördlichen Felsformationen. Regenwasser hat im Laufe von Millionen Jahren tiefe Schluchten und unterirdische Höhlen entstehen lassen. Das unterirdische System von natürlichen Wasserläufen, in denen sich Regenwasser ansammeln kann, sorgt für den Wasserüberfluss in den Wadis dieser Region, die zu beliebten Ausflugszielen für Einheimische und Touristen geworden sind. Zu den spektakulärsten und landschaftlich reizvollsten zählen das Wadi Bani Khalid, das Wadi Shab und das Wadi Dayqah.

Die Wüsten

Ausflüge in die Wüsten wie die Wahiba Sands und die Rub al-Khali können zu einer aufregenden Naturerfahrung werden. Faszinierend sind nicht nur die abrupten Übergänge zwischen den rötlich gefärbten Sanddünen der Wahiba und den bewässerten grünen Oasenlandschaften an derem Rande, sondern auch

19

die Formationen der Dünen, die Beschaffenheit ihrer feinen Sande, in denen die Elemente filigrane Muster hinterlassen oder gelegentliche Regenfälle eine vorübergehende Vegetation hervorbringen, die unwissenden Besuchern Rätsel aufgibt.

Viele Pflanzen-, Insekten- und Tierarten in den Wahiba Sands wurden erst durch die Royal Geographic Society im Jahre 1986 wissenschaftlich dokumentiert. 150 Pflanzenarten identifizierte man in dem über 15 000 km^2 messenden Wüstenmeer, 200 Säugetier-, Vogel- und Reptilien- sowie 16 000 Insektenarten, deren Wasserhaushalt fast ausschließlich auf der Feuchtigkeit des Taus beruht.

In den Wahiba Sands bei al-Mintirib

Die Dünen der Wahiba sind Millionen Jahre alt und aufgrund der vorherrschenden Winde nord-südlich ausgerichtet. Bis zu 100 m hoch, liegen die Dünenrücken annähernd parallel nebeneinander, durch breite Niederungen voneinander getrennt, welche die Hauptpisten durch die Wahiba bilden. Im Süden ist die Dünenlandschaft niedriger, in ihrer Anordnung zufälliger und die Sande nehmen eine hellere Tönung an.

Die Wahiba reicht im Osten bis an die Küste der Arabischen See. Dort fördert der durch die Meeresnähe bedingte, kräftige Morgentau das Wachstum der Prosopis-Woodlands, die den Lebensraum zahlreicher Nomadenstämme bilden. *Prosopis spicigera L.* bzw. Ghaf-Bäume können bis zu 10 m hoch werden und haben scheinbar endlos lange

Wurzeln, die noch aus bis zu 20 m Tiefe Grundwasser ziehen können. Für die Bedu ist der Baum eine wichtige Lebensgrundlage, da er ihren Kamelherden Futter und ihnen Feuerholz und Baumaterial liefert.

Sieht man davon ab, dass geländegängige Pick-ups das Kamel als Transportmittel abgelöst haben, hat sich an der Lebensweise der Bedu nicht allzu viel verändert. Viele ziehen mit ihren Kamelen, Ziegen- und Schafherden auf der Suche nach frischem Weideland in den Woodlands umher und siedeln sich in den Sommermonaten vorübergehend an der Küste an, um dort dem Fischfang nachzugehen.

Etwa 35 Mal größer als die Wahiba ist die Wüste Rub al-Khali, das Leere Viertel, das sich über 518 000 km² zwischen dem Oman und Saudi-Arabien erstreckt. Pionieren wie Bertram Thomas (1930/31), John Philby (1932) und Wilfred Thesiger (1947/48) haben wir Reisebeschreibungen zu verdanken, die einerseits von den ungeheuerlichen Strapazen der Wüstendurchquerungen Zeugnisse ablegen, aber die Leser gleichzeitig an der gewaltigen Faszination teilhaben lassen, die der Ozean aus Sand und die darin umherziehenden Bedu-Stämme bei den Abenteurern hinterließen.

Die Rub al-Khali war nicht immer so karg wie heute. In zwei Phasen zwischen 32 000 und 20 000 v. Chr. und 10 000 und 6000 v. Chr. hatten Monsunregen Seen zwischen den Dünen entstehen lassen, die nach 20 000 v. Chr. und um 6000 v. Chr.

durch Klimawechsel und Verlagerung der Monsunregen austrockneten. Konnten in den feuchteren Phasen aufgrund üppigerer Vegetationsverhältnisse noch Wasserbüffel, Rinder und Flusspferde hier existieren, starben diese in den Trockenzeiten aus und überließen es den Oryxen und Gazellen, mit dem dürftigen Grün der Wüste auszukommen. Im Gegensatz zu den Dünen der Wahiba wandern die Sandmassen der Rub al-Khali.

Pflanzen- und Tierwelt

Obwohl weite Gebiete des Oman karg und wasserlos sind – bestehen doch 82 % des Landes aus Sand- und Geröllwüste –, ist die Pflanzenwelt erstaunlich reich und vielfältig. Wissenschaftliche Erhebungen haben annähernd 1200 verschiedene Wildpflanzenarten registrieren können.

Den unterschiedlichen omanischen Landschaften entsprechend, trifft man im nördlichen Hajar-Gebirge auf eine ganz andere Vegetation als in der Zentralebene oder in den Wüsten der Wahiba und der Rub al-Khali. Das gemäßigt klimatisierte und niederschlagsreiche Dhofar nimmt eine Sonderstellung ein, da von den 1200 Gattungen allein 750 in der Bergwelt der Südprovinz zu finden sind. Dass im Leeren Viertel weniger als 20 Pflanzenarten überleben können und man an dessen Ausläufern nur 17 weitere Ge-

Phoenix dactylifera Linné

Die Dattelpalme

Dattelpalmen gehören zu den ältesten Nutzpflanzen auf der Arabischen Halbinsel. Die frühesten Nachweise über ihren Anbau liegen aus Hili 8 vor, einem Fundort in der Nähe von al-Ain (Vereinigte Arabische Emirate) unweit der Grenze zum Oman. In der Hili 8 Phase I, die in das beginnende 3. Jt. v. Chr. datiert, wurden Dattelkerne gefunden. Dies ist insoweit bemerkenswert, als ohne den Schatten spendenden Schutz dieser Bäume im Klima des Nord-Oman der Anbau von Gemüse und Obst nicht möglich gewesen wäre. Was die Domestizierung des Kamels auf der Arabischen Halbinsel für das Transportwesen bedeutete – mit keinem anderen Tier hätte der Mensch die Wüste erobern können –, scheint die Dattelpalme für die Landwirtschaft gewesen zu sein. Deren Kultivierung markiert einen wichtigen Schritt in der Weiterentwicklung des Ackerbaus.

Die Kultivierung von Dattelplamen ist von Bewässerungssystemen abhängig, da sie ein heißes, trockenes Klima brauchen. Allerdings ist ihnen eine zu hohe Luftfeuchtigkeit eher abträglich, wodurch sich auch erklärt, dass sie im südlichen Dhofar nicht gedeihen. Zum anderen ist die Besamung und Ernte der Fruchtstände recht arbeitsintensiv. Letzteres war auch der Grund dafür, dass man in den ersten Jahren nach dem Regierungsantritt von Sultan Qaboos 1970 die Dattelpalmenoasen vernachlässigte und die ohne künstliche Besamung gereiften und schließlich heruntergefallenen Datteln als Viehfutter verwendete.

Es mag dahingestellt bleiben, wie es während dieser Zeit um die Zahngesundheit der omanischen Haustiere bestellt war. Anthropologen haben nachweisen können, dass schon in vorgeschichtlicher Zeit mit einem zunehmenden Dattelkonsum der Kariesbefall der Bevölkerung anstieg. Datteln haben einen sehr hohen Zuckergehalt. Mit 36 % Zucker- und 23 % Eiweißanteilen sowie zahlreichen Mineralstoffen bildeten sie seit dem frühen 3. Jt. v. Chr. eines der Grundnahrungsmittel. Wegen ihrer langen Haltbarkeit in gedörrtem Zustand gehörten sie zum Proviant der Kamelkarawanen und Seefahrer.

Dattelpalmen werden zwischen 10 und 20 m hoch und können ein Alter von 100 Jahren erreichen. Sie vermehren sich durch Samen und Ableger. Für ihre Kultivierung als Nutzpflanze sind indes die aus Sämlingen entstandenen Bäume nicht interessant, weil ihre Früchte von minderer Qualität sind als die der Mutterpflanze. Somit bedient man sich beim

Feldbau der Ableger, von denen ein Baum zwischen seinem vierten und fünfzehnten Lebensjahr nur etwa acht bis zwanzig produziert.

Ein weiblicher Baum beginnt nach vier bis fünf Jahren Früchte zu tragen. Um die Ernte-Erträge zu steigern, wendet man überall dort, wo Datteln kultiviert werden, seit Jahrtausenden künstliche Befruchtung an. Dazu müssen die hohen Kronen erklommen und die reifen Pollen aus den männlichen Samenkolben mit den Blütenständen der weiblichen Bäume zusammengebunden werden. Da man mit den Samen eines männlichen Baumes auf diese Weise bis zu 200 weibliche Palmen befruchten kann, stehen in den Palmengärten auf der Arabischen Halbinsel auch kaum männliche Pflanzen. Die Besitzer männlicher Bäume haben im Frühjahr so viele Samenkapseln übrig, dass sie den Überschuss auf dem Suq feilbieten.

Die Ernte beginnt im Juni und kann je nach Dattelart bis zum November andauern. Um die druckempfindlichen Früchte sicher aus den Baumwipfeln zu bergen, müssen Erntehelfer hinaufklettern und jede einzelne, mehrere Kilo wiegende Rispe vertauen, die dann mit Unterstützung weiterer Bodenpersonals vorsichtig abgeseilt wird.

Noch im 19. Jh. waren Datteln das wichtigste Exportgut des Oman. Durch die Förderung der traditionellen Landwirtschaft gedeihen heute wieder 10 Mio. Dattelpalmen auf etwa 60 % der landwirtschaftlich genutzten Fläche. 1995 begann im Industriegebiet von Rusayl die erste Dattel verarbeitende Fabrik den Betrieb, die neben Trockendatteln, Sirup und gerösteten Dattelkernen, der als Kaffee-Ersatz dient, auch Grundstoffe für weiterverarbeitende Betriebe der Backindustrie herstellt.

Aber nicht nur die Frucht allein hat die Dattelpalme zu einer der wichtigsten Kulturpflanzen Arabiens werden lassen. Fast jede Faser des Baumes ist verwertbar. Aus den Palmwedeln lassen sich Matten flechten, die im Hausbau, insbesondere an der Batinah-Küste, Verwendung finden. Die Produkte aus Palmwedeln sind scheinbar unbegrenzt: Taschen, Fächer, Besen, große runde Untersetzer, auf denen das omanische Mahl auf dem Boden serviert wird, konische ›Hüte‹, die man wie eine Art Fliegengitter über die Nahrungsmittel stülpt.

Aus der Mittelrippe der Blätter können Spazierstöcke werden, die Fasern, welche die Blattstiele verbinden, lassen sich zu Seilen, Schnüren, Matten und Korbwaren verarbeiten. Das Holz des Stammes wird im Haus-, Möbel- und Bootsbau verwendet. Das *Shashah*-Boot, ein kleines Fischerboot, das man mitunter noch an der Batinah-Küste sehen kann, besteht aus Palmästen und Blättern, die mit Palmfasergarn zusammengenäht sind.

Weihrauchbäume wachsen in Dhofar

wächse identifizieren konnte, wird nicht verwundern.

Die meisten Wüstenpflanzen decken aus der Luftfeuchtigkeit des Morgentaus ihren Flüssigkeitsbedarf. Von direkter Wasserzufuhr sind die wenigsten abhängig. Da das bis zu 20 m lange Wurzelwerk auf das Grundwasser vordringen kann, gedeiht der Hülsenbaum *Prosopis spicigera* auch in Sandwüsten. Um den Erhalt des sensiblen Mikroklimat der Wüsten besorgt, hat man Aufforstungsprogramme begonnen, denn der *Prosopis spicigera* ist nicht nur ein wichtiger Schattenspender für Mensch und Tier, er trägt auch zur Stabilisierung der Dünenlandschaft bei.

Die Vegetation Dhofars ist größtenteils afrikanischen Ursprungs. Vor 20 000 Jahren muss der Wasserspiegel des Roten Meers um 125 m tiefer gelegen haben, so dass nordostafrikanische Pflanzen bis auf die Arabische Halbinsel vordringen konnten. Die der See zugewandten Bergkämme erhalten während des Monsun mehr Regen und Feuchtigkeit als die seeabgewandten. Daher ist die Pflanzenwelt auf der Nordseite vom ariden Typus, während an den südlichen Berghängen sich eine vielfältige Pflanzenwelt afrikanischen Ursprungs entwickeln konnte.

Die wichtigste Wildpflanze Dhofars ist der Weihrauchbaum *(Boswellia sacra)*, der bevorzugt auf der meerabgewandten Seite wächst. Vereinzelt findet man ihn auch in Küstennähe, jedoch ist dort das Baumharz von minderer Qualität.

Als Grundregel gilt, je weniger die Bäume dem Monsun ausgesetzt sind, desto reiner und wohlriechender ist der Weihrauch.

Durch die in weiten Teilen des Landes extremen klimatischen und landwirtschaftlichen Bedingungen war das Spektrum der traditionellen Nutzpflanzen früher eher beschränkt. In den Oasen des Nordens gehörte hierzu seit Jahrtausenden die Dattelpalme, die im feuchteren Klima des Südens nicht gedeihen kann. Datteln waren nicht nur stets eines der Hauptnahrungsmittel, sondern im 19. Jh. auch das größte Exportgut des Oman. Nachdem in den 70er Jahren des 20. Jh. moderne Zeiten für das Land angebrochen waren, wurden die Dattelgärten bald vernachlässigt, denn die Bäume brauchen eine sehr intensive Pflege. Es ist staatlichen Initiativen zu verdanken, dass die Oasenbauern wieder motiviert wurden, die alte Kulturpflanze zu pflegen. Heute stehen in der Batinah-Ebene und im Landesinnern etwa 10 Mio. Dattelpalmen auf 60 % des kultivierbaren Landes.

Im Schatten der Dattelpalmen wurden traditionell Unterkulturen wie Bananen, Limonen, Papayas und Henna-Sträucher gehalten. Im Süden, in Dhofar, übernimmt die Kokospalme die Funktion des Schattenspenders.

In den Höhenlagen des Jebal Akhdar gedeihen Zitrusfrüchte, Aprikosen, Pfirsiche, Walnüsse, Mandeln, Wein, Feigen und Granatäpfel. Hier werden auch in größeren Mengen Rosen angebaut, die den Grundstoff für das omanische Rosenwasser liefern. Neben vielen verschiedenen Gemüsesorten sind weitere wichtige Nutzpflanzen Tabak, Mais, Hirse und als Viehfutter Luzerne (Alfalfa).

Tierwelt im Oman

Eine strikte Gesetzgebung, die auch das Jagen verbietet, hat sehr viel zum Schutze verschiedener seltener Wildtierarten beigetragen. Nachdem Wilderer 1972 die letzten, in der Jiddat al-Harasis lebenden Arabischen Oryxe *(Oryx leucoryx)* erlegt hatten, war es der Wunsch von Sultan Qaboos, den Oryx mit gezielten Maßnahmen in seiner ursprünglichen Heimat wieder anzusiedeln. In der Jiddat al-Harasis wurde ein Naturschutzgebiet geschaffen, in dem der Oryx seit 1982 wieder heimisch ist. Dort wird der Bestand inzwischen auf 400 Tiere geschätzt.

Darüber hinaus ist der Oman der natürliche Lebensraum vieler inzwischen selten gewordener Tierarten wie Leoparden, Gazellen, Ibexen, Antilopen, Bergziegen, Wüstenfüchse und Wildkatzen, für die ebenfalls weite Gebiete unter Naturschutz gestellt wurden.

Durch die systematische Ausbildung der Landbevölkerung zu Rangern werden die Lebensräume der Herden zusehends besser überwacht. So hat sich im Reservat der Jiddat al-Harasis die Population der Arabischen Gazelle *(Gazella gazella*

Kamele und Flamingos in Mughsail

cora), auch Berggazelle genannt, ausgezeichnet entwickeln können. Allein hier sollen inzwischen mehrere Tausend Tiere leben. Doch ein kurzer Anblick dieser höchst scheuen und anmutigen Tiere lässt sich auch andernorts erhaschen, wie etwa an den Ausläufern der Batinah oder entlang der Schotterstrecke zwischen Quriyat und Sur, wo auf der Höhe zwischen Fins und Bimmah mehrere Wadi-Betten unter Naturschutz stehen. Die etwas größere Sandgazelle *(Gazella leptoceros)* ist im Oman recht selten. Sie trifft man gelegentlich in den Randgebieten der Rub al-Khali an.

Der ebenfalls gefährdete Nubische Ibex *(Capra ibex nubiana)* lebt wieder in kleinen Herden von fünf bis zehn Tieren in der freien Wildbahn um Huqf, in der Jiddat al-Harasis und im Berggebiet des Jebal Samhan in Dhofar.

Im Wadi al-Sarin, etwa auf der Höhe von Quriyat, hat die Regierung bereits 1972 ein Schutzgebiet für den Arabischen Tahr *(Hermitragus jayakari),* eine Bergziegenart, ausgewiesen. 1976 wurde der Arabische Tahr unter Naturschutz gestellt und man nimmt an, dass die Anzahl der Tiere im Oman wieder auf 2000 gestiegen ist.

Die Brutplätze der vom Aussterben bedrohten grünen Meeresschildkröte *(Chelonia mydas)* entlang der Küste südlich von Ras al-Hadd, die ebenfalls unter Schutz stehen, können nach vorheriger Genehmigung des Ministeriums für Gemeindeverwaltung und Umwelt besucht werden. Ranger führen an den nächtlichen Strand, wo alljährlich etwa 13 000 Weibchen ihre Eier ablegen.

Der Oman ist Zwischenstation vieler Zugvögel aus Europa, Afrika und Asien. Die gefiederten Gäste tauchen ihren unterschiedlichen Reisezielen entsprechend fast das ganze Jahr über auf. Insbesondere im Herbst finden sich in der Nähe von Muscat viele Greifvögel ein, die Ornithologen aus der ganzen Welt anreisen lassen. Viele der Adler, Bussarde, Turmfalken und Geier haben südlichere Ziele, aber manche, wie der langbeinige Bussard und der ägyptische Geier, kommen zum Nestbau in den Oman. Spektakulär ist die herbstliche Wanderung osteuropäischer Weißstörche, die sich auf ihrem Weiterflug nach Afrika in Dhofar ausruhen und dort in Massen über die Grünfutterplantagen staksen.

Wirtschaft

Öl und Gas

Nachdem 1964 die ersten förderwürdigen Ölvorkommen in Fahud entdeckt wurden, begann 1967 der Export. Waren es 1972 nur 300 000 Barrel pro Tag, konnten 1996 900 000 Barrel täglich aus 93 Ölfeldern gefördert werden. In der omanischen Ölindustrie sind zur Zeit 75 % Omanis beschäftigt. Eine Omanisierung wird auch hier angestrebt: Im Jahre 2007 dürfte es keinen Gastarbeiter mehr in diesem Industriezweig geben.

Ein weiteres wichtiges Standbein für Wirtschaft und Export ist die Flüssiggasförderung. Das Oman Liquefied Natural Gas Project ist nicht nur ein ehrgeiziges, sondern auch das größte Unternehmen, das sich der Oman vorgenommen hat. Die Gasvorkommen in Zentral-Oman wurden erst 1989 entdeckt.

Da die Ölreserven des Landes begrenzt sind, fördert die Regierung private Investitionen in Handel und Industrie mit zinsfreien Krediten, wenn es sich um Vorhaben in der Landwirtschaft, Fischerei, Industrie, dem Bergbau oder im traditionellen Handwerksbereich handelt. Die Stützung privater Initiativen zielt jedoch nicht allein auf eine Unabhängigkeit vom Öl, sie geht auch einher mit der ›Omanisierung‹ und ›Diversifizierung‹ der Wirtschaft sowie der Schaffung und Sicherung von Arbeitsplätzen.

In den letzten Jahren hat die Regierung zahlreiche Industrie-Anlagen aufgebaut, zu denen Zementfabriken, Ölraffinerien, Kupfer verarbeitende Betriebe, Kabelfabriken und eine Datteln verarbeitende Fabrik gehören. Weitere Großinvestitionen sind für die Zukunft geplant: In Sur soll eine Düngemittelfabrik entstehen, die als Joint Venture zwischen Oman und Indien geplant ist. In Sohar wird eine Aluminiumschmelzanlage sowie eine petrochemische Fabrik mit der Produktion beginnen. Mit der Anlage von Industriegebieten auch außerhalb der Capital Area um Muscat, in Nizwa,

Sur, Sohar, Khasab und al-Buraimi setzt man auf die Schaffung von Arbeitsplätzen in bisher strukturschwachen Gebieten.

Einen zunehmenden Wirtschaftsfaktor stellt mittlerweile auch der Tourismus dar. Die Regierung fördert Privatinitiativen im Hotelbau durch preiswerte Kredite und setzt dabei vor allem auf den Kulturtourismus, der eine zahlungskräftige Klientel ins Land bringt. Massentourismus soll vermieden werden, vor allem im Hinblick auf die Umwelt und die kulturelle Identität des Oman.

1995 konnte man 14 000 Besucher vor allem aus Europa und Japan begrüßen, 1997 waren es bereits 70 000. Darüber hinaus reisen im Sommer viele Gäste aus den Nachbarstaaten in den Oman, weil sie vor allem im südlichen Dhofar das kühlere Wetter genießen, das der Sommermonsun mit sich bringt.

Traditionelle Wirtschaftsformen

Da der Oman in einer Trockenzone liegt, sind die landwirtschaftlichen Nutzflächen auf die Gebiete beschränkt, in denen Bewässerungsfeldbau durch Grundwasser möglich ist. Allein im südlichen Dhofar lässt sich durch den von Juni bis September wiederkehrenden Sommermonsun mit regelmäßigen Niederschlägen rechnen. Im Norden des Landes ist man auf die mitunter zwar starken, aber sehr unregelmäßigen Schauer angewiesen, die in der Bergwelt des Hajar abregnen. Das Wasser versickert in dem porösen Kalksteinmassiv und wird beiderseits der Bergkette mit Hilfe von *Falaj*-Systemen (vgl. S. 30ff.) auf die Felder geleitet.

In den Küstenzonen der Batinah und Dhofars schöpft man das Wasser aus Brunnen, die bis auf die Aquiferschichten abgesenkt sind. Traditionell wurde das Wasser mit Hilfe von Eseln und anderen Zugtieren an die Oberfläche befördert. Der Einsatz von Dieselmotoren, der mit der Ausdehnung der landwirtschaftlich genutzten Flächen einherging, führte zu drastischen Absenkungen des Grundwasserspiegels, die Meerwasser nachfließen ließen und Versalzungen hervorriefen. Um der jährlichen Senkung des Wasserspiegels von 0,5 m an der Batinah-Küste entgegenzuwirken, wird man wohl einige landwirtschaftliche Großbetriebe wieder schließen müssen.

Wenngleich in den letzten Jahrzehnten zahlreiche Industrieprojekte gegründet wurden, lebt immer noch über die Hälfte der Bevölkerung von der Landwirtschaft und Fischerei. Im Oman hat man Förderungsprogramme für diese beiden Sektoren entwickelt. Zum einen wollte man den Abwanderungsbewegungen der Landbevölkerung in die Städte entgegenwirken, zum anderen sollte eine möglichst weitgehende Selbstversorgung mit Lebensmitteln erreicht werden, um das Land unabhängiger von Importen zu machen. Darüber hinaus ging es

auch um die Pflege der Kulturland-
schaft, denn die jahrtausendealte
Oasenkultur drohte in den modernen Zeiten des Ölbooms zum Erlie-
gen zu kommen.

Den unterschiedlichen klimatischen Zonen des Landes entsprechend, wachsen in den Oasen des
Nordens vornehmlich Datteln, Zitrusfrüchte, Granatäpfel, Pfirsiche,
Walnüsse, Trauben, Mangos, Bananen, Melonen, Feigen und Gemüse
wie Tomaten, Auberginen, Zwiebeln, Rettich oder Kartoffeln. In re-
genreicheren Jahren kann im Landesinnern, in der Gegend um Bahla,
auch Getreide geerntet werden. Der
Weizenanbau geht immer mehr zurück, da importiertes Getreide und
Reis preiswerter sind.

Aufgrund der klimatischen Bedingungen gedeihen im südlichen
Dhofar keine Dattelpalmen. Dhofar
ist das Land der Kokospalmen, die
man hier schon früh aus Indien importiert hatte. Daneben werden am
dhofarischen Küstenstreifen Papayas, Bananen sowie Gemüse und
Tierfutter angebaut. Durch den Bewässerungsfeldbau sind hier bis zu
drei Ernten im Jahr möglich.

In den Gewässern vor der omanischen Küste hat man über 150 verschiedene Meerestierarten identifi-

Fischer beim Flicken der Netze

Wasser in der Wüste

Das Falaj-System

Nirgendwo im Oman ist Landbau ohne künstliche Bewässerungssysteme denkbar. Heute können dies hoch technisierte, automatische Berieselungsanlagen sein, traditionell jedoch haben sich die Landwirte über Jahrtausende Bewässerungsanlagen bedient, die das Wasser von einem höher gelegenem Gelände über Gräben und Kanäle auf die tieferen Felder leiteten. Noch heute sind die *Aflaj*- (pl. von *Falaj*) Bewässerungssysteme die am meisten verbreiteten im Oman. Viele davon sind Jahrhunderte, wenn nicht gar Jahrtausende alt und werden immer wieder instand gesetzt, insgesamt 4155 *Aflaj* bewässern das Land.

Legenden zufolge soll König Salomo (ca. 965–926 v. Chr.), den die Muslime als Propheten Sulaiman bin Daud (Salomo, Sohn des David) verehren, das *Falaj*-System im 10. Jh. v. Chr. in den Oman gebracht haben. Der Prophet hatte auf einem fliegenden Teppich sitzend den Oman überquert und war beim Anblick der trockenen Landschaften unter ihm so sehr erschaudert, dass er Genien befahl, hier Bewässerungssysteme zu errichten. Inzwischen hat die neuere archäologische Forschung die Datierung der ersten *Aflaj*-Systeme in das frühe 1. Jt. v. Chr. bestätigt.

Im Oman unterscheidet man zwischen zwei *Falaj*-Arten, dem *Falaj Ghayl* mit oberirdisch verlaufenden Kanälen und dem *Falaj Qanat*, der über weite Strecken in unterirdischen Stollen verläuft. Der *Falaj Ghayl* bezieht sein Wasser aus den oberen Bereichen des Wadi-Bettes und leitet es über Oberflächenkanäle mit seichtem Gefälle teilweise kilometerweit zur Siedlung mit landwirtschaftlich genutzten Flächen.

Oberflächenkanäle sind auch die Regel beim *Falaj Qanat*, indes bezieht dieser sein Wasser aus unterirdischen Quellen oder Wasseradern.

Um diese zu erschließen, wird zunächst ein senkrechter Tunnel bis auf den Wasserspiegel abgeteuft und danach ein Stollen durch den Felsen getrieben, der das Wasser an einer geeigneten Stelle aus der Bergwand heraustreten lässt. Dort wird der Quell gefasst und in offenen Kanälen bis zur Oase weitergeleitet.

Auf dem langen Weg dorthin müssen oft Hindernisse wie Felskämme oder Wadi-Betten überwunden werden, die man entweder untertunnelt oder mit Aquädukten überbrückt. Tiefe Wadi-Betten, die in Regenzeiten zu derart reißenden Strömen werden können, dass sie einen Aquädukt wegspülen würden, überlistet man mit dem System der kommunizierenden Röhre. Am Wadi-Rand wird das Wasser in einer Röhre vertikal herabgeleitet und unterhalb des Wadi in einem Tunnel auf die andere Uferseite geführt, wo es durch den entstandenen Druck auf annähernd gleicher Höhe ankommt und oberirdisch weiterfließen kann.

Der arabische Begriff *Falaj* bedeutet so viel wie verteilen. Da vom Wasser eines *Falaj* alle Dorfbewohner mit ihren Feldern und Herden abhängig sind, hat man verschiedene Verteilungsarten ersonnen, um sowohl hygienischen als auch ökonomischen Standards gerecht zu werden. Beim geläufigsten Verteilungssystem, dem *Dawaran,* geht es um die Dauer, während derer die Felder der einzelnen Familien bewässert werden. Die Einheiten werden im 30-Minuten-Takt berechnet und orientierten sich in alten Zeiten nach dem Sonnenstand, der mit Gnomonen (Schattenstäben) bemessen wurde.

Ein bestimmter Anteil *(Q'ada)* des jährlich zur Verfügung stehenden Wassers wird von der Dorfgemeinschaft zurückgestellt und entweder an Dritte versteigert oder gemeinschaftlich genutzt, um kommunale Felder zu bestellen. Die dort geernteten Früchte werden auf dem Markt verkauft, damit der Unterhalt des *Falaj* finanziell gesichert ist. Die Reinigung und Instandsetzung oberirdisch verlaufender Wasserkanäle besorgen die Oasenbewohner zumeist selbst, die Wartung und Reparatur unterirdisch verlaufender Stollen lässt man jedoch durch Spezialisten ausführen, die sich auf dieses gefährliche und schweißtreibende Handwerk verstehen.

Durch Dürren und tektonische Verschiebungen kann die Wasserzufuhr eines *Falaj* gefährdet werden, so dass nach neuen oder zusätzlichen Quellen gesucht und ein neuer Anschluss gebaut werden muss. Unterirdische Wasserkanäle unterliegen ebenfalls der Sedimentation oder werden durch herabgestürztes Geröll in ihrem Durchfluss beeinträchtigt.

In all diesen Fällen wandten sich die Oasengemeinschaften bis vor kurzem an eine kleine Gruppe von Fachleuten, die *Awamr,* die einem Stamm angehören, der in der Nähe von Izki in Qala'at al-Awamr seinen Hauptsitz hat. Dass diese Männer ihr Wissen um das Aufspüren von Quellen sowie den Brunnen- und *Falaj*-Bau noch zu Anfang der 70er Jahre bestens gehütet haben, wissen wir von einer Studie, die vor der Zeit des staatlichen Engagements für die traditionelle omanische Wasserwirtschaft entstand.

Damals waren etwa 200 bis 250 Männer dieses Stammes aus der Nähe von Adam ständig im ganzen Land unterwegs, um neue *Aflaj* zu erschließen oder bestehende auszubauen und zu warten. Ihre Arbeit war hoch angesehen und wurde gut bezahlt, da es sich nicht nur um eine äußerst beschwerliche und riskante Tätigkeit handelt, mit Hammer und Meißel in die Tiefen der Bergwelt vorzudringen und enge Tunnel vorzutreiben, sondern weil sie durch ihre Kenntnis von Felsformationen, Gesteinsarten und Vegetation abschätzen konnten, wo und in welcher Tiefe eine unterirdische Wasserader oder eine Quelle zu erwarten war.

In Lizq, einer Oase am westlichen Hang des Wadi Samad, wurde eine eisenzeitliche Ansiedlung (1200 v. Chr.–100 n. Chr.) entdeckt, die sich in der Nähe eines *Falaj* befand. Bisher war man davon ausgegangen, dass es im Oman frühestens im 6. Jh. v. Chr. unter persisch-achämenidischem Einfluss Bewässerungssysteme gab. Diese Entdeckung mag das Phänomen erklären, dass während der Frühen Eisenzeit eine zunehmende Siedlungstätigkeit zu verzeichnen ist, da der technologische Fortschritt im Wasserbau nun größere landwirtschaftliche Aktivitäten zuließ.

ziert. Lange Zeit sah man keine Gefahr darin, den kommerziellen Fischfang expandieren zu lassen.

Gleichzeitig war man bestrebt, die traditionellen omanischen Fischerboote zu modernisieren, sie durch Glasfaserboote zu ersetzen und mit Außenbordmotoren und Fischsuchgeräten auszustatten. Wie in der Landwirtschaft, war es auch hier das Ziel, die Fischer in ihren althergebrachten Berufen zu halten und ihren Lebensunterhalt zu garantieren.

Seit den 70er Jahren wurden die Häfen ausgebaut, man versah sie mit Kühlhäusern und verbesserte die Infrastruktur für den Handel ins Hinterland. Nach regelmäßigen Steigerungsraten deutete indes 1989 ein drastischer Abfall der Fangquoten auf eine Überfischung der omanischen Küstengewässer hin. Es zeigte sich, dass nicht allein eine Überfischung das Problem war, sondern auch Umweltfaktoren wie die zunehmende Verschmutzung der Weltmeere und die Rückbildung so empfindlicher Ökosysteme wie der Mangrovensümpfe, die vielen Fischarten als Brutstätten dienen.

Durch strengere Vorschriften, die den kommerziellen Fischfang auf 15 % des Jahresfangs beschränkten und das Fischen allein in bestimmten ausgewiesenen Gebieten und

Tiefen erlaubt, will man den Fischbestand in den omanischen Gewässern zukünftig stabil halten.

Ein großer Teil des omanischen Fisches wird nicht nur in die benachbarten Golfstaaten und nach Saudi-Arabien, sondern auch nach Japan, Australien, Europa und in die USA exportiert. Von den erdölunabhängigen Exporten machte Fisch in den letzten Jahren über 30 % aus.

Staat und Verwaltung

Sultan Qaboos bin Said Al Bu Said ist seit 1970 Staatsoberhaupt und Regierungschef des Landes. Die Macht im Staate geht von ihm, vom Diwan des königlichen Hofes aus, wobei ein Kabinett von 30 Ministern die exekutive Macht ausübt. Die Minister werden von Sultan Qaboos ernannt und das Kabinett der Minister ist ihm gegenüber verantwortlich. Alle Gesetze, Dekrete und internationalen Abkommen werden von ihm unterzeichnet.

Die Legislative besteht aus dem Staatsrat *(Majlis al-Dawla)*, dessen 41 Mitglieder vom Sultan ernannt werden, sowie einem Konsultativrat *(Majlis al-Shura)*, der alle drei Jahre von etwa 50 000 ausgesuchten, zuvor auf ihren Leumund geprüften omanischen Bürgern gewählt wird. Die *Majlis al-Shura* traf erstmals 1991 als Gremium aus 59 Vertretern der insgesamt 59 *Wilayate* (Verwaltungsbezirke) des Landes zusam-

men. Sultan Qaboos hatte mit der gewählten *Majlis al-Shura* die *Majlis al-Istishari lil-Dawla* ersetzt, den seit 1981 existierenden Staatskonsultativrat, der ein ernanntes Gremium war. Weitere Schritte zur politischen Liberalisierung wurden 1994/97 eingeleitet, indem die Anzahl der gewählten Vertreter auf 80/82 angehoben wude. *Wilayate* mit mehr als 30 000 Einwohnern dürfen nun zwei Kandidaten in die *Majlis al-Shura* entsenden. 1994 wurden erstmalig zwei weibliche Volksvertreter gewählt und man hofft, dass der Frauenanteil zukünftig steigen wird.

Die Hauptaufgabe der *Majlis al-Shura* besteht darin, Empfehlungen für den Finanzhaushalt auszusprechen, die Gesetzentwürfe der einzelnen Ministerien zu prüfen und sich für den Umweltschutz zu engagieren. Inzwischen wurden sieben feste Ausschüsse gegründet, die sich mit Gesetzgebung, Wirtschaft, Gesundheit und sozialen Fragen, Bildung und Kultur, Entwicklung strukturschwacher Gemeinden sowie Umwelt beschäftigen.

Der Ministerrat beraumt jährlich mehrere Sitzungen mit der *Majlis* an, um über die Zusammenarbeit von Regierung und *Majlis* informiert zu werden. Die Minister der mit öffentlichen Angelegenheiten befassten Ministerien legen der *Majlis* jährlich ihren Tätigkeitsbericht vor. Der Präsident der *Majlis,* der durch königliches Dekret ernannt wird, erstellt für den Sultan einen jährlichen Tätigkeitsbericht über die Arbeiten der *Majlis.*

Geschichte, Gesellschaft und Kultur

Auf dem Heimweg

Daten zur Geschichte

ca. 7600– 5000 v. Chr.	Fundplätze in Dhofar sowie in den Wahiba Sands und in der Nähe von Muscat weisen Flintgerätschaften auf, die bei der Jagd mit Pfeil und Bogen eingesetzt wurden.
ca. 5000– 3000 v. Chr.	In Qurum (heutige Capital Area) leben Menschen, die sich von Muscheln, Fisch, Meeresschildkröten und Hirse ernährten.
Um 3000– 2500 v. Chr.	Viehzüchter, die bienenkorbähnliche Steintürme zusammentrugen, um darin ihre Toten zu bestatten, besiedeln den heutigen Zentral-Oman. Die Menschen leben von der Oasenwirtschaft und dem Handel mit Kupfer, das bis in den heutigen Iran und Irak verschifft wurde. Keramikfunde belegen den Kontakt zwischen dem Oman und Mesopotamien.
2500– 2000 v. Chr.	Die Kupferproduktion wird weiter intensiviert, um der verstärkten Nachfrage aus Mesopotamien und dem Indus-Tal (Harappa-Kultur) gerecht zu werden. Die steinernen Grabtürme werden größer (Kollektivgräber) und mit sorgfältig behauenem Blendwerk versehen. Mächtige, runde Steintürme in Nähe der Siedlungen dienten vermutlich als Fluchtburgen und Beobachtungsposten.
1300–300 v. Chr.	Die Kupfergewinnung wird mit neuen Methoden betrieben. Man beginnt Stollen zu bauen, wodurch möglicherweise auch Erfahrungen gemacht wurden, die für die *Aflaj*-Bewässerung (vgl. S. 30ff.) wichtig waren. Die Einführung des *Falaj*-Systems geht im Oman auf das 1. Jt. v. Chr. zurück.
640 v. Chr.	Eine Inschrift auf der Ischtar-Stele aus Niniveh belegt, dass Pade, der König des Landes Qade (Oman), in Iske/Izki lebte und dem neu-assyrischen Herrscher Assurbanipal (668–629 v. Chr.) reichen Tribut zollte, um die friedlichen Beziehungen zwischen beiden Ländern zu erhalten.
519–330 v. Chr.	Die wichtigsten Hafenstädte des Oman stehen unter achämenidisch-persischer Herrschaft.
300 v. Chr.– 900 n. Chr.	Jemenitische Stämme wandern in den Oman ein. Unter dem Namen Al Azd sollen sie zur Regierungszeit des Perserkönigs Darius III. (336–331 v. Chr.) bis nach Qalhat in der Nähe von Muscat vorgedrungen sein. Die materiellen Hinterlassenschaften, die man den Al-Azd-Stämmen zu-

schreibt, sind die Gräberfelder von Samad ash Shan, einem Fundort im Zentral-Oman, in denen man Tongefäße mit südarabischen Schriftzeichen fand.

1. Jh. v. Chr. Gründung der hadramautischen Siedlung Sumharum (Khor Rohri) in Dhofar zum Zwecke des Weihrauchhandels.

Sumharum in Dhofar wurde im 1. Jh. v. Chr. als Stützpunkt für den Weihrauchhandel gegründet

224 n. Chr. Die Sassaniden beenden in Persien die Herrschaft der Parther und bauen Sohar zu einem ihrer Seehandelsstützpunkte aus.

3.–7. Jh. n. Chr. Sassanidisch/persische Vormachtstellung an der omanischen Küste, während im Landesinnern lokale Stammesführer und später die Julanda-Herrscher das Sagen haben.

632 n. Chr. Tod des Propheten Mohammad; Abu Bakr wird sein Nachfolger. Mit der Konvertierung der Stammesführer zum Islam wächst die Opposition gegen die sassanidisch/persische Besatzung im Oman. Eine Armee von Stämmen marschiert gegen ihre militärischen Posten in Rustaq und Sohar und schlägt die Besatzer in die Flucht. Rund 1000 Jahre persischer Okkupation sind vorerst beendet.

685 n. Chr. Die ibaditische Lehre (vgl. S. 49ff.) als Opposition gegen das Khalifat in Damaskus breitet sich unter omanischem Einfluss in Basra aus.

751 n. Chr. Der erste ibaditische Imam (al-Julanda bin Masud) des Oman wird gewählt. Eine Strafexpedition des abbasidischen Khalifen aus Baghdad führt zu seinem Tod, der Oman steht nun unter abbasidischem Einfluss.

9.–10. Jh. n. Chr.	Blüte des omanischen Seehandels mit Afrika, Indien, Hinterindien und China. Sohar ist die wichtigste Hafenstadt.
965 n. Chr.	Zerstörung Sohars durch die persische Bujiden-Dynastie (935–1055)
1064 n. Chr.	Hormus und die nord-omanische Küste werden von den Seldschuken besetzt.
10.–14. Jh.	Die Küstenstädte werden immer wieder von Invasoren heimgesucht, so dass sich omanische Händler vermehrt an der afrikanischen Ostküste niederlassen.
Mitte des 13. Jh.	Qalhat wird vom Königreich von Hormus besetzt und zu einer der wichtigsten Handelsstationen im Golf.
1290	Marco Polo besucht Qalhat, möglicherweise auch al-Balid (Zafar) in Dhofar und beschreibt beide als blühende Städte.
1507–08	Der Portugiese Afonso de Albuquerque zerstört und besetzt Quriyat, Qalhat und Muscat.
1515	Eroberung der Insel Hormus durch die Portugiesen
1622	Eine persisch-britische Allianz zwingt die Portugiesen dazu, Hormus aufzugeben.
1624	Mit dem Regierungsantritt des Imam Nasir bin Murshid (1624–49) aus der Ya'aruba-Dynastie (1624–1743) sind die letzten Jahre der europäischen Vorherrschaft gezählt und der Oman steigt zu einer führenden Seemacht auf.
1650	Portugal verliert mit der Vertreibung aus Muscat durch Imam Sultan bin Saif (1649–68) seinen letzten Außenposten am Golf.
1652	Die Omanis erobern die Inseln Sansibar sowie Pemba und 1698 auch Mombasa von den Portugiesen zurück.
Ende des 17. Jh.	Die Söhne von Sultan bin Saif, Bilarab (1668–92) und Saif (1692–1711) machen den Portugiesen deren Besitzungen in Afrika und Indien streitig und bedrohen die Schiffe der englischen East India Company. Saif bin Sultan I. baut die omanische Flotte zur Großmacht aus, profitiert vom Sklavenhandel und investiert in die Landwirtschaft.
1718–1743	Innerpolitische Auseinandersetzungen zwischen den Stämmen der Hinawi und Ghafiri um die Imanatsnachfolge schwächen den Oman und führen dazu, dass Saif bin Sultan II. (1728–43) die Perser um militärische Hilfe bittet. Diese stürmen die oppositionellen Hochburgen in Nizwa und Bahla, setzen sich aber in Sohar und Muscat fest und erheben hohe Zölle.

1744	Mit der Wahl von Ahmad bin Said Al Bu Said (1744–83) zum Imam, der 1747 die Perser aus dem Oman vertreibt, wird der Stammeskonflikt vorerst beendet und die bis heute ununterbrochene Herrschaft der Al-Bu-Said-Dynastie beginnt.
1803	Die saudi-arabischen Wahhabiten (Shias) nehmen Mekka und Medina ein. Sie erweitern ihren Einfluss bis in den Oman.
1818	Said bin Sultan (1804–56) führt auf Sansibar und Pemba den Gewürznelkenanbau ein und bezieht 1832 auf Sansibar seine Residenz; ab 1840 wird die Insel zweiter Regierungssitz des »Sultanats Muscat und Sansibar«. Der Sultan baut seine Handels- und Kriegsflotte aus.
1861–1866	Im Thronfolgestreit zwischen Saids Söhnen, Majid bin Said und Thuwani bin Said, wird Majid durch diplomatische Bemühungen der Engländer Sultan von Sansibar und Thuwani (1856–66) Herrscher von Muscat, wobei Majid eine jährliche Steuer an Muscat abzuführen hat. Das Sultanat ist praktisch geteilt, was verschiedene Stämme im Mutterland in Opposition bringt und die Wahhabiten aus Saudi-Arabien wieder auf den Plan ruft, die sich mit den Bani Bu Ali verbünden. Sultan Thuwani wird von seinem Sohn Salim im Sohar-Fort erschossen.
1866–1868	Salim bin Thuwani wird wegen des Vatermords nicht gelitten, der oppositionelle Imam Azzan schickt ihn ins Exil.
1868–1870	Obwohl Imam Azzan bin Qais die Wahhabiten aus al-Buraimi vertreibt, strebt sein Bruder Turki bin Said nach dem Thron. Azzan fällt in einer Schlacht in Mutrah.
1869	Durch die Eröffnung des Suez-Kanals wird der omanische Seehandel geschwächt.
1871–1888	Sultan Sayyid Turki bin Said und sein Sohn Sultan Sayyid Faisal bin Turki (1888–1913) erhalten im Kampf gegen alte Stammesrivalitäten wiederholt englische Unterstützung.
1873	Die Briten setzen das offizielle Verbot des Sklavenhandels durch, illegal geht der Menschenhandel bis 1897 weiter, als Sansibar selbst ein Gesetz dagegen erlässt.
1890	Im deutsch-britischen Helgoland-Sansibar-Vertrag wird die britische Schutzherrschaft über Sansibar anerkannt.
1913–1932	Sultan Sayyid Taimur bin Faisal kämpft seit seinem Regierungsantritt gegen Imam Salim bin Rashid al-Kharusi, der, von den Stämmen der Hinawi und Ghafiri unterstützt, 1915 Muscat angreift.

Der Dhofar-Krieg

Das südliche Dhofar gehörte nicht immer zum Oman. Erst in der zweiten Hälfte des 19. Jh. wurde es dem Sultanat angegliedert. Bis 1966 waren die Grenzen zwischen dem Oman und Jemen nicht so klar gesteckt wie heute. Wie wohl die meisten Kriege durch Fanatismus entstehen, hat sich auch der Dhofar-Krieg an Fanatismen entzündet. Den Ursprung des Aufstands verdankt er zum einen der starrköpfigen Persönlichkeit des 1970 abgesetzten Sultans Said bin Taimur. Die Zähigkeit der nicht enden wollenden Partisanenkämpfe erklärt sich zum anderen durch die nachhaltige Einflussnahme kommunistischer Kräfte.

Dass Sultan Said, der Vater von Sultan Qaboos, in seinen späten Jahren wunderlich geworden war und argwöhnisch und isoliert seit 1958 in seinem Palast in Salalah saß, von dem er alles Moderne und Fremdartige bekämpfte, ist in Anekdoten überliefert. So wie er den Omanis den Gebrauch von Radios und Brillen verbot, so sah er auch nicht ein, in seinem Lande Schulen einzurichten oder gar Straßen und Hospitäler bauen zu lassen. Viele Omanis hatten während seiner Regierungszeit ihrer Heimat bereits den Rücken gekehrt, andere kamen vom Schulbesuch und Studium im Ausland frustriert heim und sahen keine Perspektiven.

Als 1964 nach langen Jahren vergeblicher Ölsuche die ersten Bohrungen erfolgreich waren, erhielt die Opposition zusätzliche Argumente und begann, sich stärker gegen den alten Herrn in Salalah zu formieren. Während Sultan Said den Stacheldraht um seinen Palast immer höher ziehen ließ und wohlwollend die ansteigenden Petrodollarsummen auf seinem Privatkonto betrachtete, wuchs die Zahl der abtrünnigen Stammeshäuptlinge, die ihren Anteil an den Ölmillionen einforderten. Es bildete sich die Dhofar Liberation Front, deren Ziel es war, sich der Herrschaft des Sultans zu entledigen. Uneinsichtig wie der alte Sultan war, ließ er Oppositionelle im Gefängnis des Jalali Fort in Muscat in Ketten legen und stellte seinen eigenen Sohn, Qaboos, unter Hausarrest.

Die Fronten verhärteten sich, als nach dem Rückzug der Briten aus dem benachbarten Aden 1967 der Einfluss kommunistischer Kräfte immer größer wurde. In Hauf, 12 km hinter der omanischen Grenze, be-

1920   Im Vertrag von Seeb wird festgelegt, dass der Sultan von Muscat den Stämmen im Landesinnern freien Zugang zu den Küstenstädten gewährt und der Imam in Nizwa die Regierungsgewalt des Sultans an der Küste anerkennt.

fand sich ein Ausbildungslager für Guerillakämpfer, in der Jebalis aus Dhofar trainiert wurden und mit chinesischen Waffen in den Oman zurückkehrten. Aus der Dhofar Liberation Front war eine Popular Front for the Liberation of Oman and the Arabian Gulf, eine Volksfront für die Befreiung des Oman und des Arabischen Golfs, geworden.

Das dhofarische Monsunklima im Sommer war für die kämpfenden Bergbewohner von Vorteil, da sie sich im Dunst und Dickicht der Qara-Berge vor der Armee des Sultans verstecken konnten. Während des Krieges wurden viele der in der Bergwelt entspringenden *Aflaj*-Systeme, die für den Bewässerungsfeldbau in der Salalah-Ebene unabdingbar sind, von den Rebellen blockiert. Selbst nachdem Sultan Qaboos am 23. 7. 1970 seinen Vater abgesetzt und sich mit britischer Hilfe als Regent etabliert hatte, ging der Dhofar-Krieg weiter. Alle Reden und Versöhnungsversuche des jungen Monarchen fruchteten nicht, denn viele Kämpfer fochten nun mehr für eine Ideologie denn für ihre Heimat.

Als 1973 im Norden des Oman ein großes chinesisches Waffenarsenal ausgehoben wurde, war deutlich, dass sich der Bürgerkrieg auszudehnen drohte und der gesamte Oman in Gefahr war. Militärische Hilfe kam schließlich aus dem Iran und Jordanien, zu einem geringeren Teil auch aus den Nachbarländern Saudi-Arabien und den Vereinigten Arabischen Emiraten, die befürchteten, dass die omanische Sache auch die ihre werden könnte.

Zur Beendigung des Krieges trugen die Kontrollposten bei, die entlang der so genannten Hornbeam-Linie aufgestellt wurden. Durch Überwachung der Verbindungswege in die Berge entlang der Wadis nördlich von Mughsail konnte schließlich der Nachschub aus dem Jemen unterbunden werden. Am 5. 12. 1975 war der Krieg offiziell beendet. Um sicher zu gehen, dass keine neuen Unruheherde entstünden, machte man aus den vormals rebellischen Jebali-Kämpfern so genannte *Firqa*-Truppen. Als bewaffnete ›Heimatwächter‹ sollten sie ihr Stammesgebiet kontrollieren und vor übrig gebliebenen oder nachkommenden Guerillakämpfern schützen. Als Gegenleistung bot ihnen die Regierung Landbesitz und Arbeitsplätze an. Es gibt keine offiziellen Zahlen darüber, wie hoch der Blutzoll während des elf Jahre dauernden Krieges war. Zumindest verschlang er von 1970 bis 1975 die Hälfte des Staatsbudgets.

1932–1970	Sayyid Said bin Taimur übernimmt von seinem Vater, der sich nach Bombay in den Ruhestand zurückzieht, ein hoch verschuldetes Land, aber erste Ölfunde in Bahrain (1930) und Qatar (1949) lassen auch im Oman die Hoff-

	nung auf Wohlstand durch das ›schwarze Gold‹ aufkommen.
1952	Besetzung der omanischen Seite al-Buraimis durch die saudi-arabischen Wahhabiten, denen es um die Einverleibung potenzieller Ölfelder geht. Sie können inneromanische Stämme und den Imam von Nizwa für ihre Sache gewinnen.
1955–1959	Jebal-Akhdar-Aufstand, der mit britischer Militärhilfe niedergeschlagen wird.
1958–1970	Sultan Sayyid Said bin Taimur zieht sich nach Salalah in Dhofar zurück und übt ein konservatives Regime aus, das den Dhofar-Krieg heraufbeschwört.
1963	Unabhängigkeit Sansibars, 1964 Zusammenschluss Sansibars mit der Volksrepublik Tansania.
1964–1975	Während des Dhofar-Kriegs wird die Südprovinz zum Destabilisierungsfaktor über den Oman hinaus, weil jemenitische Guerillakämpfer den Oman zu unterwandern suchen.
1967	Nach erfolgreichen Bohrungen in Fahud verlassen erste Ölexporte den Oman.
23. 07. 1970	Amtsantritt von Sultan Qaboos bin Said, sein Vater Sayyid Said bin Taimur wird ins Londoner Exil ausgeflogen, wo er 1972 stirbt.
1971	Beitritt Omans zur Arabischen Liga und zu den Vereinten Nationen.
1978	Als einziger arabischer Staatsmann unterstützt Sultan Qaboos das Camp-David-Abkommen zwischen Ägypten und Israel.
1981	Der Oman wird eines der Gründungsmitglieder des Arabischen-Golf-Kooperationsrates (AGCC), dem sechs Mitglieder angehören: Bahrain, Kuwait, Qatar, die Vereinigten Arabischen Emirate, Saudi-Arabien und der Oman.
1990–91	Der Oman engagiert sich diplomatisch und militärisch im Zuge der UN-Aktionen gegen die Besetzung Kuwaits.
1992	Grenzabstimmungsabkommen zwischen Saudi-Arabien und dem Oman.
1995	Festlegung der Grenzen zwischen dem Oman und Jemen.
1996	Verkündigung der omanischen Staatsverfassung.
1996	Der Oman geht ans Internet www:gto.net.com.
2000	Dreißigjähriges Thronjubiläum von Sultan Qaboos

Die Bevölkerung

Derzeit geht man von 2,3 Mio. Einwohnern aus, von denen 1,5 Mio. (73 %) die omanische Staatsbürgerschaft besitzen. Über 500 000 Einwohner sind Ausländer, die als Gastarbeiter in den Oman gekommen sind. Inder sind mit 59 % vertreten, Pakistanis mit 17 %, Bangladeshis mit 15 %, Sri Lankesen, Filipinos und andere machen 7 % aus. Europäische Ausländer, hauptsächlich Briten, bilden die deutliche Minderheit mit 1 %. Sie besetzen Führungspositionen der Industrie, der Wirtschaft und beim Militär. Zum

Zeitpunkt der Zählung 1993 waren 52 % der omanischen Bevölkerung 15 Jahre alt und jünger. Omanis, die älter als 64 Jahre sind, machen hingegen nur 3 % der Einwohner aus. Dies deutet auf eine hohe Geburtenrate hin, die derzeit bei gut 2,5 % liegt und die man durch Aufklärungskampagnen zu reduzieren versucht, zumal das Problem der zunehmenden Arbeitslosigkeit abzusehen ist.

Die durchschnittliche Lebenserwartung beträgt heute 71 Jahre, was für sich stetig verbessernde Gesundheitsversorgung seit der ›omanischen Renaissance‹ spricht, dem Amtsantritt von Sultan Qaboos im Jahre 1970, als die Lebenserwartung nur 49 Jahre betrug. Gleichermaßen positiv weisen die Statistiken die Zunahme der Lese- und Schreibkundigen aus: Die Analphabetenrate be-

Nur 3% der Omanis sind älter als 64 Jahre

Frauen im Oman

Im Oman besteht kein Schleierzwang, doch viele Frauen tragen *Burqa* und *Abaya*

Mysteriös und geheimnisvoll oder eher schüchtern und unterdrückt? Wie soll man sich als Gast die omanische Weiblichkeit vorstellen, die, in lange, schwarze Abayas gehüllt, im Suq an einem vorübergeht oder anderntags westlichen Reisenden in der Flughafenhalle gegenübersitzt und diese unbeobachtet aus ihrem verschleierten Gesichtsfeld heraus betrachten kann, während man selbst ›unverhüllt‹ oder gar ahnungslos ihren Blicken ausgesetzt ist? Die Antwort lässt sich leicht vorwegnehmen. Weder noch, denn die Frauenfrage ist in der omanischen Gesellschaft ebenso differenziert wie in unserem Kulturkreis.

Zunächst einmal tun wir gut daran, uns zu erinnern, wie lange Frauen in Europa für ihre zivilen Rechte kämpfen mussten. 1896 erwarben sechs Abiturientinnen in Berlin erstmalig das Abitur. 1908 wurden die ersten Studentinnen an preußischen Universitäten zugelassen. 1919 erhielten Frauen in Deutschland das aktive und passive Wahlrecht, worauf die Schweizerinnen noch bis 1971 warten mussten, und erst 1958 wurde Frauen in der Bundesrepublik die volle Gleichberechtigung zuerkannt. 1980 wurde die Gleichbehandlung von Frauen und Männern am Arbeitsplatz in Deutschland gesetzlich geregelt, insbesondere was die Vergütung für gleichwertige Arbeit betrifft.

Hinsichtlich der Menschenrechte und der Gleichstellung von Frauen gehört der Oman heute neben Bahrain und den Vereinigten Arabischen Emiraten zu den fortschrittlichsten Ländern auf der Arabischen Halbinsel. Das 1996 erlassene Grundgesetz, das erste in der Geschichte des Oman, verbietet ausdrücklich die Ungleichbehandlung von Individuen aufgrund ihrer geschlechtlichen, ethnischen, religiösen oder sozialen Zugehörigkeit und dies gilt auch für das verbriefte Recht auf gleiche Bezahlung bei gleicher Arbeit. Vor dem Regierungsantritt von Sultan Qaboos hätte keine Omanerin davon auch nur zu träumen gewagt, gab es doch bis 1970 nicht eine einzige Schule für Mädchen. Nach 30 Jahren sind nun 48,6 % der omanischen Schüler Mädchen und an der Sultan-Qaboos-Universität in Muscat bilden junge Frauen mit 65 % die Mehrheit unter 6000 Studierenden.

Man darf den emanzipatorischen Fortschritt der omanischen Frauen sicherlich nicht losgelöst von den traditionellen Hintergründen einer patriarchalisch geprägten islamischen Stammesgesellschaft betrachten. Im Oman ist es wie in den meisten orientalischen Sozialgefügen üblich, dass Frauen und Männer in getrennten, sich eher selten überschneidenden Welten leben. Dies bezieht sich sowohl auf die Privatsphäre im Familienverband als auch auf das öffentliche Leben in der Nachbarschaft, im Freundeskreis, bei Einladungen und Festlichkeiten. Im modernen Berufsleben bricht diese Struktur indes zunehmend auf und man sieht Frauen und Männer ganz selbstverständlich miteinander arbeiten: bei der Polizei, in Banken und Verwaltungen, an den Rezeptionen großer Hotels ebenso wie im Königlichen Omanischen Symphonie-Orchester. Offizielle Zahlen für den Frauenanteil unter den omanischen Erwerbstätigen gibt es nur für den öffentlichen Dienst: 20 % der Regierungsangestellten sind weiblich.

Dass die meisten Frauen nach wie vor die Ehefrauen- und Mutterrolle vorziehen oder zugewiesen bekommen, mag der zweithöchste Bevölkerungszuwachs auf der Arabischen Halbinsel für den Oman verdeutlichen. Sultan Qaboos rief 1994 in einer Rede zu einer sorgsameren Familienplanung auf und ermutigte die Frauen, mehr am politischen und gesellschaftlichen Leben teilzunehmen. So wurden 1994 erstmalig zwei Frauen in den Konsultativrat, die *Majlis al-Shura,* gewählt und 1997 berief der Monarch vier Frauen in das 41 Mitglieder zählende Gremium der *Majlis al-Dawla.* Der Anteil von ›Quotenfrauen‹ in Betrieben ist staatlich vorgegeben.

Zwar sind die bürgerlichen Rechte und Freiheiten der Frauen im Oman denen ihrer Geschlechtsgenossinnen in anderen arabischen Ländern weit voraus, indem sie sich allein in der Öffentlichkeit bewegen, einen Führerschein machen und sich beruflich und politisch verwirklichen dürfen. Doch hängt die individuelle Durchsetzungskraft sicherlich von den sozialen und familiären Voraussetzungen ab, in die sie eingebettet sind. Wie (fast) überall auf der Welt kann man auch im Oman ein Nord-Süd-, beziehungsweise ein Stadt-Land-Gefälle erkennen, das gleichzeitig von der Gesellschaftsschicht abhängig ist. Wenn eine emanzipierte Frau aus der Mittelschicht ihre japanische Limousine ganz selbstverständlich allein durch Muscat chauffiert, ist sie zwar in *Abaya* und Kopftuch gehüllt, aber ihre Gegenspielerin im südlichen Dhofar wird es immer noch vorziehen (müssen), sich von einem männlichen Anverwandten in den Suq fahren zu lassen.

Dass die emanzipatorische Entwicklung mit zunehmendem Fortschritt und der angestrebten politischen Liberalisierung des Landes weitergehen wird, mögen die Zahlen der Sultan-Qaboos-Universität veranschaulichen: Im Wintersemester 1996/97 graduierten dort 542 Frauen und 327 Männer.

Vielleicht wird auch eines Tages die gesetzliche Regelung novelliert, die mit Ausnahme von Bahrain für alle auf der Arabischen Halbinsel lebenden Staatsbürgerinnen gilt. Um einen Pass oder einen Personalausweis zu beantragen und das Land verlassen zu dürfen, braucht eine Omanerin immer noch die Vollmacht ihres Ehemanns, Vaters oder nächststehenden männlichen Verwandten.

trug unter den 15- bis 29-jährigen Omanis, also derer, die nach der Regierungsübernahme aufwuchsen, 1995 unter den männlichen Bürgern nur noch 4,5 % und bei der weiblichen Bevölkerung 21 %.

In der Hauptstadt Muscat leben 400 000 Einwohner. Die zweitgrößte Stadt des Oman ist Salalah mit 130 000 Bürgern. Danach folgen Nizwa, Sohar und Sur.

Historische und geografische Umstände haben dazu geführt, dass sich im Oman eine Stammesgesellschaft herausbilden und erhalten konnte, die sich seit den letzten Jahrzehnten auf einen Wandel in die Moderne vorbereitet.

Der Oman war bis vor kurzem ein in mehrfacher Hinsicht geteiltes und isoliertes Land. Die Küsten-, Berg- und Wüstenregionen unterscheiden sich deutlich und haben völlig voneinander abweichende Lebens- und Wirtschaftsformen hervorgebracht. Außerdem waren viele Landesteile vor dem Ausbau des Straßen- und Verkehrswesens nur schwer zu erreichen. Während sich die Küstenbewohner mit ihren Schiffen seit jeher nach Außen orientierten, lebten die Stämme im Landesinnern eher zurückgezogen in ihren Bergdörfern und Oasen. Dazwischen wanderten Nomadenstämme innerhalb unsichtbar gezogener Territoriumsgrenzen, dem jahreszeitlich bestimmten Rhythmus ihrer Herden folgend.

Schon seit Jahrtausenden leben im Oman arabische und nichtarabische Völker zusammen. Die mehrheitlich arabischen Gruppen führen ihre Wurzeln zumeist auf Stämme zurück, die aus dem Jemen und Zentralarabien einwanderten. Die nichtarabischen Bevölkerungsgruppen wie Perser, Baluchen, Inder und Ostafrikaner aus Sansibar, Kenia, Somalia oder dem Sudan, die größtenteils schon seit Generationen im Oman leben, gehören zu den so genannten Affiliierten, die keinem Stamm zuzuordnen sind.

Über die Anzahl der omanischen Stämme gibt es keine konkreten Angaben, sie haben sich im Laufe der Geschichte in Teil- und Unterstämme aufgespalten, wenn man sich beispielsweise über die Wahl eines *Sheikh* (Ältester), eines Stammesführers, nicht einigen konnte.

Traditionell steht jedem Stamm ein *Sheikh* vor, der entweder gewählt wird oder seine Position durch Erbschaft erhält. Er hat als Respekts- und Vertrauensperson den Sitzungen der *Majlis* vorzustehen, in denen der Stammesrat über soziale, politische oder juristische Probleme entscheidet. Der *Sheikh* wiederum

ist dem *Wali* (Statthalter/Herrscher) gegenüber, dem durch den Sultan eingesetzten Vorsteher eines *Wilayat* (Verwaltungsbezirk/Provinz), für das Tun und Lassen seines Stammes oder einzelner Stammesmitglieder verantwortlich.

Dem *Wali* war früher eine Truppe bewaffneter Männer *(Askars)* zur Seite gestellt, um Gesetz und Ordnung in seinem Bezirk durchsetzen zu können. Einmal im Monat hatte er den *Barzah* einzuberufen, um lokale Probleme mit den *Sheikhs* und angesehenen Vertretern der Öffentlichkeit zu diskutieren. In seiner Verantwortlichkeit war der *Wali* direkt dem Sultan verpflichtet. Heute werden die *Walis* durch das Innenministerium berufen und ihre Hauptaufgabe ist es, die Regierungspolitik in ihrem Distrikt zu vertreten und eng mit den gewählten Mitgliedern der *Majlis* zusammenzuarbeiten.

Im Oman des beginnenden 21. Jh. verliert die soziale und politische Hierarchie, die früher über die Stammeszugehörigkeit definiert wurde, zunehmend an Bedeutung. Während die Menschen in ländlichen Gebieten den traditionellen Sozialstrukturen eher verhaftet bleiben, lösen sich die Großstädter schneller vom Althergebrachten. Als nach der ›omanischen Renaissance‹ zum Aufbau des Landes Bildung, kaufmännische Initiative und Spezialistentum gefragt waren, konnten auch jene in gesellschaftlichem Ansehen wachsen, die vorher nicht zu den ersten Familien des Landes gehört hatten.

Ethnische Gruppen und Ausländer

Seefahrt, Handel und kriegerische Auseinandersetzungen führten über die Jahrtausende immer wieder dazu, dass sich zumindest an den Küsten des Landes Ausländer niederließen. Sie haben in der omanischen Gesellschaft Spuren hinterlassen, die sich heute an den nicht-arabischen Bevölkerungsgruppen widerspiegeln. Neben Omanis, die aus Mischehen zwischen Einheimischen und Afrikanern hervorgegangen sind und die sich aufgrund ihrer guten Schulbildung schnell in den modernen Oman integrieren konnten, trifft man auch auf Nachfahren ehemaliger Sklaven, für die sich ein sozialer Aufstieg schwieriger gestaltet.

Die Jebalis, Bergbewohner der Provinz Dhofar, die als halbnomadisierende Viehzüchter in den Gebirgszonen leben, gehören den Stämmen der Mahrah, Qara, Shahara, Harasi und Bait Kathir an. Über ihre Herkunft ist man uneins. Sie gelten als Abkommen ehemaliger ostafrikanischer Stämme oder Nachfahren südarabischer Volksgruppen, die um 1000 beziehungsweise 1600 in den Oman einwanderten. Die Jebalis – 15 % der Bevölkerung Dhofars – sprachen ursprünglich nicht Arabisch, sondern eine eigene Sprache, das Jebali, das dem Äthiopischen ähnlicher ist als dem Arabischen und sich in verschiedene Dialekte unterscheidet.

Von indischen Kaufleuten, die sich im Oman niedergelassen hatten, wusste schon der deutsche Reisende Engelbert Kämpfer zu berichten, als er 1688 Muscat besuchte. Die Hindus unter ihnen – Banjanen genannt – leben heute vornehmlich in der Capital Area von Muscat und entlang der Batinah-Küste. Die Muslime bezeichnet man als Khojas. Sie gehören der ismailitischen Glaubensrichtung an, sind ebenfalls zumeist Händler und haben ihre Enklave in einem Stadtteil von Mutrah erhalten. Baluchen waren lange Zeit in der Armee bevorzugt und persischstämmige Omanis haben sich in der Mehrzahl in Musandam angesiedelt.

Darüber hinaus lebt seit den 70er Jahren des 20. Jh. eine beträchtliche Anzahl von Ausländern im Oman, die als Gastarbeiter ins Land kamen. Über 500 000 Inder, Pakistanis, Sri Lankesen, Filipinos und andere Asiaten geben selbst dem kleinsten Weiler einen multikulturellen Anstrich.

Während die meisten von ihnen hauptsächlich im Dienstleistungsbereich beschäftigt sind, nimmt ein kleinerer Teil auch höhere Positionen im Hotelmanagement, in der Industrie, im Gesundheitsbereich, im Bankwesen, im Bildungswesen und in der Forschung ein. Der Oman hat schon früh ausländische Experten ins Land geholt, die geholfen haben, diese Zweige sowie das Militär auf- und auszubauen. Dies waren vielfach auch Europäer, insbesondere Briten, aber auch Niederländer und andere Nationalitäten. Viele von ihnen wurden im Laufe der Jahre durch Omanis ersetzt, dennoch leben und arbeiten noch 7000 Europäer im Lande.

Das Stichwort ›Omanisierung‹ bezieht sich auf den 35%-igen Ausländeranteil von Gastarbeitern, die den einfacheren Dienstleistungsjobs nachgehen. Ihren Anteil will die Regierung so rasch wie möglich verringern, um die Stellen mit Einheimischen besetzen zu können. Dass die Arbeitslosenzahlen im Lande steigen, wird nicht verschwiegen, doch offizielle Zahlen gibt es nicht. Man wird sich indes die Frage stellen müssen, wie sich eine Umstellung auf das Preisgefälle im Lande auswirken wird. Mit an Sicherheit grenzender Wahrscheinlichkeit werden die omanischen Arbeitskräfte nicht für das vergleichsweise niedrige Entgelt der Inder und Pakistanis die Knochenarbeit verrichten.

Sprache

Das Arabische ist ein Zweig der semitischen Sprachenfamilie, der ursprünglich auf den Norden der Arabischen Halbinsel beschränkt war, sich aber mit der Verbreitung des Islam seit dem 7. Jh. über die gesamte Halbinsel ausdehnte, nach Nordafrika, Vorder- und Zentralasien und schließlich bis nach Spanien gelangte. Hieraus haben sich seit dem Mittelalter verschiedene arabische Dialekte entwickelt, von denen man fünf Hauptgruppen unterscheidet: das Halbinsel-Arabisch, Irakisch, Sy-

risch-Palästinensisch, Ägyptisch und Maghrebinisch. Vom Halbinsel-Arabisch unterscheidet sich das Oman-Arabisch oder Sansibaritisch wiederum in einigen Feinheiten.

Im südlichen Dhofar sprechen die Jebalis, die Bergbewohner, eine eigene Sprache, das Jebali. Urdu, die Sprache der meisten Muslime aus Pakistan und Indien, ist auch unter den Omanis als Zweit- oder Drittsprache weit verbreitet, zumal man seit Jahrhunderten Handelskontakte mit den überseeischen Nachbarn pflegt und viele Pakistanis und Inder schon seit mehreren Generationen im Oman leben. Englisch wird als erste Fremdsprache schon früh in den Schulen gelehrt.

Religion

Die meisten omanischen Muslime sind Ibaditen, Anhänger einer besonderen Lehre des Islam. Religionsgeschichtlich gesehen zählen sie zu den Kharejiten, einer islamischen Dissidentengruppe, die sich Mitte des 7. Jh. aus dem Konflikt zwischen Ali, dem Schwiegersohn des Propheten, und Muawiya, dem sechsten Kalif und Gründer der omayyadischen Dynastie, um die Nachfolge des Propheten zunächst auf die Seite Alis geschlagen hatten. Als ein Schiedsgericht entschied, dass keiner von beiden der Nachfolge des Propheten würdig sei und die Kontrahenten das Urteil akzeptiert hat-

Die meisten omanischen Muslime sind Ibaditen, Anhänger einer besonderen Lehre des Islam

ten, sagten sich die Kharejiten (frei übersetzt: Ausgeschiedene, Abgefallene) von Ali los und es entbrannte ein Krieg zwischen beiden Parteien, aus dem Alis Truppen 658 als Sieger hervorgingen. Um die Schmach zu rächen, ermordete einer der wenigen überlebenden Kharejiten Ali 661 und Muawiya konnte das Kalifat, die Prophetennachfolge, antreten.

Die Kharejiten und die Schiiten, ihr Name geht zurück auf *shi'at 'Ali* – die Partei Alis –, blieben als Minderheiten zurück, die sich bis heute von der sunnitischen Lehre des Islam distanzieren. Die größere Gruppe der Schiiten macht weltweit 10 % aller Muslime aus. Sie leben im Iran, im Iraq und auf dem indischen Subkontinent sowie im Jemen. Als Ismailiten leben sie in Zentralasien, Iran, Syrien und Ostafrika.

Die andere oppositionelle Gruppe, die Kharejiten, zog sich zunächst nach Basra zurück, wo sie unter Leitung von Abdullah bin Ibadh und dem aus Nizwa stammenden Abu Shaatha die ibaditische Lehre entwickelten. Nachdem sie sich in ihrer Revolte gegen das Kalifat sogar für kurze Zeit in Mekka und Medina festgesetzt hatten, mussten sie fliehen. Ihr Hauptrückzugsgebiet war der Oman, Minderheiten leben in Tunesien (Djerba), Algerien, Libyen, Ostafrika und Sansibar.

Die ibaditische Lehre geht davon aus, dass der Koran erschaffen wurde, während die Mehrheit aller Muslime den Koran für das absolute Wort Gottes erachtet. So erklärt es sich wohl auch, dass die Theologen der Ibaditen den Koran vor dem Hintergrund der sich wandelnden Gesellschaft interpretieren dürfen. Einen ausschließlichen Wahrheitsanspruch kennt die ibaditische Lehre nicht; Mäßigung und Toleranz – auch gegenüber Andersgläubigen – gehört neben dem Grundsatz, dass ein Glaube ohne Taten nicht erlösen kann, zu den Grundfesten ihrer Religionsauffassung.

Ibaditen wählen in geheimer Wahl aus ihrer Mitte einen mora-

Bildungswesen

Welchen rasanten Fortschritt das Bildungswesen in den letzten Jahren gemacht hat, belegen folgende Zahlen: Gab es 1970 nur drei Schulen im Lande, waren es 1998 über 1000, die von der Grundschule bis hin zur Sekundarstufe etwas mehr als eine halbe Million Schüler ausbilden. Der Anteil von Mädchen ist mit 48 % erfreulich hoch.

Die Planung, zukünftig in der ersten Klasse mit fünf Wochenstunden Englischunterricht zu beginnen, wird offiziell damit erklärt, dass an der 1986 eröffneten Sultan-Qaboos-Universität die naturwissenschaftlichen Fächer fast ausschließlich in Englisch unterrichtet werden. Jedoch mag man auch die staatliche Absichtserklärung darin erkennen, zukünftig mit der nicht Arabisch sprechenden Welt ebenso gute Kontakte pflegen zu können wie mit der panarabischen. Viele an der Hochschule lehrende Dozenten sind Ausländer: Ägypter, Libanesen, Jordanier, die den jungen Leuten den Stoff in ihrer Muttersprache vermitteln können, indes kommen ebenso viele aus Europa, Amerika und Indien. Aus der Notwendigkeit heraus, Englisch als internationale Wissenschaftssprache zu akzeptieren, wird die Einsicht gewachsen sein, dass es der Jugend nur zum Vorteil gereichen kann, wenn man sich sowohl in der arabischen als auch in der westlichen Welt sprachlich zurecht finden kann, insbesondere wenn

lisch und religiös unanfechtbaren Muslim zu ihrem Imam. Der Imam ist der Vorsteher der Gemeinde der Gläubigen und in dieser Funktion auch Nachfolger des Propheten. Kann kein geeigneter Kandidat für die Wahl gefunden werden, ist es theoretisch auch möglich, dass die Gemeinde ohne Imam auskommt, bis ein würdiger Anwärter gewählt ist. Genauso denkbar ist es, dass ein Imam wieder abgewählt wird, wenn deutlich wird, dass er das Amt nicht ausfüllen kann. Zwar ist der Imam in erster Linie der religiöse Führer, der den Koran und die Gesetze auslegt, doch im Oman war er als Regent des Landes auch weltliches Oberhaupt.

man den Studenten die freie Auswahl eines Studienaufenthalts im Ausland nicht verbauen will.

65 % aller 6000 an der Sultan-Qaboos-Universität Studierenden sind weiblich. Ein sensationelles Resultat für ein erst vor einer Generation aus einem mittelalterlichen Dornröschenschlaf erwachtes Land. Gäbe es nicht – aus Gerechtigkeitsgründen – eine Quote für die männlichen Studienbewerber, so wäre der Frauenanteil noch viel höher, denn die bildungshungrige weibliche Jugend kann bei weitem die besseren Zeugnisnoten vorweisen.

Wohlhabende omanische Familien, die ihren Söhnen ohne zu zögern einen Studienaufenthalt im fernen Ausland finanzieren, würden ihre Töchter indes niemals allein in die Fremde ziehen lassen. Davor stehen die konservativen Werte einer gewachsenen islamischen Tradition, die es verbietet, eine Frau unbeaufsichtigt und ohne familiären männlichen Schutz am öffentlichen Leben teilnehmen zu lassen.

Kultur und Brauchtum

Die unterschiedlichen geografischen Regionen mit ihren verschiedenen Bevölkerungsgruppen wie sesshaften Bauern und Fischern, nomadisierenden Viehzüchtern und weit gereisten Seefahrern haben Musik, Tanz, Handwerkskunst und Folklore im Oman geprägt. So wie im Landesinnern unter isoliert lebenden Dorfgemeinschaften uralte Traditionen unbeeinflusst von Generation zu Generation weitergereicht wurden, hat an den Küsten immer ein Austausch zwischen unterschiedlichen Kulturkreisen stattgefunden. Internationale Handelskontakte von Ostafrika bis nach Indien haben nicht nur eine ethnische Vielfalt hervorgebracht, die – von der Volkskunst bis zur Küche – in der omanischen Kultur deutliche Spuren hinterlassen hat, auch fremde Musikinstrumente, Tanzrhythmen, Bekleidungssitten oder Schmuckformen fanden ihren Weg in den Oman.

Auf uralte arabische Traditionen geht die Dichtung und Erzählkunst zurück, vor allem in Verbindung mit der Musik. Von nur wenigen Instrumenten unterstützt, erzählten einst Sängerpoeten Geschichten, die an Gefühle wie Liebe, Mut, Trauer und Freude appellierten. Bei dörflichen Feierlichkeiten stimmen alle Bewohner bekannte Lieder an. Dass sich das Lied- und Tanzgut bei den einzelnen Volksgruppen ganz unterschiedlich entwickelt hat, haben Studien des Oman Centre for Traditional Music anschaulich gemacht.

Unter den nomadisierenden Stammesgemeinschaften war es üblich, durch Musik und Tanz das Gemeinschaftsgefühl zu stärken, bevor man in einen Krieg zog oder das siegreiche Rückkehr feiern konnte. Der kriegerische al-Razah, ein Schwertertanz, der in fast allen Gegenden des Oman gepflegt wurde, ist wohl der bekannteste. Er wird heute noch

Der Nationalfeiertag wird auch mit traditionellen Tänzen begangen

bei nationalen Feierlichkeiten, Eid-Zeremonien, Hochzeiten und anderen religiösen wie weltlichen Festen von halbprofessionellen Gruppen aufgeführt.

Razah bedeutet schwerer Gang, was darauf anspielt, wie mühsam es für die Kämpfer war, mit schweren Waffen auf ihre Gegner loszugehen. Die Männer stellen sich mit Schwertern und Schilden in zwei Reihen einander gegenüber auf und führen im Rhythmus der Trommler einen Schritttanz vor, wobei sie ihre Geschicklichkeit im Umgang mit der Waffe demonstrieren und sich gelegentlich mit Schild und Schwert mit einem der Mittänzer ›duellieren‹.

Die Aufführung eines Razah kann Stunden dauern, da er aus verschiedenen musikalischen Teilen besteht.

In den Küstenstädten hat die Seefahrt und Fischerei Lieder hervorgebracht, die dazu dienten, die schwere Arbeit an Bord leichter von der Hand gehen zu lassen. Oft nahm man einen professionellen Sänger mit, der Rhythmus und Text vorgab, der von der Mannschaft im Refrain nachgesungen wurde. Wie die wohlbehaltene Ankunft großer Handelsschiffe nach gefährlicher und langer Überfahrt mit Musik und Tänzen von den Küstenbewohnern des Südens gefeiert wurde, hat schon Ibn Battuta im 14. Jh. nach seinem Besuch in Zafar (al-Balid) beschrieben.

Al-Shobania ist ein dhofarischer Tanz, der von jungen, in kostbare Kleider gehüllten Mädchen zu Ehren der Seeleute vorgeführt wird.

Khanjar, Dishdasha und Kumma

Traditionelle Kleidung im Oman

Zur festlichen Kleidung der Omanis gehört der *Khanjar,* ein Krummdolch

Als Sultan Qaboos 1970 seine Regentschaft antrat, war er nicht nur fest entschlossen, sein Land mit zügigen Schritten in die Moderne zu führen, er hatte auch konservative Visionen. So wie Natur- und Umweltschutzgesetze auf den Weg gebracht wurden, ließ der königliche Diwan verlautbaren, dass jeder im öffentlichen Dienst beschäftigte Omani an seinem Arbeitsplatz einen weißen *Dishdasha* mit Kappe *(Kumma)* und darüber arrangiertem Turbantuch zu tragen habe. Westliche Kleidung war allein der Freizeit vorbehalten, im Dienst sei man hingegen den omanischen Traditionen und Werten verpflichtet.

Der *Dishdasha*, ein knöchellanges, hemdartiges, weich fließendes Gewand, wird auch in anderen Teilen der Arabischen Halbinsel getragen. Ein omanischer *Dishdasha* unterscheidet sich indes von denen der Nachbarländer in einigen Details. Typisch ist der Schnitt, der an Brust- und Rückenpartie ein abgestepptes Dreieck bildet. Ohne Manschetten und Kragen schließen die Ärmel und der Halsausschnitt in fein gesteppten Bordüren ab. Den halsfernen Kragen ziert zusätzlich eine 20 bis 30 cm lange, herabhängende Quaste, die nicht nur dekorativ aussieht, sondern auch von ihrem Träger in sein Lieblings-Eau-de-Toilette getaucht werden kann.

Während der weiße *Dishdasha* und ein kunstvoll gewundener Turban, der zumeist aus einem bestickten, aus Indien importierten Kaschmir-Tuch *(Massar)* besteht, das omanische Gegenstück zum westlichen Nadelstreifenanzug bildet, wird bei offiziellen und feierlichen Anlässen das zusätzliche Anlegen eines *Khanjar*, des omanischen Krummdolchs, erforderlich. Diente der Dolch ursprünglich einmal als Waffe, hat er diese Funktion schon seit langem verloren und wird nur noch als Schmuck getragen. Als Zeichen männlicher Würde und Stolzes darf ein Heranwachsender mit dem Eintritt in die Pubertät einen *Khanjar* anlegen.

Die *Khanjars* werden an Gürteln getragen, die von einem einfachen Band bis hin zu einem kunstvoll gewobenen Gürtel mit filigran gravierten Schließen aus Silber reichen. Ein Pracht-*Khanjar* muss sieben Silberringe auf seinem Scheidenbeschlag aufweisen: Zwei, durch die er mit dem Gürtel verbunden ist, und fünf, durch die fein geflochtene Silberdrähte verwoben sind. Der so genannte *Sayyidi Khanjar*, ein Dolch, dessen Scheide etwas länger ist und aus Silber- und Goldarbeit besteht, wird in erster Linie von Mitgliedern der königlichen Familie getragen.

Zur Festtagsgewandung gehört auch ein *Bisht*, ein mantelförmiger Überwurf aus durchsichtigem Musselin, der zumeist in Schwarz oder dunklen Tönen gehalten ist, aber auch hellbraun sein kann. Breite Goldbordüren verleihen den Trägern eines *Bisht* ein wahrlich würdevolles Aussehen. Allein Mitgliedern des Königshauses ist es vorbehalten, zu besonderen Anlässen einen gestreiften, in Violett-, Blau- und Rottönen gehaltenen Turban anzulegen, der kunstvoll um den *Kumma* gewunden wird und lang genug ist, dass eines der Enden an der linken Seite des Kopfes bis auf Schulterhöhe herabhängen kann.

Mag es nun an dem allgemein akzeptierten und dennoch mit großer Bescheidenheit vertretenen Stolz der Omanis auf ihre kulturellen Wurzeln liegen oder einfach nur praktische, am Klima festzumachende Gründe haben, Tatsache ist, dass man kaum westlich gekleidete Omanis sieht. Das Alltagsbild ist geprägt von blütenweißen, aber auch hellblauen, türkisfarbenen, goldgelben, violetten und schwarzen *Dishdashas* und den dazugehörigen *Kummas*. Von diesen besitzt jeder omanische Mann mindestens so viele, wie ein Europäer Krawatten im Schrank hängen hat. Je nachdem, ob die Lochstickerei in Massenproduktion maschinell oder von Hand hergestellt wurde – es ist eine alte Tradition, dass omanische Frauen ihren Ehemännern Käppchen sticken –, sind sie auch im Suq zu erstehen.

Wie der omanische Mann den *Kumma* auf seinem Haupte zurechtrückt, ist im höchsten Maße individuell und auch von Stimmungen abhängig. Mancher zupft ihn über der Stirn hoch, so dass ein entensterzartiges Gebilde entsteht, andere knicken ihn seitlich ein oder rücken ihn verwegen und unsymmetrisch auf eine Seite des Schädels. Ohne *Kumma* geht kein Städter aus dem Hause und es scheint, als wenn zum *Kumma* ein säuberlich ausrasierter Nacken und wohlgestutzter Bart gehören.

Die omanische Damenmode ist sehr viel abwechslungsreicher, jedoch ungleich schwerer zu studieren, da die Frauen sich und ihre Gewänder unter einem schwarzen Überwurf, der *Abaya,* und dem *Lahaf,* einem schwarzen Kopftuch, verhüllen, wenn sie das Haus verlassen. Das traditionelle Gewand besteht aus einem waden- bis knöchellangen, hemdartigen Kleid, dessen Ausschnitt und Brustpartie sowie Saum und Manschetten mit aufwändigen Brokatstickereien versehen sind. Darunter wird eine weite Hose *(Sirwal)* getragen, die an der unteren Wadenpartie jedoch so eng zuläuft, dass hier Reißverschlüsse angebracht sind. Da dieser Teil der Hose unter dem etwas kürzeren Kleid hervorschaut, ist er ebenfalls mit bunten, gold- und silberdurchwirkten Brokataufsätzen versehen. Die Auswahl an industriell hergestellten Brokatstickereien, Bordüren und Litzen in den Suqs ist überwältigend. Hier suchen die Frauen das zu dem zuvor eingekauften Stoff farblich Passende aus, bevor sie zu ihrem Schneider gehen.

Ein Blick in die Auslagen der Suqs zeigt, dass die omanische Weiblichkeit leuchtend bunte, seidig glänzende Stoffe liebt. Im südlichen Dhofar bevorzugen die Damen schweren Samt. Das traditionelle Kleid, unter dem eine *Sirwal*-Hose getragen wird, besteht aus einer salopp und großzügig geschnittenen Tunika mit rechteckigem, mitunter reich besticktem Ausschnitt. Der rückwärtige Teil des Gewands ist um einiges länger als der vordere und schleift hinter seiner Trägerin über den Boden her. Eine mystische Erklärung für diesen nicht unbedingt praktisch erscheinenden Schnitt gibt es auch: Der über die Erde schleifende Stoff soll die Fußspuren seiner Trägerin verwischen, so dass ihr niemand folgen kann.

Auf Familienfesten, vor allem bei Hochzeitsfeierlichkeiten, die Männer und Frauen getrennt voneinander feiern, verleiht man mit Tanz und Gesang seiner Freude Ausdruck. Ein typischer Frauengesang ist der Ghina.

Feste

Feste sind im Oman, wie auch bei uns, überwiegend durch die Religion entstanden und geprägt. Für Muslime ist der Fastenmonat Ramadan ein heiliger Monat, der mit vielen Ritualen, aber auch mit Festlichkeiten und Feiern verbunden ist. Die Zeiten des Ramadan sind nicht fixiert, sie verschieben sich alljährlich um etwa elf Tage nach vorn, da sie nach dem islamischen Mondkalender ausgerichtet sind. Ein Jahr innerhalb der islamischen Zeitrechnung hat 354 bis 355 Tage, die auf zwölf Monate zu 29 oder 30 Tagen verteilt werden, wodurch ein islamisches Jahr etwa elf Tage kürzer als unser gregorianisches Kalenderjahr ist. Darüber hinaus bezieht sich die islamische Zeitrechnung auf das Jahr 622 n. Chr., das Jahr, in dem der Prophet Mohammad sich von Mekka nach Medina begab.

Der Ramadan, eine der fünf Säulen des Islam, beginnt im neunten Monat des Jahres, wenn die religiösen Führer der Moscheen die Sichel des Neumonds am Firmament ausmachen können. Von diesem Zeitpunkt an, der traditionell mit Kanonensalut angekündigt wird, darf ein frommer Muslim zwischen Sonnenaufgang und Sonnenuntergang weder Speisen und Getränke zu sich nehmen, noch rauchen oder angenehme Dinge des Lebens genießen, wie etwa Musik oder Erotik. Erst nach Sonnenuntergang, der oft auch durch Kanonenböller angezeigt wird, sind irdische Genüsse wieder erlaubt, allerdings nur bis zum Auftauchen der nächsten Sonnenstrahlen.

Das Ende des Ramadan wird mit Feiern, Festtagsschmäusen und Geschenken an Verwandte und Freunde gefeiert wie bei uns Weihnachten oder Ostern. Eid al-Fitr ist ein drei Tage lang dauerndes Fest. Eid al-Adha findet 70 Tage später statt. Es bedeutet im übertragenen Sinne Feier des Opfers und bezieht sich auf das Opfer des Abraham. Eid al-Adha fällt auf den zehnten Tag des zwölften Monats im Mondkalender, gegen Ende der Pilgersaison, während derer die Wallfahrt nach Mekka, der *Hadj*, unternommen wird.

Weitere religiöse Festtage sind der Neujahrstag (Ras al-Am) am ersten Tag des Monats Muharram, Ashura am zehnten Tag des Monats Muharram, der Geburtstag des Propheten (Maulid al-Nabi) am zwölften Tag des dritten Monats und der Himmelfahrtstag des Propheten (Laylat al-Miraj) am 27. Tag des siebten Monats im Jahr. Sie alle verschieben sich von Jahr zu Jahr, entsprechend dem Hijri-Kalender.

Der Nationalfeiertag am 18. November, dem Geburtstag von Sultan Qaboos, ist ein ebenfalls wichtiger Termin im omanischen Kalender.

Bei den Feiern zum Nationaltag ...

Das bunte Festtagsprogramm mit Paraden, Tanzvorführungen und Kamelrennen wird jedes Jahr ausgetragen. Die beiden arbeitsfreien Tage anlässlich des Nationalfeiertags kündigt der königliche Diwan zumeist recht kurzfristig gegen Ende November an, um damit sicherzustellen, dass möglichst alle Staatsbürger im Lande sind, wenn die Feierlichkeiten stattfinden.

Kunsthandwerk

Mit zunehmender Modernisierung des Landes verschwanden die traditionellen Handwerkskünste rasch, so dass man sich Mitte der 80er Jah-re des 20. Jh. genötigt sah, hier mit staatlichen Fördermitteln Abhilfe zu schaffen. 1986 wurde eine traditionelle Töpferei in Bahla eröffnet und eine Weberei in Sumail, wo junge Omanis die alten Handwerkstechniken erlernen und lebendig halten.

Die Omani Heritage Gallery, deren Hauptgeschäft man im Jawharat A'Shati Shopping Complex in Qurum findet, ist ein gemeinnütziges Unternehmen, das allen Überschuss an die omanischen Handwerker zurückführt. Hier findet man ausgesucht Schönes und Teures, man kann jedoch auch ebensogut durch die Suqs von Nizwa, Mutrah oder dem SABCO Centre schlendern und nach getöpferten, gewebten und geflochtenen omanischen Mitbringseln Ausschau halten.

In Silberläden gibt es alte *Khanjars,* Arm- und Fußreifen, Silberket-

... bleibt man unter sich

ten, Gürtel, Fingerringe, Ohrschmuck und Mariatheresiataler. Die Taler zieren nicht nur manchen schweren Halsschmuck, sie wurden während der letzten 200 Jahre im Silberschmiedehandwerk als bevorzugter Rohstoff eingeschmolzen, weil man sich ihres hohen und konstanten Silberanteils sicher sein konnte. Bei omanischen Frauen ist Goldschmuck beliebter als Silber, so dass es nur noch wenige Silberschmieden gibt, die das Handwerk beherrschen.

Unter den nomadisierenden Bedu der Wahiba Sands ist eine Tradition nicht ganz ausgestorben, die stets eng mit dem unsteten Hirtenleben dieser Bevölkerungsgruppe verbunden war: die Weberei, die Klan und Familie, ja sogar die Herde mit nützlichen Utensilien des täglichen Lebens versorgte. Aus Ziegen- und Kamelhaargarn, mitunter auch aus Schafswolle, weben die Bedu-Frauen seit Generationen Zeltelemente, kelimartige Teppiche, Satteldecken, Halfterriemen und Sattelgurte mit geometrischen Mustern sowie Dinge des persönlichen Bedarfs wie Taschen oder Kajalbehälter.

Auf archaischen Webstühlen, die in den Boden eingetieft sind, wurde bis vor kurzem noch überall im Oman gearbeitet. Während unter der sesshaften Bevölkerung in den Städten und Oasen nur Männer diesem Gewerbe in Vollzeitbeschäftigung nachgingen, ist das Weben in den Wahiba Sands immer eine Teilzeitarbeit der Frauen gewesen.

Das wohl bekannteste Produkt der Bedu-Frauen ist ein rot-schwarz gestreifter Kelim, *Shamlah* genannt, der aus zwei separat hergestellten Stücken besteht, die in der Mitte zusammengenäht werden. Typisch sind die eng aneinanderliegenden, vertikalen roten und schwarzen Streifen, die an den Rändern durch horizontale weiße Fäden gefasst werden und in sorgfältig geflochtenen, langen Fransen enden. *Shamlahs* kann man auf dem Boden ausbreiten, bevor man sich zur Rast niederlässt, sie können als Satteldecke dienen, in kalten Wüstennächten halten sie als Decke warm.

Abyah heißt ein besonders schwerer Teppich, der normalerweise über 8 kg wiegt. Ebenfalls aus roten, krappgefärbten und schwarzen Garnen gewebt, gehörte er traditionell zur Mitgift einer Frau und somit in den Haushalt einer jeden Bedu-Familie. Heute ziert er auch Hotelhallen und Restaurants und wird in den Suqs Touristen angeboten.

Mit der Ansiedlung vieler Bedu in modernen Dörfern und Städten, mit dem Einzug der Moderne in die archaische Nomadenwelt der Wahiba Sands haben sich auch dort die Gewohnheiten verändert. Viele Bedu-Frauen stellen heute nicht mehr in erster Linie Satteltaschen, Zaumzeug oder Kelims her, sondern weben Schonbezüge für Sessel oder Autositze. Kamelhalfterriemen schmücken so manche Fahrerkabine eines Bedu-Pick-up, ebenso wie sie für die Andenkenläden als Lesezeichen gefertigt werden.

Der Beliebtheit des Kamelrennsports im Oman selbst und bei den vereinigten arabischen Emiratsnachbarn haben es die Frauen der Wahiba-Wüste auch zu verdanken, dass ihre dekorativen Kamelhalfter zahlreiche Käufer finden.

Bootsbau

Erste Nachrichten über die omanische Bootsbaukunst sind über 4000 Jahre alt. Aus Keilschrifttexten wissen wir, dass die Sumerer und Akkader den Oman als Magan, ein fernes Land an der »unteren See« bezeichneten, aus dem sie Kupfer und andere wichtige Waren bezogen. Schiffe aus Magan landeten in Mesopotamien an, löschten ihre Ladung und brachten offensichtlich auch Werftarbeiter mit, die sich im 3. Jt. v. Chr. einige Zeit lang im Hafen von Ur im Bootsbau verdingten.

Heute liegt die berühmteste Werft des Oman in Sur. Hier wird wieder nach traditioneller Sitte an Holzrümpfen gesägt, geschnitzt und gebeitelt, alte Schiffe werden repariert und neue auf Bestellung gebaut.

Die Konstruktionsmethode – seit Jahrtausenden überliefert – ist von der Arabischen Halbinsel bis an die indische Westküste die gleiche. Es gibt weder Pläne noch Zeichnungen, denn die Männer richten sich nach Maßeinheiten wie Elle, Fuß und Spann und wissen aus Erfahrung, wie die Proportionen der Einzelteile im Verhältnis zur Gesamtgröße eines Schiffes zu bemessen sind.

Mit dem Bau neuer Schiffe beginnt man zumeist im September,

denn bis zu zehn Monate kann es dauern, bis eine große *Dhau* fertiggestellt ist. Den Arbeiten steht immer ein erfahrener, älterer Meister vor, den man *Ustadh* nennt.

Für den Bootskörper, für Kiel, Bug, Heck, Spanten und Rumpfplanken, verwendet man ausnahmslos importiertes indisches Hartholz, zumeist Teak. Alle Boote werden glatt gebaut, das heißt nicht mit übereinandergreifenden Planken. Im Gegensatz zum europäischen Schiffbau, bei dem zuerst der ›Kiel gestreckt‹ und darauf die Spanten verlegt werden, baut man am Golf, nachdem Kiel, Vorsteven und Hintersteven aufgestellt sind, die Planken zusammen, bevor man die Spanten einpasst.

Um die Planken an die gewünschte Form des Schiffskörpers anzupassen, müssen sie gebogen werden. Am Rumpfäußeren hält

Bau einer *Dhau* in Sur

man sie durch Schablonen eine Zeit lang in Position. In einem weiteren Schritt werden danach die Spanten verlegt, die in der Schiffsmitte fest verankert und an den Seiten mit der Beplankung vernagelt werden.

Bis weit in das 16. Jh. hinein wurde die Beplankung mit den Seitenrippen mit Seilen aus Kokos- oder Dattelpalmenfasern noch regelrecht ›vernäht‹. Nachdem man die Planken an den Rändern in regelmäßigen Abständen durchbohrt hatte, konnten Seile durch die Löcher gezogen und fest mit den darüber und darunter liegenden Planken verzurrt sowie mit den innenliegenden Spanten zusammengebunden werden.

Für den Bau großer Handelsschiffe wurde diese Technik nach dem Auftauchen der Portugiesen am Golf zugunsten von Nägeln bald aufgegeben, aber bis vor kurzem war sie an kleineren Fischerbooten noch geläufig. Auch die Nagellöcher bohrt man vorher in das Holz, damit die Nagelköpfe in die Bootshaut versenkt und nach außen abgedichtet werden können.

Das Kalfatern, das Abdichten der Fugen, erfolgt mit Baumwoll- oder anderen Fasern, die mit einer Mischung aus Kokos-, Fisch- und Sesamöl durchtränkt werden. Der Rumpf wird, soweit er unter der Wasserlinie liegt, mit einer Mischung aus kochendem Öl, Tierfett, Harz und Kalk behandelt, um ihn vor Attacken des Schiffsbohrwurms zu schützen. Oberhalb der Wasserlinie reicht ein Anstrich mit pflanzlichen Ölen aus, der dem dunkelroten Teakholz warmen Glanz und Wetterfestigkeit verleiht.

Oman kulinarisch

So manches omanische Gericht verrät schon durch seinen Namen, dass es aus einer anderen Weltgegend ins Land kam oder auf den Einfluss ausländischer Zugereister zurückzuführen ist. Die überseeischen Anklänge der omanischen Küche zeigen sich auch an den exotischen Gewürzen, die reichlich verwendet werden. *Bizaar* heißt die omanische Gewürzmischung, die aus schwarzen Pfefferkörnern, Nelken, Kreuzkümmel, Kardamon und Zimt besteht.

Während *Kabuli*, ein Reisgericht mit gesottenen Fleischstückchen, Zwiebeln und Rosinen an die nordwestindische Küche erinnert, gibt es Fisch oder Huhn in Kokosnusssoße *(Samak/Dijaj bil Narjeel)*, wie man dies auch in Kerala oder Goa erwarten könnte.

Authentisch omanisch scheinen hingegen all jene Gerichte zu sein, die mit Datteln, Ziegen- und Kamelfleisch bereitet werden. *Shuwa*, ein im Erdofen gegartes Zicklein oder Lamm ist ein typisches Festtagsgericht, das meist an besonderen Festtagen wie Eid zubereitet wird. Man wendet das Fleisch in ausreichend *Bizaar*, Zitronensaft und Dattelsirup und wickelt es in Bananenblätter ein. Das ganze wird in einem aus

Dattelpalmblättern geflochtenen Sack verstaut und in einen mit Holzkohle beheizten Erdofen gelegt, den man mit Steinen und Erdreich verschließt. Durch die Unterbindung der Luftzufuhr erlöscht die Glut, die verbleibende Hitze reicht jedoch aus, um nach 24 Stunden einen köstlich zarten Braten unter einer größeren Festmahlsgemeinde verteilen zu können.

Damit auch die Bewohner des Landesinnern in den Genuss von Fischgerichten kommen konnten, wurde Fisch traditionell aufgeschnitten, gesalzen und sonnengetrocknet und so für die lange Reise in die Bergwelt und Wüsten haltbar gemacht. Trockenfischgerichte gehören daher auch zur traditionellen omanischen Küche, wie etwa *Mazoor*, gekochter Haifisch, der mit grünem Chili und Reis zumeist kalt gegessen wird.

Shorbat Laham, ein Weizenbrei mit gekochtem Lammfleisch und Kardamongewürz, wird während des Ramadan nach dem Fastenbrechen am Abend gereicht. *Harees,* ein Brei aus Weizenmehl und Hühnerfleisch, erinnert an die einfachen Speisen eines archaisch nomadischen Lebens.

Dass die omanische Hausmannskost sich im Laufe der Jahrtausende durch Ideen und Importe von außen veränderte, werden ausländische Gäste bald feststellen. In der Capital Area von Muscat gibt es unzählige libanesische, indische, italienische und andere internationale Restaurants. Und außerhalb der Mehrsternehotels bereiten indo-pakistanische Köche in einfachen Restaurants *Curries* oder *Biriyanis* zu.

Jedes omanische Essen oder jeder Besuch ist mit einem einleitenden oder abschließenden Kaffeeritual verbunden. Omanischer Kaffee ist weniger stark gebrannt, als wir dies im Westen kennen. In henkellosen Tässchen werden kleine Mengen des graubraunen *Kahwa* aus traditionellen Schnabelkannen oder barock-orientalischen Thermosflaschen ausgeschenkt, die zumeist mit Kardamon versetzt sind. Dazu reicht man je nach Jahreszeit frische oder getrocknete Datteln sowie frisches Obst und Süßigkeiten wie *Halwah.*

Da ein freundlicher Gastgeber von sich aus kaum nachlassen wird, Kaffee nachzuschenken, darf man nach der zweiten bis dritten Tasse diese in die Hand des Hausherrn zurückgeben, indem man vorher durch leichtes Schütteln des leeren Gefäßes zwischen Daumen und Zeigefinger bekundet hat, dass man keinen *Kahwa* mehr wünscht.

Auf dem Lande und in traditionellen omanischen Familien wird das Essen immer noch auf dem Boden sitzend eingenommen. Die Speisen werden auf Tabletts und Tellern auf runden Dattelpalmmatten dargereicht. Man isst mit den Fingern und zwar nur mit denen der rechten Hand. Dazu werden die zuvor portionierten Fleisch-, Fisch- und Gemüsestückchen in das dazugereichte Brot verpackt und zum Mund geführt.

UNTERWEGS IM OMAN

Die Capital Area

Alt-Muscat

Sidab

Mutrah

Ruwi

Qurum und al-Khuwair

Blick auf den Hafen von Mutrah

Die Capital Area

Die Metropole – keine Stadt für Fußgänger. Alt-Muscat – vom einstigen Welthafen zum verkehrsberuhigten Beamtenviertel. Mutrah – verwinkelte Gassen im Suq, alte Händlerhäuser an der Corniche, geschäftiges Treiben auf dem Fischmarkt. Ruwi – Banken, Büros und Leuchtreklamen von der Ruwi Street bis zum Freitagsmarkt am Wadi Kabir. Qurum und al-Khuwair – Strandpromenaden, Freizeitparks, Shopping Malls und Museen.

Muscat

Der Großraum um Muscat, der heutigen Hauptstadt des Oman, wird offiziell als Capital Area bezeichnet (Übersichtskarte der Capital Area s. hintere Umschlagklappe). Dieses Gebiet erstreckt sich über 50 km entlang der Küste und verteilt sich im Landesinnern zwischen kargen Felsrücken auf verschiedene Stadtteile: die alte Hauptstadt Muscat, die Hafenstadt Mutrah, das moderne Geschäfts- und Bankenzentrum von Ruwi mit dem Central Business District, das Wohngebiet auf den Höhen von Qurum sowie die immer weiter zusammenwachsenden modernen Vororte von al-Khuwair, al-Ghubra bis hin nach Seeb, wo Besucher auf dem internationalen Flughafen landen.

Die Capital Area lässt sich nur mit dem Auto erkunden, für Streifzüge zu Fuß ist das Gebiet nicht nur zu groß und das Klima vielfach zu heiß; das moderne Straßensystem mit Autobahnen und Kreisverkehren sieht Alternativen zum Auto auch nicht mehr vor. In der Capital Area werden Oman-Reisende daher auch kaum noch etwas von der ›Orientromantik‹ vorfinden, die sie bei einer Reise in das Land des legendären Seefahrers Sindbad vielleicht erwartet haben.

Die Hauptstadt des Sultanats hat sich in den letzten Jahrzehnten zu einer modernen, hoch technisierten Metropole entwickelt, in der man zunächst nur an der traditionellen Kleidung der Omanis sowie an der Architektur, welche die überlieferten Stilmittel aufgreift, erkennt, dass man sich auf der Arabischen Halbinsel befindet.

Indes lässt ein zweiter Blick, ein intensiveres Hinschauen und Hinhören das ›Orientalische‹, das Andere dann doch bald spürbar werden. Es sind die Gesten, die Höflichkeiten

Das Fort Jalali bewacht seit dem dem
späten 16. Jh. die Bucht von Muscat

der Menschen, es sind die Gerüche
von Weihrauch und schwerem Parfüm, die Blumenrabatten an der
Flughafenstraße von Seeb und die
künstlichen Wasserspiele entlang
der Stadtautobahnen, die Besucher
neugierig machen auf den Oman
des 21. Jh., ein arabisches Land, das
den Schritt in die Moderne auf ganz
eigene Weise vollzogen hat.

Das alte Muscat, die im Mittelalter von vielen Seefahrern gerühmte
Hafenstadt, stellt sich heute als ein
gepflegtes, ruhiges Regierungsstädtchen dar. Man hat hier mächtig renoviert seit den 70er Jahren des
20. Jh. Aber wenn man sich Mühe
gibt, kann man noch etwas von dem
erahnen, was Muscat ausgemacht
hat, als der Portugiese Afonso de Albuquerque die Stadt 1507 eroberte.

Damals war Muscat eine bevölkerungsreiche Stadt mit eleganten
Häusern, ausgedehnten Palmenhainen, reichlich Frischwasser und einer mächtigen Befestigung, kurz:
der wichtigste Hafen der Küstenregion, in dem Schiffe aus Indien und
China einliefen, um Datteln, Pferde
und Getreide zu laden. Aufgrund
der windgeschützten Bucht, der viel
gerühmten Süßwasserquellen und
der natürlichen Abgrenzung durch
die dahinter liegende Bergwelt wird
Muscat, was so viel heißt wie ›dort,
wo der Anker fällt‹, schon sehr früh
von Menschen besiedelt gewesen
sein.

Bis 1970 blieb Muscat ein eher
verschlafenes Städtchen und auch
der restliche Oman verharrte trotz
der allmählich steigenden Ölförderung lange Zeit in einem tiefen
Dornröschenschlaf. Erst mit dem
Amtsantritt von Sultan Qaboos im
Jahre 1970 sollte sich das sehr
schnell ändern.

Alt-Muscat

Einen Spaziergang durch Muscat kann man am **Bab al-Kabir** (1) beginnen, dem Haupttor der Stadtbefestigung. Noch kurz vor ihrer Vertreibung aus Muscat hatten die Portugiesen ihren Hauptstützpunkt auf der Arabischen Halbinsel durch den Ausbau der Stadtmauer und des Stadtgrabens zu sichern versucht. Vergebens, 1650 mussten sie das Feld vor den Truppen des Imam Sultan bin Saif al-Ya'aruba räumen.

Einer Illustration aus der ersten Hälfte des 17. Jh. nach zu schließen, muss die Stadtmauer um 1625 fertig gestellt gewesen sein, während der vorgelagerte, von Seewasser gespeiste Graben erst Ende des 17. Jh. entstanden sein dürfte. Heute ist von der ursprünglichen Befestigung Muscats indes nichts mehr im Original erhalten. Im Zuge der Stadterneuerung hat man Mauer und Graben niedergerissen und 1979 mit modernen Materialien völlig neu gestaltet. Auch der Verlauf der Mauer ist der alten lediglich nachempfunden, so dass sich Besucher nur noch ein vages Bild von der Gestalt und Ausdehnung des alten Muscat machen können.

Das Bab al-Kabir, das große Tor, hieß ursprünglich einmal Bab Tuyyan, Tor der Brunnen, bis es 1929 dem Bau einer neuen Straße weichen musste. 1932/35 ließ Sultan Said bin Taimur (1932–70) das Tor wieder errichten und gab ihm den Namen Bab al-Kabir.

Dass die Stadtbefestigung von Muscat noch vor der Regierungs-

Alt-Muscat 1 Bab al-Kabir 2 Omani French Museum (Bait Fransa) 3 Bait Nadir 4 Bait Graiza 5 Masjid al-Khor 6 Fort Mirani 7 Fort Jalali 8 Al-Alam-al-Amer-Palast 9 Masjid al-Zawawi 10 Museum Bait al-Zubair

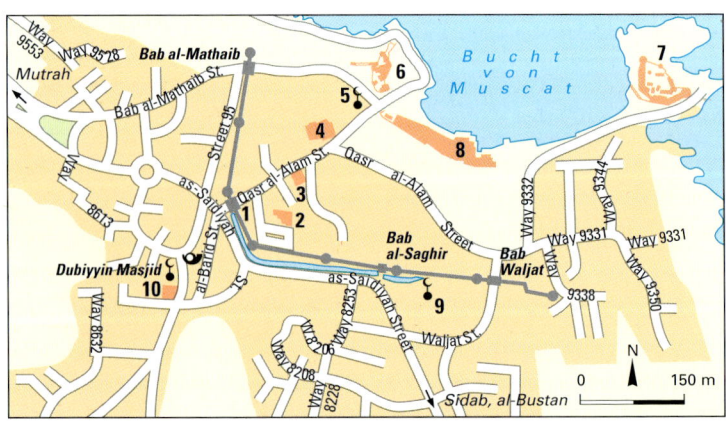

übernahme von Sultan Qaboos eine wichtige Funktion hatte, beschreibt ein Reisebericht von Barbara Wace, die 1962 Muscat besuchte. Sie schilderte, wie die Stadttore drei Stunden nach Sonnenuntergang geschlossen wurden. Trommelrasseln und drei Kanonenschüsse kündigten die Schließung an und während der Nacht durfte die Stadt nur nach Vorlage einer schriftlichen Erlaubnis des *Wali* verlassen werden. Jeder nächtens durch die Straßen gehende Passant war überdies verpflichtet, eine Laterne bei sich zu tragen.

Inzwischen hat sich das Bild deutlich gewandelt. Überall stehen Straßenlampen und mit Eintritt der Dämmerung schalten sich Scheinwerfer ein, die das Regierungsviertel fotogen ausleuchten. Innerhalb der Stadtmauer leben ohnehin keine Bürger mehr. Für den Neubau des Palastes hatten nach 1970 große Teile der Altstadt weichen müssen und auch den Suq hat man abgerissen. Aus repräsentativen Kaufmannshäusern sind modern anmutende Verwaltungsgebäude geworden und die meisten altehrwürdigen Moscheen wurden durch Neubauten ersetzt.

Somit begegnen Besuchern lediglich ein paar vorbeieilende Beamte und leise heranrollende schwarze Limousinen, werden sie auf schmuck uniformierte Wachposten und diskret arbeitende indische Straßenfegerkolonnen treffen, wenn sie sich zu einem Rundgang durch Alt-Muscat aufmachen. Wo es kaum Passanten noch Anwohner gibt, können Geschäfte und Restau-rants nicht existieren, da läuft kein Hund auf der Straße, spielen auch keine Kinder. Aus der alten Hafenstadt ist ein steriles Behördenviertel geworden, hochpoliert, still und adrett. Dennoch befindet man sich immerhin auf geschichtsträchtigem Boden und ein Besuch der omanischen Hauptstadt wäre ohne eine kurze Besichtigung von Alt-Muscat nicht komplett.

Das **Omani French Museum** (2, Sa–Do 9–13, Sa–Fr 16–18 Uhr) heißt Bait Fransa, Franzosenhaus, weil es von 1896 bis 1920 als Residenz der französischen Konsule diente. Ursprünglich hatte Sultan Said bin Sultan (1804–56) das Gebäude in der ersten Hälfte des 19. Jh. für seine Nichte Ghalilah bint Salim erbauen lassen. Als jedoch 1894 der erste französische Konsul, Paul Ottavi, in Muscat akkreditiert wurde, bot ihm Sultan Faisal bin Turki (1888–1913) das Haus als Residenz an. Nachdem Sultan Qaboos während seines Staatsbesuchs in Frankreich 1989 verkündet hatte, dass man das Bait Fransa zukünftig den omanisch-französischen Beziehungen widmen und zum Museum umgestalten werde, wurde es von ihm drei Jahre später unter Anwesenheit des französischen Präsidenten Mitterrand der Öffentlichkeit übergeben.

Ein kurzer Besuch des Museums ist schon allein deswegen interessant, weil das Gebäude zu den wenigen noch erhaltenen Beispielen omanischer Repräsentationsarchitektur des 19. Jh. gehört, in dem sich

Das Haupttor zur Stadt, Bab al-Kabir

arabische und indische Elemente mischen. Wirkt die zweigeschossige Fassade mit zinnenbekrönten Dachabschluss und den rundbogigen Fensteröffnungen auch ausgesprochen omanisch, so lassen die Holzarbeiten im Innern Anlehnungen an indische Handwerkstraditionen erkennen. Die Arkaden des gedeckten Umgangs im ersten Geschoss, der einen zentralen, quadratischen Innenhof umschließt, könnten in den gleichen Werkstätten entstanden sein wie die hölzernen Gitterwerke im Luwatiya-Stadtteil von Mutrah (vgl. S. 81f.).

Besucher können das Empfangszimmer der insgesamt 13 französischen Konsule besichtigen, in sechs Räumen historische Stadtansichten betrachten und sich über die fast 200-jährige Geschichte der omano-französischen Beziehungen informieren, über Seefahrt und Navigation sowie französische und omanische Bekleidungssitten.

Das **Bait Nadir** (3) bildet mit zwei weiteren Gebäuden, dem Bait Muzna und der Medrese al-Budinah, ein Ensemble, das noch aus dem 18. Jh. stammt. Das Bait Nadir verdankt seinen Namen einem seiner vormaligen Besitzer, Sayyid Nadir bin Faisal. Bis vor kurzem war es ein Museum, in dem man sich eine Vorstellung von den Wohnverhältnissen der wohlhabenden Händlerfamilien zur Blütezeit von Muscat als Welthandelshafen machen konnte. Heute sind alle drei Gebäude geschlossen und renovierungsbedürftig. Dennoch lässt eine Betrachtung von außen erahnen, wie einst die Stadthäuser in Muscat konzipiert waren.

Das Erdgeschoss diente zumeist als Lagerraum und Küchenbereich. Hier konnte auch Kleinvieh gehalten werden und dies war der Arbeitsbereich für das Hauspersonal. Die mächtigen, weiß getünchten Mauern schützten die Innenräume nicht nur gegen die Sommerhitze, sie hatten traditionell auch eine Wehrfunktion. Im ersten Stockwerk befanden sich die Wohnquartiere. Die hohen, spitzbogigen Fensteröffnungen, die ihr Pendant auf der gegenüber liegenden Seite zum Innenhof hin haben, ließen es zu, dass vor der Erfindung von Klima-Anlagen die kühlende Seebrise in den Räumen zirkulieren konnte. Auf dem darüberliegenden Flachdach, das tiefer liegt, als es die hohen, oft zinnenbekrönten Mauern vermuten lassen, konnten die Bewohner im Sommer ihre Schafstätten errichten. Dort hatte der Hausherr traditionell seine *Majlis,* einen Empfangsraum für Gäste.

Der Name **Bait Graiza** (4) geht auf die Zeit der portugiesischen Besetzung zurück. 1527 hatten die Portugiesen auf dem Gelände eine Gouverneursresidenz, eine Faktorei und ein Warenlager errichtet, 1617 kam ein Jesuiten-Konvent hinzu. Aus dem portugiesischen Wort Egreja (Kirche) wurde im Laufe der Jahrhunderte die arabische Verballhornung Bait Graiza.

Nach der Rückeroberung Muscats durch Sultan bin Saif I. 1650 wurde der Komplex weiter genutzt.

Er diente, wie der aus Lemgo stammende deutsche Arzt und Forschungsreisende Engelbert Kämpfer (1651–1716) während seines Besuchs 1688 beobachten konnte, als Warenlager und in regelmäßigen Abständen auch als Residenz der Imame, wenn sie aus ihrer Hauptstadt Rustaq nach Muscat kamen.

Als Ende des 18. Jh. ein neuer Palast fertig gestellt war, wurde Bait Graiza zum königlichen Gästehaus. Zu Beginn des 20. Jh. verfiel der Bau und erst 1976 begab man sich an die Renovierung der Anlage, die heute von der Regierung wieder als Unterkunft für Staatsgäste genutzt wird. Die 14 vor der Gebäudefront in den Gehweg versenkten Kanonen soll Sultan Faisal bin Turki (1888 bis 1913) aufgestellt haben, da er für die veralteten Waffen, die ihm die indische Regierung geschenkt hatte, keine Verwendung hatte.

Die **Masjid al-Khor** (5), eine moderne, in Blau und Gold gehaltene Moschee, ersetzt einen Vorgängerbau, der noch bis 1970 erhalten war, aber im Zuge der Stadterneuerung weichen musste. Moscheen dürfen im Oman nur von Muslimen betreten werden.

Von der mit mächtigen Betonpoldern befestigten Bucht von Muscat kann man den Blick auf die Befestigungen Fort Mirani zur Linken und Fort Jalali zur Rechten schweifen lassen. Hier genießen auch Einheimische die Abendstimmung, Kinder angeln oder werfen Steine ins Wasser. Beide Forts sind der Öffentlichkeit nicht zugänglich.

Der al-Alam-al-Amer-Palast

Portugiesischen Quellen zufolge wissen wir, dass am **Fort Mirani** (6) 1552 mit Bauarbeiten begonnen wurde, jedoch im gleichen Jahr ein Überfall der Türken alles zunichte machte. Als dann 1581 ein zweiter Angriff der Türken erfolgte, beschlossen die Portugiesen, nun zum Schutz vor weiteren Übergriffen auf beiden Felsen vor der Muscat-Bucht Bastionen zu errichten.

Im Jahre 1584 wurden Belchior Alvarez und Carlo Cairate vom portugiesischen Vizekönig aus Indien nach Muscat entsandt, um ein Fort zu bauen. Die Inschrift über dem Bogen des zweiten Eingangstors belegt das Fertigstellungsjahr 1588. Die Feste war mit großzügigen Wohnquartieren, vier Batteriestellungen, drei Türmen, einer Kapelle und einer Zisterne ausgestattet, die angeblich genügend Wasser bevorraten konnte, um 300 Mann 24 Monate lang zu versorgen. Im Laufe der Jahrhunderte erfolgten immer wieder Veränderungen am Fort Mirani, zuletzt 1979, als man einen Rundturm hinzufügte, um einen Lift einzubauen.

Fort Jalali (7) hat vermutlich einen Vorgängerbau gehabt, von dem indes nichts Weiteres bekannt ist, als dass es bereits vor der portugiesischen Besatzung eine Festung in Muscat gegeben haben soll. Die Bezeichnung Jalali könnte auf eine Verballhornung des portugiesischen Fort João sein, oder aber auf den Namen Jalal zurück gehen, wie vielleicht ein omanischer Kommandant hieß, der vor der Ankunft der Portugiesen hier Stellung hielt.

Die Festung wurde zwischen 1582 und 1587 fertig gestellt. Bis 1970 diente das Fort als Gefängnis, in dem die Inhaftierten an Ketten gehalten wurden. Nach seinem Amtsantritt 1970 erließ Sultan Qaboos eine Generalamnestie und die Feste wurde bald umgerüstet. Heute beherbergt sie ein Museum, das nur geladenen Besuchern der Regierung zugänglich ist.

Auf der gegenüberliegenden Seite der Bucht von Muscat erheben sich schroffe nackte Felsen, an denen trotz der beachtlichen Entfernung Inschriften zu erkennen sind. Die Graffiti wurden von Seeleuten hinterlassen, die hier einst von Bord gingen. Die Inschriften, vorwiegend in weißer Farbe aufgetragen, lesen sich wie ein Gästebuch des Hafens von Muscat. Neben den Flaggen der USA und England fand sich auch die der bremischen Hansa-Linie, die seit 1881 zwischen Deutschland und Indien verkehrte und 1920 eine Verbindung in den Golf eröffnete.

Der **al-Alam-al-Amer-Palast** (8), Sitz von Sultan Qaboos wenn er seine Amtsgeschäfte wahrnimmt, ist der Öffentlichkeit nicht zugänglich. Man kann nur einen Blick durch die schmiede-eisernen Gitterstäbe werfen. Der Palast wurde in den frühen 70er Jahren des 20. Jh. auf dem Gelände der alten Sultansresidenz errichtet, der Gesamtkomplex nimmt heute aber fünf Mal so viel Platz ein.

Ein quadratischer Bau, dessen Außenwände durch jeweils vier monumentale Halbsäulen gegliedert werden, bildet das Zentrum der Anlage. Sie erstrecken sich über drei Geschosse und tragen auf ihren pilzförmig auskragenden Kapitellen ein gesimsartig vorspringendes Flachdach. Die dramatische Verjüngung der Rundstützen nach unten, die ihnen in einem Zeitungsartikel einmal den Vergleich mit Pfennigabsätzen eingebracht hat, könnte den zentralen Bau nahezu schwebend erscheinen lassen, wäre das Dach ein wenig leichter geraten.

Die farbige Fassung der Stützen – an den Gebäude-Ecken sind sie in Blau gehalten, die mittleren sind weiß – hat an der Schau- und Rückseite des zentralen Baus eine besondere Bedeutung: Die zwei mittleren Halbsäulen sind golden und betonen somit die königliche Würde des Sultans, wenn er auf den mit einem golddurchwirkten Mihrab-Motiv hinterlegten Balkon tritt.

Zu den wenigen, aus dem alten Muscat erhaltenen Bauten zählt die

Masjid al-Zawawi (9), deren Minarett an einen Kirchturm erinnert. Das 1890 erbaute Bait Zawawi unterhalb des Fort Jalali gehört der Zawawi-Familie. Bis zum Umzug in ein neu errichtetes Gebäude im Diplomatenviertel von al-Khuwair im Jahre 1995 war dort die amerikanische Botschaft untergebracht.

Daneben befand sich im Bait Nasib zeitweise die britische Botschaft, ebenfalls ein ansehnliches Haus. Die reich geschnitzten Holztüren wurden in den Neubau im Diplomatenviertel integriert. Im Hof der ehemaligen Botschaft, die heute dem Verfall preisgegeben ist, stand einst ein Flaggenmast. In der ersten Hälfte des 20. Jh. erlangten Sklaven, die in den Hof geflohen waren und den Mast umarmt hatten, ihre Freiheit.

Das **Bait al-Zubair Museum** (10, Mo, Mi 16–19, Sa 16–20, So, Di, Do 9–12.30 Uhr, Eintritt) wurde von der Industriellenfamilie Zubair gestiftet. In dem umgebauten Stadtpalast ist eine Sammlung von Krummdolchen *(Khanjars),* Waffen, Schmuck und Haushaltsgegenständen ausgestellt. In einem Geschäft in der Empfangshalle kann man Andenken kaufen.

Zu den traditionellen omanischen Bauten, die im Innenhof des Museums nachgebildet wurden, zählt ein typisches *Barasti*-Haus aus der Batinah-Region. Dort kann man es sich auf den Sitzkissen bequem machen und nachempfinden, wie die Küstenbewohner in vergangenen Zeiten gewohnt haben. In den heißen Sommermonaten bezog man diese aus Palmblättern und Palmästen in Leichtbauweise errichteten Häuser, die durch das Flechtwerk ihrer Wände die kühlende Seebrise in das Innere hereinließen und gleichzeitig die Bewohner vor dem gleißenden Sonnenlicht und unerwünschten Blicken Außenstehender schützten. Ein rekonstruierter Dorfladen erinnert daran, dass man bis vor kurzem noch nicht in klimatisierten Supermärkten eingekauft hat. Das Bait al-Zubair Museum verfügt über eine kleine Cafeteria.

Sidab

Der romantische kleine Fischerort liegt an einer geschützten Bucht auf dem Weg von Alt-Muscat nach al-Bustan. Je nach Tageszeit flicken die Fischer ihre Netze oder sortieren ihren Fang. Die Fischer von Sidab schippern auch Touristen an der Küste entlang.

Während man den etwa 1 km südlich von Sidab gelegenen **Capital Yacht Club** nur in Begleitung eines Mitglieds betreten darf, steht **Marina Bander al-Rowdah** allen interessierten Besuchern offen. Dem Wassersportzentrum ist ein Nobelrestaurant angeschlossen. Während des alljährlichen Muscat-Festivals Ende Januar/Anfang Februar finden in Marina Bander al-Rowdah Schnellbootrennen und andere Wettbewerbe statt. Man kann Segel- und Motorboote mieten, verschiedene Anbieter veranstalten Tauchkurse und Hochseeangelturns.

Obere Preiskategorie 10–15 OR, **Blue Marlin,** Marina Bander al-Rowdah, Tel. 73 79 40, internationale Küche, Fischgerichte, lizenziert, tägl. 12 bis 15, 18–24 Uhr; *mittlere Preiskategorie 5–10 OR:* **Café Marine,** Marina Bander al-Rowdah, internationale Gerichte; **The Pool Deck,** Marina Bander al-Rowdah, Snackbar; **Smuggler's Bar,** Marina Bander al-Rowdah

Marina Bander al-Rowdah, P.O. Box 940, Muscat 113, Tel. 73-72 88, 73 72 91, Fax 73 72 85, E-Mail: marina@gto.net.om, tägl. 7–23 Uhr; **Arabian Sea Safaris,** Marina Bander al-Rowdah, Tel. 78 21 12, Fax 78 21 13, P.O. Box 2785, Muscat 111, Tel. 69 32 23, Fax 69 32 24, E-Mail: arabseas@gto.net.om, Hochseeangeln, Bootstouren, bei denen Delfine beobachtet werden können, tägl. 7–11 Uhr; **Blu Zone Watersports,** Marina Bander al-Rowdah, Tel., Fax 73 72 93, E-Mail: bluzone@gto.net.om, *Dhau*-Charter, Tauchkurse, Tauchexkursionen; **Charlotte Anne,** Postadresse c/o Silver Link Trading, P.O. Box 232, Mina al-Fahal, Muscat 116, Tel. 95 33 09, 60 35 03, Fax 60 51 17, bietet von Marina Bander al-Rowdah Segelchartertouren auf einem 26 m langen Zweimastschoner mit Schlafmöglichkeiten für zehn Personen an, Halbtagesexkursionen, Ganztags- und Mehrtagsfahrten für zehn bis 20 Personen, dreitägige Ausflüge zu den Daymaniyat-Inseln für 310 OR am Tag; **Muscat Divers,** Marina Bander al-Rowdah, Tel. 73 74 02

In der Mitte des Al-Bustan-Kreisverkehrs steht die »Sohar«, ein Nachbau einer historischen *Dhau*, mit welcher Tim Severin 1980 von Muscat nach Kanton aufbrach. Hält

Nachbar der »Sohar«, mit der der Ire Tim Severin die Reisen des legendären Sindbad nachvollzog

Ein Märchenhotel für das Sultanat

Das Al Bustan Palace Hotel

Das Al-Bustan-Palasthotel gilt als eine der modernen Legenden des Oman. Bevor es 1985 anlässlich der ersten Konferenz der Golfanrainerstaaten im Oman eröffnet wurde, mussten das kleine, gleichnamige Fischerdorf umgesiedelt und ein Felsen gesprengt werden. Den Fischern errichtete man etwas weiter nördlich an derselben Bucht eine moderne Siedlung. Erreicht man al-Bustan von Sidab, eröffnet sich nach der Überquerung der 100 m hohen Passstraße durch den Jebal Bardah plötzlich ein filmreifer Panoramablick auf die palmenbewachsene Bucht, hinter der sich eine kahle, schwarzbraune- bis beigefarbene Bergkulisse erhebt. Dort präsentiert sich das Märchenhotel wie eine Fata Morgana in der Landschaft.

Innerhalb von nur zwei Jahren haben 3500 Bauarbeiter für umgerechnet 600 Mio. Mark einem orientalischen Traum aus arabischen und indischen Stilelementen in Stein und italienischem Marmor Form gegeben, mit dem sich die Nation identifiziert. Im Zentrum des achteckigen Baus thront in 33 m Höhe eine blaugoldene Edelstahlkuppel, die, im Innern mit weißem Stuck überzogen, den sternförmigen Marmorbrunnen der Lobby überhöht. Der türkis-grüne Kachelschmuck der Wände mag als Zitat safawidisch-iranischer Mosaik- und Fliesendekorationen verstanden werden, während der plätschernde Brunnen deutliche Anleihen bei der islamischen Gartenbaukunst macht.

Die Höhe des Raumes, die über fünf Stockwerke reicht, lässt die Hotelgäste zu Winzlingen schrumpfen und ihre Stimmen zu Flüstertönen werden, die auf mysteriöse Weise vom Baukörper verschluckt werden. Schwerer Weihrauchgeruch durchzieht das Atrium, leise Pianomusik spielt im Hintergrund, die Atmosphäre ist gediegen, das Personal freundlich und diskret. Man kann sich in die schweren Polstersessel in dem gigantischen Zentralraum zurücksinken lassen und den Prunk für einen Moment genießen. Der Blick wird an den kachel- und spiegelbedeckten Wänden emporgeleitet in die Kuppel. Das Ganze ist beeindruckend überdimensioniert, aber doch ein wenig zuckrig: Die pastellfarbenen Fliesen, die ›geklöppelte‹ Stuckornamentik, die Ausleuchtung des Springbrunnens zeugen von der Vorliebe für Gold, Glanz und Üppigkeit, der man auf der Arabischen Halbinsel immer wieder begegnet.

Wer es sich nicht leisten möchte, in der Nobelherberge zu logieren, sollte sich eine Tasse *Kahwa*, original omanischen Kaffee, von dem freundlichen, neben dem Haupteingang vor seiner Feuerstelle sitzenden omanischen Herren servieren lassen. Die Läden im Foyer, die Restaurants, den Hotelgarten sowie das Strandcafé können auch Nicht-Gäste besuchen. Für die Benutzung des Pools und des hoteleigenen Strandes wird indes eine Tagesgebühr von 20 OR erhoben, in der das Entgelt für ein reichhaltiges Mittagsbuffet eingeschlossen ist. Hotelführungen, bei denen man einen Blick in die Staatsgästen vorbehaltenen Suiten in den obersten Stockwerken werfen kann, arrangiert die Rezeption auf Anfrage.

Das Palasthotel ist in eine 20 ha große Gartenlandschaft eingebettet, in der unermüdlich Gärtner herumwuseln und in der die Pflanzen mit dem aufbereiteten Brauchwasser des Hotels berieselt werden. Man hat Teile einer alten Oase, die über ein *Falaj*-System aus dem Wadi al-Bustan gespeist wurde, in den Park integriert und ein traditionelles omanisches Zeltcamp, aufgestellt. Mittwochs finden im »Seblat« Unterhaltungsabende statt, bei der Besuchern authentisch omanische Speisen angeboten werden und sie Zeugen von Tanzdarbietungen und Demonstrationen althergebrachter Handwerkstechniken werden können. Zwei Kamele gehören ebenfalls zum Inventar. Die meisten der im »Seblat« arbeitenden Omanis sind Bewohner des umgesiedelten Dorfes al-Bustan (Al Bustan Palace Hotel, P.O. Box 1998, Muscat 114, Tel. 79 96 66, Fax 79 96 00, E-Mail: albustan@interconti.com, 247 Zimmer, fünf Restaurants, zwei Bars, Pool, Fitness Centre, Wassersport, Tennisplätze, hoteleigener Strand, DZ 130 OR plus 17 % Steuern).

man sich dort Richtung Wadi al-Kabir und Ruwi, zweigt von der al-Bustan Street nach einigen hundert Metern eine Straße Richtung Qantab ab.

Vor allem am Wochenende zieht es Taucher und Schnorchler an die kleine Bucht **Bandar Jissah.** Freitags bieten Fischer ihre ›Taxidienste‹ an, um Besuchern die Küste von der Seeseite zu zeigen oder sie zu abgelegenen Tauch- und Badebuchten zu bringen.

Oman Dive Centre, P. O. Box 199, Muscat 115, Tel. 95 02 61, Fax 79 96 00, in der nächst südlichen Bucht von Bander Jissah, Tauchkurse, Verleih von Tauchausrüstungen, Bootsvermietung, Tagesausflüge zu den Daymaniyat-Inseln, Nachttauchexkursionen

Mutrah

Auch die malerische Bucht von Mutrah war seit der portugiesischer Besatzung von zwei Festungen eingerahmt. 1971 musste die westliche Fortifikation dem Ausbau des Containerhafens Mina Qaboos weichen, während das östliche **Mutrah Fort** (1) als eine der ersten historischen Festungen des Oman restauriert wurde.

Nachdem 1578 der Vorgängerbau von den Portugiesen um zwei Türme erweitert worden war, verstärkte man die Feste im 17. Jh. mit einer Umfassungsmauer. Wegen der strategisch wichtigen Position, die sowohl die Hafenbucht als auch den Landweg über Riyam nach Muscat sicherte, bauten die omanischen

Imame und Sultane nach dem Abzug der Kolonialmacht weiter an der Feste, bis sie 1793 ihre jetzige Form erhielt.

Auf dem mit 11,5 m Durchmesser größten der vier Türme fand man 1980, als mit Renovierungsarbeiten an dem stark verfallenen Bauwerk begonnen wurde, eine 3 m lange Kanone, mit der Hafen und Suq zu bestreichen waren. Das Fort war im Laufe seiner Geschichte Schauplatz mancher kriegerischen Auseinandersetzung. Legendär ist die kampflose Übergabe des portugiesischen Kommandanten an Imam Sultan bin Saif I. (1649–68), als dessen Truppen 1650 die zwei Festungen in Muscat bereits eingenommen hatten. Das Fort wird heute staatlich genutzt und ist für die Öffentlichkeit nicht zugänglich.

Die al-Bahri Road, die vom Fisch- und Gemüsemarkt an der Bucht verläuft, wird allgemein auch Corniche genannt. Der zweispurigen Autostraße mit einer Fußgängerpromenade und Betonbänken musste der natürliche Sandstrand weichen, an dem einst Fischerboote und *Dhaus* von der Batinah-Küste landeten, um ihre Ladungen zu löschen.

Einige stattliche Händlerhäuser aus dem 19. Jh., die den Bauboom der aufstrebenden Metropole überstanden haben, säumen die Corniche. Die weiß und pastellfarben gestrichenen *Baits* mit luftigen Balkonen und filigranen Holzschnitzwerken sind das Schmuckstück der Hafenpromenade und ein beliebtes Foto- und Postkartenmotiv.

Die Häuser sind Bestandteil des in sich geschlossenen, ummauerten Luwatiya-Viertels. Von der Corniche dehnt sich dieser Stadtteil bis zum Suq aus. Zwei Stadttore, eines an der Seeseite, das andere landeinwärts, führen in ein Wohnviertel mit engen, regelmäßig angelegten Gassen. Dort leben die Khojas, Angehörige einer vom Hinduismus zum Is-

Mutrah und Ruwi 1 Mutrah Fort 2 Suq 3 Riyam Park 4 Bait al-Falaj
5 Sultan-Qaboos-Moschee 6 National Museum 7 Suq al-Jumma (Freitagsmarkt)

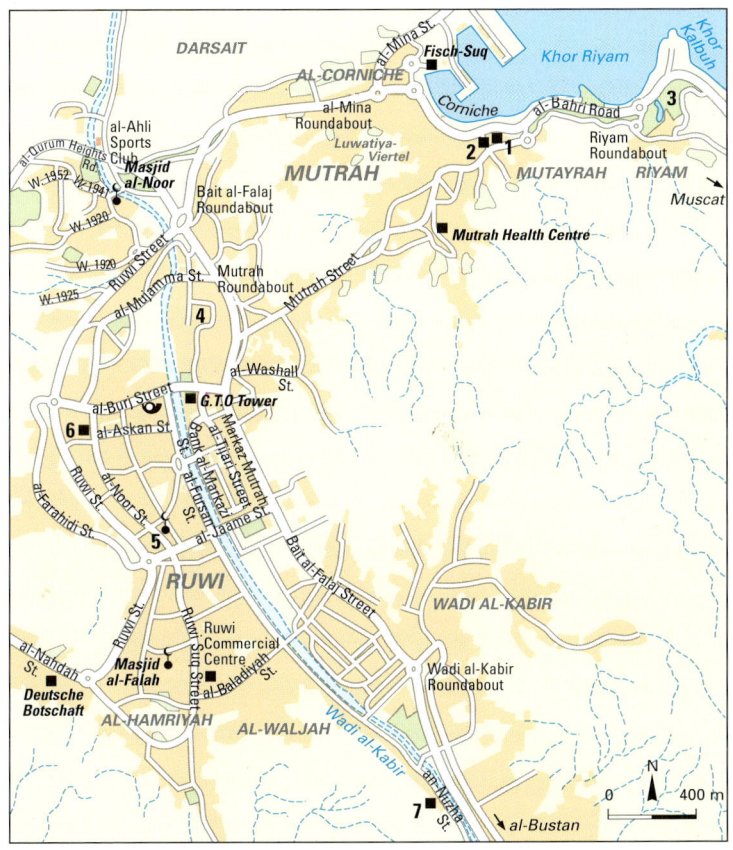

lam konvertierten schiitischen Glaubensgemeinschaft, die im späten 18. Jh. aus Nordwestindien einwanderten. Die meisten Khojas sind Ismailiten, die den Aga Khan als geistigen Führer, als Imam, anerkennen.

Als Minderheit in einem fremden Land haben die Khojas ihr Viertel durch eine hohe Umfassungsmauer mit einst vier runden Ecktürmen abgegrenzt und darauf bestanden, dass kein Andersgläubiger ihre Enklave betritt. Schon der Reiseschriftsteller William Samuel Ruschenberger berichtete 1838, dass zu den 18 000 Einwohnern von Mutrah etwa 1000 im Viertel von Luwatiya zählten. Um ihre unverschleierten Frauen vor fremden Blicken zu schützen, hätten

sie Wächter an den Stadtteiltoren postiert, die keinem Fremden Einlass gewähren durften. Inzwischen werden Besucher durch Schilder an den Toren auf diese Sitte aufmerksam gemacht. Neugierige, welche die Schilder missachten, werden höflich und bestimmt abgefangen und zurückgeschickt.

Der Haupteingang zum **Suq** (2), der mit farbigen Palmblättermatten überdacht ist, befindet sich in Höhe des Fußgängerübergangs am südöstlichen Ende der Corniche, gleich neben der Habib Bank. Das große Eingangstor des Mutrah-Suq, des ältesten Marktes im Hauptstadtgebiet, wurde noch bis 1970 allabendlich nach Sonnenuntergang verriegelt, heute kann man hier bis spät am Abend einkaufen. Vom *Dishdasha* bis zum *Kumma*, einer bestickten Kappe, oder dem *Massar*, einem

Das Luwatiya-Viertel in Mutrah

bunten Kaschmir-Tuch, ist die Auswahl an Bekleidungsstücken für den omanischen Mann fast unendlich. Neben kleinen Antiquitätenläden voller Silberschmuck, alten Mariatheresientalern und *Khanjars* verströmen Parfümerien die schweren Gerüche des Orients. Die weibliche Kundschaft findet Schuhe, *Burqas* und *Abayas,* grellbunte Rüschenkleidchen für die Töchter und indische Tücher – Waren aus Tausendundeiner Nacht, Einheimisches und Importiertes aus aller Herren Länder für alle, die hier einkaufen: Omanis, Pakistanis, Inder, Filippinos, Ägypter, Sudanesen und Europäer.

Die bunte Mischung aus Traditionellem und Modernem, aus Kitsch und Kunsthandwerk, Nützlichem und Überflüssigem wird in einem Sprachenmix aus Arabisch, Urdu, Hindi, Malayam und Englisch angeboten. Viele der Verkäufer sind Gastarbeiter aus Pakistan oder Indien, dazwischen sitzt so mancher altehrwürdige omanische Ladenbesitzer vor den Waren seines Geschäfts und trinkt genüsslich seinen *Kahwa.*

In den modernen Hallen des Fisch- und Gemüsemarkts am nordwestlichen Ende der Corniche beginnt schon frühmorgens ein geschäftiges Treiben. Der nächtliche Fang der Fischer wird in Eisboxen, Schubkarren und Kühlwagen verladen, danach werden Netze geflickt, man trinkt Kaffee oder Tee und hat sich immer etwas zu erzählen. Wer einen größeren Fang ersteht, kann ihn fachmännisch entschuppen, ausnehmen und zerlegen lassen. Die

auf dieses Geschäft spezialisierten Männer sitzen im hinteren Bereich des Fisch-Suq.

Weiter vorn werden Gemüse und Obst angeboten. Die Händler haben ihre Ware oft zu kunstvollen Pyramiden aufgestapelt. Je nach Jahreszeit gibt es Mangos oder frische Datteln, die unvergleichlich viel besser schmecken als getrocknete.

Folgt man der Corniche Richtung Alt-Muscat, so kommt man am **Riyam Park** (3, So–Do 15 Uhr bis Mitternacht, Fr 8 Uhr bis Mitternacht) vorbei. Hoch darüber auf einem Felsen thront ein riesiger, strahlend weißer Weihrauchständer, der wie ein soeben gelandetes Ufo erscheint.

Vom Felsen, den man über Stufen erklimmt, hat man einen weiten Ausblick auf die Mutrah-Bucht. An Wochenenden oder abends zieht es zahlreiche omanische Familien zu den Karussells, Kinderspielplätzen und künstlich angelegten Teichen im Park. Im Kalbuh Bay Park (Sa–Do 15–23, Fr 8–24, Ramadan 19 bis 2 Uhr) laden gepflegte Rasenflächen zum Picknick ein, die vom Meer wehende Brise verschafft willkommene Kühlung. Viele Städter kommen abends hierher, um den Sonnenuntergang und die Silhouette der erleuchteten Mutrah-Promenade zu den Klängen der Musik zu genießen, die über Lautsprecher eingespielt wird.

🛏 *Mittlere bis untere Preiskategorie 15–25 OR plus 17 % Steuern:* **Mina Hotel,** P.O. Box 504, Muscat 112, Corniche Roundabout, Harat A'Shmal

St., Tel. 71 18 28, Fax 71 49 81, E-Mail: minahotel@omantel.net.om., 28 Zimmer, zwei Restaurants, lizenziert, zentral gelegen, Hafenblick, die Restaurants sind beliebte Treffpunkte der Hauptstädter; **Corniche Hotel,** P.O. Box 1800, Muscat 114, Mutrah Corniche, Tel. 71 47 07, Fax 71 47 70, E-Mail: minahotel@omantel.net. om, 55 Zimmer, ein Restaurant, einfache Unterkunft für Reisende mit kleinem Budget; **Marina Hotel,** P.O. Box 500, Muscat 114, Mutrah Corniche, Tel. 71 29 97, Fax 71 13 13, E-Mail: marina@oman tel.net.om, 20 Zimmer, Restaurant und Bar, 1999 fertig gestelltes, freundliches Haus, von dessen Restaurant im fünften Stock man die Aussicht auf den Hafen genießen kann

🍴 *Obere Preiskategorie 10 OR:* **al-Inshira,** gegenüber dem Riyam Park, Tel. 71 30 61, So–Fr 12–15, 19 bis 23.30 Uhr, thailändische, mexikanische, arabische, indische, europäische Küche, lizenziert; **al-Bahr,** im Mina Hotel, Corniche Roudabout, Tel. 71 18 28, indische Küche, lizenziert; **al-Gazebo,** im Mutrah Hotel, Mutrah St., Tel. 79 84 01, französische Küche, Fischspezialitäten, lizenziert, tägl. 12–15 und 19–23 Uhr; *mittlere Preiskategorie 5 OR:* **al-Shatti,** im Corniche Hotel, Corniche, Tel. 71 46 36, indische, arabische und westliche Küche; **Restaurant im Marina Hotel,** am Corniche Roundabout, Tel. 71 29 97, internationale und indische Gerichte, lizenziert; **Ambassador,** Mutrah St., Tel. 70 80 82 südindische Küche, Vegetarisches; **Pizza Hut,** im Kalbuh Park, Tel. 73 72 54, Pizzeria, tägl. 11–23 Uhr

🍸 **Die Oryx Bar** und die **Cleopatra Bar** im Mutrah Hotel bieten abendliche Live-Musik, tägl. 12–15, 18–1 Uhr; **die Omani Bar** im al-Inshira-Komplex heißt wohl so, weil hier hauptsächlich omanische Herren unter sich

bleiben, Live-Musik, Fr–Mi 18.30–0.30, Do 14–0.30 Uhr, Tel. 71 12 92

Ruwi

Karte S. 81

Das moderne Wirtschafts- und Handelszentrum der Hautstadt war noch bis 1970 ein verschlafenes Dorf mit 400 Dattelpalmen und zahlreichen Gemüsegärten sowie der Festungsanlage Bait al-Falaj. Seit 1970 entstanden dann Wohn- und Geschäftshäuser, Hotels sowie Einkaufszentren und Bankgebäude.

Der Name des **Bait al-Falaj** (4), des heutigen Sultan's Armed Forces Museum (So–Mo, Mi–Do 8–12.30 Uhr, Eintritt, Tel. 31 26 46, 31 26 48), geht auf *Falaj*-Kanäle (vgl. S. 30f.) zurück, die einen großen Garten bewässern. Der Mitte des 18. Jh. entstandene Bau wurde 1845 von Sultan Said bin Sultan umgestaltet und als Sommerresidenz genutzt, wenn er aus Sansibar kam und das Mutterland besuchte. Die zweistöckige, quadratische Anlage ist mit zwei Rundtürmen versehen, die sich an den Gebäude-Ecken diagonal gegenüberstehen.

Von 1913 bis 1978 diente das Gebäude als Kommandostelle der Streitkräfte des Sultans. Im nordöstlichen, 1962 zu einer Gefängniszelle ausgebauten Turm saßen Rebellen ein, bis sie nach einer Generalamnestie von Sultan Qaboos entlassen wurden. Nachdem die Armeeführung nach al-Murtafa umgezogen war, ließ Sultan Qaboos hier ein Muse-

Der Uhrenturm gilt als ein Wahrzeichen von Ruwi

um zur Armeehistorie des Oman einrichten, das 1988 nach umfangreichen Renovierungsarbeiten eröffnet wurde. Dort ist die Militärgeschichte von der vorislamischen Zeit bis zur Entstehung der heutigen Streitkräfte dargestellt. Fotografieren ist im Museum nicht erlaubt.

1977 wurde die **Sultan-Qaboos-Moschee** (5), ein Geschenk des Mo-narchen an die Stadtbewohner, eröffnet. Neben dem im Oman und in den Vereinigten Arabischen Emiraten unvermeidbaren Uhrenturm an der al-Jaame Street gilt die Moschee als eines der Wahrzeichen von Ruwi. Nicht-Muslimen ist der Zutritt untersagt.

Das **National Museum** (6, Sa–Do 8–13, 16–18 Uhr, Tel. 70 12 89, Eintritt) mit islamischer Bibliothek liegt in der al-Noor Street. Die Bezeichnung Nationalmuseum lässt möglicherweise höhere Erwartungen aufkommen als erfüllt werden, handelt es sich doch eher um eine kleine, überschaubare Ausstellung, die eine kurze Einführung in die traditionelle Lebensweise, Handwerkskunst und Geschichte des Oman liefert. Neben Silberschmuck, Trachten, Porzellan, Möbelstücken und alten Fotografien sind *Dhau*-Nachbildungen zu besichtigen. Am Eingang werden Souvenirs zum Kauf angeboten.

Der Central Business District heißt so, weil hier die großen Banken und internationalen Firmen ihre eisgekühlten Tempel errichtet haben. Fluggesellschaften, Möbelgeschäfte, Shopping Centres und Restaurants haben ihre Adresse in Ruwi. Gegen Abend geht es in diesem Stadtteil von Muscat besonders geschäftig zu. Dann sind zwar die Banken und Büros geschlossen, aber die Ruwi Suq Street und der dahinter liegende Suq füllen sich mit Leben. Die Auslagen in den Geschäften und die Gewandung der Menschen könnte vermuten lassen, man befände sich auf dem indischen Subkontinent und nicht im Oman.

Es heißt, dass man das, was man in den Läden des Ruwi Suq nicht findet, nirgendwo sonst im Oman zu suchen brauche: Schmuck, Kleidung, Elektro-Artikel, Spielzeug, indische Stoffe, Haushaltsartikel, Ersatzteile gleich welcher Art und daneben Restaurants, Imbissbuden und Saftläden, in denen Frischgepresstes verkauft wird. Am Uhrenturm in der al-Jaame Street treffen sich allabendlich Gastarbeiter aus aller Herren Länder, um noch ein wenig zu plaudern.

Freitags findet am Wadi Kabir der **Suq al-Jumma** (7) statt. Ab 7.30 Uhr feilschen Einheimische und Gastarbeiter um Neues und Gebrauchtes; ein orientalischer, bunter Flohmarkt, auf dem Stoffe, Spielzeug, alte Fernseher, Kosmetika, Gebrauchtwagen, Fahrräder, Kameras, Computer, traditionelle Handarbeiten und Haushaltsartikel den Besitzer wechseln. Im nahen Gemüse- und Obst-Suq haben viele Geschäfte geöffnet. An zahlreichen Imbisskiosken werden frische Obstsäfte gepresst, grüne Kokosnüsse geöffnet und Fladenbrotsandwiches zubereitet. Wer ernsthafte Kaufabsichten hegt, sollte des Arabischen mächtig sein und kräftig handeln.

Obere Preiskategorien DZ 50 bis 70 OR plus 17 % Steuern: **Sheraton Oman Hotel,** P.O. Box 3260, Muscat 112, Bait al-Falaj St., Tel. 79 98 99, Fax 79 57 91, E-Mail: sheraton@gto.net.om, 217 Zimmer, Pool, drei Restaurants, Nachtklub und Diskothek, moderner Glasklotz, der abgerissen werden sollte, weil er keine traditionellen islamischen Stilelemente aufweist, typisches internationales Fünf-Sterne-Hotel, zentral gelegen, mit einer Fitness-Centre-Dependance am Qurum Beach mit Pool und japanischem Restaurant; am Qurum Beach Resort stehen auch sieben Zimmer zur Verfügung; *mittlere Preiskategorie DZ um 40 OR plus 17 % Steuern:* **Ruwi Novotel,** P.O. Box 2195, Muscat 112, Tel. 70 42 44, Fax 70 42 48, E-Mail: reservatonruwi@omanhotels.com, am Ruwi Roundabout, 120 Zimmer, Pool, zwei Restaurants, zwei

Im Central Business District von Ruwi

Bars, Live-Musik, fantasielos ausgestattete Unterkunft der internationalen Hotelkette, eher unerfreulich; **Mercure al-Falaj Hotel,** P.O. Box 2031, E-Mail: accor sales@omanhotels. com, al-Mujamma St., 153 Zimmer, Pool, vier Restaurants, Bar mit Live-Musik, alteingesessenes Mittelklassehotel mit sehr guter Infrastruktur, beliebt bei Gruppenreisenden; **Haffa House Hotel,** P.O. Box 1498, Muscat 114, Tel. 70 72 07, Fax 70 72 08, E-Mail: hhh@shanfari.com, 120 Zimmer, Pool,

zwei Restaurants; 1999 eröffnete, freundliche Mittelklasse-Unterkunft, zentral gelegen nahe dem Ruwi Roundabout, die Poolanlage ist so konzipiert, dass sie sich mit Sicherheit nie zum Spaßbad entwickeln wird; *untere Preiskategorie DZ 25–20 OR plus 17 % Steuern:* **Makha Hotel,** P.O. Box 3585, Muscat 112, Tel. 7 71 44 71, Fax 7 71 69 22, Wadi al-Kabir, Way No 6505, 33 Zimmer, ein Restaurant, drei Bars, einfaches, kleines Hotel mit bewegtem Nachtleben in den Bars; **Hotel Summer Sands,** P.O. Box 567, Muscat 117, Tel. 7 71 33 82, Fax 7 71 33 85, E-Mail: summer@gto.net.om, Wadi al-Kabir, Way No 6505, 25 Zimmer, ein

Restaurant, Bar; vor allem von arabischen und indischen Reisenden besuchtes Hotel, die Bar mit Live-Entertainment ist bereits tagsüber geöffnet; **al-Walja Hotel,** P.O. Box 1644, Muscat 114, St. 37, Tel. 70 70 11, Fax 78 86 98, 30 Zimmer, einfaches, kleines Hotel für Preisbewusste, alle Zimmer mit Klima-Anlage und Satelliten-TV

Obere Preiskategorie 10 OR: **La Mamma,** im Sheraton Hotel, Tel. 79 98 99, italienische Küche, lizenziert, Sa–Do 19–23 Uhr, Fr geschl.; **The Golden Oryx,** al-Burj St., Tel. 7022 66, chinesische und thailändische Küche, lizenziert, tägl. 12–15, 19–24 Uhr, Reservierung empfohlen; **Tokyo Taro,** im achten Stock des Mercure al-Falaj Hotel, Tel. 70 23 11, soll die besten japanischen Gerichte in Muscat bieten, lizenziert, Sa–Do 12–15, 19–23.30 Uhr, Freitagmittag geschl., Reservierung empfohlen; **Taj Restaurant,** Mutrah St., Tel. 79 65 83, indische Küche, lizenziert, tägl. 11–15, 19–24 Uhr; *mittlere Preiskategorie 5 OR:* **Cork's Bistro,** im Mercure al-Falaj Hotel, Tel. 70 23 11, französische und internationale Gerichte, lizenziert, Sa–Do 12 bis 15, 18.30–23 Uhr; **Fakrudin,** im Ruwi Novotel, Tel. 70 42 44, libanesische Küche, lizenziert; **Copper Chimney,** im Bankenviertel, Way No 2724, Tel. 78 02 07, indische Küche, lizenziert, tägl. 12 bis 15, 19–24 Uhr, Reservierung empfohlen; *untere Preiskategorie bis 5 OR:* **al-Dehleez,** al-Iskan St., Tel. 79 35 45, indische und chinesische Küche, lizenziert, abends Live-Entertainment, tägl. 12–15, 18–1 Uhr; **Arab World Restaurant,** Ruwi St., Tel. 79 83 13, arabische Gerichte; **The Pavillion,** im Hotel Summer Sands, Wadi al-Kabir, Tel. 7 71 33 82-4, indische, internationale und chinesische Gerichte, tägl. 11–15, 18–24 Uhr; **Omar al-Khayyam,** nahe dem Ruwi Roundabout, Tel. 70 70 82, arabische, indische und internationale Gerichte, Spezialität Steaksizzler, tägl. 11–15.30, 17.30–24 Uhr, Reservierung empfohlen; **Abdul Rehman Khamis Restaurant,** al-Iskan St. gegenüber der Oman Bakery, Tel. 78 73 43, pakistanische Gerichte, Kababs und Tikkas

Saba Nightclub, im Sheraton Oman Hotel, Tel. 79 98 99, Live-Musik, ab 22 Uhr Diskothek; **Mona Lisa,** im Hotel Summer Sands, Wadi al-Kabir, Tel. 7 71 33 82, indische Live-Popmusik und Bauchtanz

Die Oman National Transport Company (ONTC) fährt von der Bushaltestelle in Ruwi tägl. folgende Ziele an: um 7 Uhr **al-Buraimi** via Sohar, um 7 Uhr **Fahud** via Izki (nicht Fr und an Feiertagen), um 7.30 Uhr **Sur** via Ibra und Mintirib, um 8 Uhr **Araqi** via Ibri, um 13 Uhr **al-Buraimi** via Sohar, um 14.30 Uhr **Sur** via Ibra und Mintirib (außer Fr und an Feiertagen), um 14.30 Uhr **Yanqul** via Nizwa und Ibri, um 15 Uhr **al-Buraimi** via Sohar, um 15 Uhr **al-Mudaibi** via Izki und al-Sanaw, um 16 Uhr **Dank** via Nizwa und Ibri, um 16.30 Uhr **Sur** via Ibra und Mintirib (nur Fr und an Feiertagen), um 17.30 Uhr **Samad** via al-Mudaibi und al-Sanaw; dreimal tägl. verlassen Busse die Capital Area Richtung **Salalah** um 7, 18 und 19 Uhr; innerhalb der Capital Area verkehren zwischen 6.30 und 22 Uhr alle 20 bis 30 Min. Busse

Linienbusse; Linie 01: Wadi Kabir, Linie 02: Mutrah – Wadi Adai, Linie 04: Khoula Hospital, Linie 23: Flughafen Seeb – al-Hail – Seeb, Linie 25: Royal Hospital – al-Udhaybah Heights, Linie 27/29: Seeb – Maabilah Hsg., Linie 28: al-Khoud – Sultan Qaboos University (SQU), Linie 31/32: Madinat Sultan Qaboos – al-Nahdah; Auskunft Tel. 70 85 22, 70 12 94

al-Dar Taxi Tel. 70 05 55, 70 07 77, **Said Salim al-Wahibi** Tel. 9 31 94 64

Avis Tel. 60 72 35, Budget Tel. 78 47 21, Europcar Tel. 70 01 90, Hertz Tel. 56 62 08, Payless Car Rental Tel. 79 28 75

Air France Tel. 70 43 18, British Airways Tel. 56 87 77, Emirates Tel. 78 66 00, Gulf Air Tel. 70 35 44, KLM Tel. 56 67 37, Lufthansa Tel. 79 66 92, Swissair Tel. 78 74 16, Oman Air: Ruwi, Central Business District Area, Tel. 70 72 22, 79 82 73, 70 51 40, Fax 79 55 46

Royal Oman Police Tel. 56 00 99, Verkehrspolizei Tel. 51 02 28/7, Notruf Tel. 9 99

Royal Hospital Tel. 59 28 88, Khoula Hospital Tel. 56 04 55, Nahdah Hospital Tel. 70 78 00, Muscat Hospital Tel. 73 80 36, al-Hayat Clinic Tel. 56 59 41, al-Shatti Hospital Tel. 60 42 63, Capital Polyclinic Tel. 70 75 49, Qurum Medical Centre Tel. 56 21 98; **zahnärztlicher Dienst:** Medident Centre, Madinat Sultan Qaboos Medical Centre, Madinat Sultan Qaboos, Way 2141, Tel. 60 06 68

al-Harthy Complex, Sa–Mi 7.30 bis 14.30, 19–21 Uhr, Tel. 56 35 34, Alt-Muscat, im Gebäude der British Bank of the Middle East, Sa–Mi 7.30–14.30 Uhr, Do 8–11 Uhr, Tel. 73 85 47, Ruwi, Sa–Mi 7.30–14.30, 16 bis 18 Uhr, Tel. 70 16 51, Qurum im Jawharat a'Shati Complex, Sa–Mi 8–14 Uhr

Qurum und al-Khuwair

Der Stadtteil Qurum, auch Qurm geschrieben, besteht aus Qurum, Shati al-Qurum und den Qurum Heights, wo in luftiger Höhe die Besserverdienenden ihre Villen errichteten. Vom Crowne Plaza Hotel, einem der ältesten Vier-Sterne-Ho-

tels der Capital Area, bietet sich ein wunderbares Panorama auf den schier endlos wirkenden Strand.

Während am Meereshorizont Containerschiffe und Öltanker vorbeiziehen, vergnügen sich am breiten, seicht abfallenden Strand insbesondere in den späten Nachmittagsstunden viele Städter und nur noch wenige auswärtige Touristen. Junge Männer spielen Fußball, andere joggen oder genießen während eines Strandspaziergangs die kühlende Seebrise. Verschleierte Mütter sehen ihren im Wasser spielenden Kindern zu, die Väter haben mitunter ihren *Dishdasha* gegen Badeshorts ausgetauscht und erfrischen sich mit dem Nachwuchs in der leichten Brandung.

Pakistanische Gastarbeiter halten gesattelte Pferde für einen Strandausritt bereit, jedoch hat der Wasser-Scooter-Verleih vor dem Sheraton Qurum Beach Resort weit größeren Zuspruch und sorgt für etwas Unru-

he in dem zwar bunten, aber doch familiär-beschaulichen Strandidyll.

Nicht weit vom heutigen Crowne Plaza Hotel hatten sich vor rund 7000 Jahren erste Siedler, die sich vom Fischfang und dem Sammeln von Mollusken ernährten, auf den erhöhten Kalksteinvorsprüngen niedergelassen. Große Muschelabfallhaufen, die an den Küsten der Arabischen Halbinsel durchaus keine Seltenheit sind, aber die immer nur durch menschliche Aktivitäten zustande gekommen sein können, hatten Archäologen auf diesen Ort aufmerksam gemacht, den sie nach der gleichnamigen Landspitze im äußersten Norden der Qurum Heights Ras al-Hamra nannten. Ausgrabungen förderten die Fundamente einfacher Hütten mit Pfostenlöchern und Feuerplätzen sowie Gräberfelder zutage, die Aufschluss über die Lebensweise und Wirtschaftsform einer der frühesten Fischergesellschaften in Ost-Arabien gaben.

Am Strand von Shati al-Qurum

Die Bestattungsformen zeigen, dass es sich um eine hierarchisch gegliederte Gesellschaft gehandelt haben muss, die ihre Angehörigen entsprechend ihrer wirtschaftlichen und sozialen Stellung mit mehr oder weniger Grabbeigaben versah. Um 3000 v. Chr. tauchte in der Siedlung die erste Keramik auf, der bislang früheste Nachweis für die Töpferkunst im Oman.

Der 1993 eröffnete **Qurum Natural Park** (1, Zufahrt über die al-Qurum St., Abfahrt Sayh al-Malih Roundabout Sa–Mi 16–23, Do–Fr 9 bis 24 Uhr, Mo Familientag, dann haben nur Familien und Frauen mit Kindern Zugang), dessen markantes Wahrzeichen ein nächtens dramatisch angestrahlter künstlicher Wasserfall an der al-Qurum Heights Road ist, zieht vor allem an Wochenenden und abends viele Städter an. Wer das 57 ha große Gelände nicht zu Fuß erkunden will, kann sich einen fahrbaren Untersatz mie-

ten. Auf einem künstlich angelegten See werden Boote verliehen, Wasserfontänen und schattige Sitzplätze mit Eis- und Getränke-Kiosken laden zum Verweilen ein. Es gibt einen Pferdeverleih rechter Hand hinter dem großen Springbrunnen am Haupteingang und manchmal werden Popmusikveranstaltungen in dem 4500 Sitzplätze umfassenden Amphitheater in der Nähe des Wasserfalls dargeboten. Während der Feierlichkeiten des alljährlichen Muscat Festival zählt man im Qurum Natural Park über 500 000 Besucher.

Das naturwissenschaftlich ausgerichtete **Children's Museum** (2, Shati al-Qurum, Sultan Qaboos St., Tel. 60 53 68-9, Sa–Mi 9–13, Mo 16–20, Do Familien- und Frauentag 9–13 Uhr, Eintritt frei) bringt Kindern, aber auch Erwachsenen die Welt der Physik, Biologie und Chemie nahe. Die Besucher werden zu Experimenten animiert, können Computer benutzen, durch Mikroskope schauen und Holografien bestaunen.

1995 wurde das **Oil and Gas Exhibition Centre** (3, Erdöl-Museum, Tel. 67 78 34, Sa–Mi 7–12, 13 bis 15.45, Do 8–12 Uhr, Fr geschl., Eintritt frei) in der Nähe des Ölhafens Mina al-Fahal von der Petrol Development Oman eröffnet. Das kleine, aber feine Museum vermittelt didaktisch gut aufbereitete Einblicke in Erforschung und Förderung fossiler Brennstoffvorkommen und ist für Kinder und Erwachsene gleichermaßen interessant.

Um den Qurum Roundabout haben sich die wichtigsten Shopping Centres der Stadt angesiedelt. In den vollklimatisierten Geschäften befinden sich Boutiquen, Fast-Food-Restaurants, Cafés, Apotheken, Supermärkte, Wäschereien, Reinigungen und Wechselstuben. Die künstliche Wasserfalllandschaft im **SABCO Centre** (4, Tel. 56 39 43, 56 27 61, Sa–Do 9–13, 16–21, Fr 16–21 Uhr) mit dem Café Sabco dient als Treffpunkt und Ort des Verweilens, wenn draußen die Sommerhitze brütet. Edelboutiquen verkaufen Designerprodukte und die Juweliergeschäfte konkurrieren mit Statussymbolen um die Gunst der Käufer. In einem nachempfundenen Suq reiht sich ein Souvenirlädchen an das an-

Qurum und al-Khuwair 1 Qurum Natural Park 2 Children's Museum 3 Oil and Gas Exhibition Centre 4 SABCO Centre 5 al-Araimi Commercial Complex 6 al-Khamis Plaza 7 Capital Commercial Complex 8 al-Harthy Complex 9 Oman Museum 10 Naturgeschichtliches Museum

dere, hier werden *Khanjars,* Silberschmuck, Weihrauch und Weihrauchbrenner verkauft.

Im gegenüberliegenden **al-Araimi Commercial Complex** (5, Tel. 56 61 80, Sa–Do 9.30–13, 16.30 bis 22.30, Fr 16.30–21.30 Uhr) bieten über 70 Geschäfte Designerprodukte, Haushaltswaren, Kosmetik und Parfüm, Jeans, Elektrogeräte, Möbel, Teppiche, Sportartikel oder omanische Souvenirs an.

Im **al-Khamis Plaza** (6, Tel. 56 30 09, Sa Do 9–13, 16.30–22, Fr 16.30–22 Uhr) findet man neben Boutiquen, Schmuck- und Buchläden, Optikern, Parfümerien, Computer- und Elektronik-Anbietern im zweiten Stock zahlreiche Schuhgeschäfte. Über 100 Geschäfte und der Prisunic-Supermarkt, in dem man eine reichliche Auswahl an westlichen Produkten findet, sind im **Capital Commercial Centre** (7, Tel. 56 36 72, Sa–Do 9–13, 16–22, Fr 16 bis 22 Uhr) untergebracht. Im Café Glacier, einem belgischen Coffee Shop, gibt es fast 100 Sorten Kaffee, Waffeln und Eis aus eigener Herstellung. Die Kuppel des **al-Harthy Complex** (8, Tel. 56 04 54, Sa–Do 9.30 – 13, 16.30–21.30, Fr 16.30 bis 21.30 Uhr) wird nachts durch ein Lampennetz erleuchtet, das wie ein Sternenzelt über dem Gebäude zu schweben scheint. Schuhe, Kosmetika, Antiquitäten, Teppiche, Blumen und Elektrogeräte werden auf drei Etagen angeboten.

Das **Oman Museum** (9, Tel. 60 09 46, Sa–Do 9–13 Uhr, Fr geschl., Eintritt frei) wurde 1995 wieder eröffnet, nachdem man die Exponate neu arrangiert und mit erklärenden zweisprachigen Texten versehen hatte. Die prächtige hölzerne Eingangstür wurde in der ersten Hälfte des 18. Jh. von einer britischen Familie in Indien in Auftrag gegeben und kam durch einen wohlhabenden Händler aus Ibra in den Oman. Verschiedene Abteilungen über Archäologie, Geschichte und Baugeschichte machen Besucher mit der omanischen Historie bekannt. Andere Räume sind der Seefahrt, der Landwirtschaft und Ethnographie gewidmet. Die anschaulich repräsentierte Sammlung erschließt sich leichter, wenn man beachtet, dass die Wandtafeln gegen den Uhrzeigersinn arrangiert wurden. Wahrscheinlich ist dies durch die Ausrichtung der arabischen Schrift zu erklären, die von rechts nach links gelesen wird.

Das **Naturgeschichtliche Museum** (10, al-Khuwair, al-Wazarat Street, auf dem Grundstück des Ministry of National Heritage and Culture, Tel. 60 54 00, Sa–Do 9–13, Fr–Sa 16–18 Uhr, Eintritt) empfängt Besucher vor dem Eingangsbereich mit einem 260 Mio. Jahre alten fossilisierten Baumstamm, der in der Gegend von al-Huqf in der Jiddat al-Harasis gefunden wurde. Die Exponate geben Einblick in Geografie und Geologie des Oman sowie die reichhaltige Pflanzen- und Tierwelt bis hin zur Flora und Fauna der Arabischen See und des Golfes von Oman. Das Museum ist von einem botanischen Garten umgeben, in dem man Bäume, Sträucher und Pflanzen aus dem ganzen Land zusammengetragen hat, inklusive der berühmten Weihrauchbäume aus dem Dhofar.

Auf der Rückfahrt Richtung Ruwi oder Muscat bietet sich ein Umweg über das Botschaftsviertel an der Jameat ad Duwal al-Arabiyah Street an. Die 1989 fertig gestellte französische Botschaft, das »Bait Fransa II«, gilt als das architektonische Juwel unter den zehn hier angesiedelten diplomatischen Vertretungen. Die Pariser Architekten Martin Robain, Rodo Tisnado, Jean-François Bonne und Jean-François Galmiche ließen in den Bau drei Elemente einfließen, die sie als typisch arabisch bezeichneten: vergitterte Maueröffnungen (Muscharabie), Bewässerungskanäle *(Falaj)* und die Kuppel als Herrschaftszeichen.

Einen wenngleich bizarren, aber dennoch sehenswerten Höhepunkt dieser architektonischen Kurzexkursion bietet das Grand Hyatt Muscat. Bis zur Eröffnung im Sommer 1998 hatte die Anlage 225 Mio. DM verschlungen. Für den Entwurf des Hotels haben die Architekten tief in die Requisitenkiste verschiedenster Architekturstile und Materialien gegriffen. Das Ergebnis ist eine Mischung aus omanischen, jemenitischen, indischen und europäischen Architekturformen mit einem gerüttelt Maß barockem Prunk und Pomp; eine Fantasie aus gelbfarbenem Sandstein mit zinnenbekrönten Balkonen, Kapitellen, die nichts zu tragen haben, und indo-mogulen Fensternischen, aus denen niemand herausschauen kann. Eine Theaterkulisse par excellence, an der die Architekten ihre operettenhaften Träume von orientalischem Luxus, Pracht und Schönheit zur Realität werden ließen.

Die Skulptur, die sich in der Mitte der Lobby auf einem Brunnenpodest dreht – ganz nach dem Vorbild antiker Reiterstandbilder konzipiert –, wird durch eine lazurfarbene Sternenkuppel im Zentrum einer vergoldeten Kassettendecke aus Sternenmotiven überhöht. Abends erfährt die gesamte Inszenierung mit Beduinenzelten und künstlichen Palmen eine dramatische Übersteigerung durch ihre bühnenhafte Ausleuchtung.

Einen weiteren, nicht zu versäumenden Höhepunkt erleben Besucher, wenn sie abends im Innenhof Platz nehmen und die zum Himmel emporflammenden Fackeln auf 16 gusseisernen Laternenpfosten auf sich wirken lassen.

Obere Preiskategorie DZ 50 bis 90 OR plus Steuern: **Crowne Plaza Muscat,** P. O. Box 1455, Ruwi 112, Tel. 56 01 00, Fax 56 06 50, E-Mail: mc hc@interconti.com, Qurum Heights, Way No 1627, 200 Zimmer, Pool, Tennisplätze, drei Restaurants, Bars, beliebtes, gut besuchtes Traditionshotel in bevorzugter Lage in den Qurum Heights; **Hotel Intercontinental Muscat,** P. O. Box 398, Muscat 114, Tel. 60 05 00, Fax 60 00 12, E-Mail: muscat@intercon ti.com, Shati al-Qurum, Way No 2817, 260 Zimmer, strandnah, Pool, Tennisplätze, Fitness Centre, Wassersport, vier Restaurants, Pub, der äußerlich abschreckende Betonklotz wurde 1999 renoviert und entschädigt durch absoluten Professionalismus, die unmittelbare Strandlage, den ausgedehnten Garten um den Pool sowie die ausgezeichneten Restaurants; **Grand Hyatt Muscat,** P. O. Box 951, Muscat 133, Tel. 60 28 88, Fax 60 52 82, Shati al-Qurum, Way No 3032, E-Mail: hyattct@omantel.net.om, 280 Zimmer, Pool, Fitness Centre, Tennisplätze, Wassersport, drei Restaurants, Bars, Diskothek, Nachtklubs, Strandlage, ausgezeichnete Restaurants mit ebensolchem Service; auch die Zimmerausstattung ist nur vom Feinsten bis hin zur Leinenbettwäsche; *mittlere Preiskategorie DZ 45 OR plus 17 % Steuern:* **Beach Hotel,** P. O. Box 993, Muscat 113, Tel. 69 66 01, Fax 69 66 09, E-Mail: beachhtl@gto.net.om, Shati al-Qurum, Way 2818, 52 Zimmer, Pool, ein Restaurant, freundliches Haus unter libanesischer Leitung,

beliebt bei Omanis und Gästen aus den Golfstaaten, relativ strandnah; **Laith Howard Johnson Hotel Muscat,** P. O. Box 3951, Muscat 112, Tel. 69 21 21, Fax 69 44 04, Shati al-Qurum, 32 Zimmer, ein Restaurant, in unmittelbarer Nachbarschaft zum Grand Hyatt hat man sich hier auch Mühe gegeben, eine auffällige Architektursprache zu finden – Geschmackssache, das Hotel verfügt über keinen Pool, aber der Strand ist nicht weit; *untere Preiskategorie DZ 20 OR plus Steuern:* **Qurum Beach Hotel,** P. O. Box 2148, Muscat 112, Tel. 56 40 70, Fax 56 07 61, Qurum Heights, Way No 1622, 55 Zimmer, Restaurant und Bar, auf den Qurum Heights, kein Pool, eigene Jacht-Charter, Arrangements von Tauch- und Hochseeangelausflügen; **Asas Oman Hotel Apartments,** P. O. Box 191, Muscat 113, Tel. 5685 55, Fax 56 00 18, E-Mail: alqasim@gto.net.om, Qurum Heights, Way 2235, Pool, Fitness Centre, ein Restaurant. Alle Apartments sind sehr großzügig mit Wohn- und Esszimmer sowie Küche und Waschmaschine ausgestattet, ideal für Familien, auf Wochenba-

Geruhsamer Ausklang des Tages

sis lassen sich günstigere Preise aushandeln.

⊠ *Obere Preiskategorie mehr als 10 OR:* **Le Carprice,** Hotel Intercontinental, Tel. 60 05 00, französische Gerichte, Pianomusik, lizenziert, Sa–Do 12–15, 19–23 Uhr; **Mediterranean Grill,** Intercontinental Hotel, mediterrane Büffets, lizenziert, tägl. 6–11, 12–15, 19 bis 23 Uhr; **Joe's Saloon OK Corral,** Hotel Intercontinental, Tel. 60 05 00, internationale Gerichte vom Grill, Live-Musik, lizenziert, tägl. 19–23, Do geschl.; **Tuscany,** Grand Hyatt Muscat, Tel. 60 28 88, italienische Küche, lizenziert, tägl. 11.30–15, 19.30–23 Uhr; **Come Prima,** Crowne Plaza Muscat, Tel. 56 01 00, italienische Küche, lizenziert, tägl. 12.30 bis 15, 19–23.30 Uhr; *mittlere Preiskategorie 5* bis *10 OR:* **Mumtaz Mahal,** Qurum Park, Way No 2601, Tel. 6059 07, indische Küche, Live-Entertainment, indischer Tanz, lizenziert, Sa–Do 12–15, 19–24 Uhr; **Oasis by the Sea,** Shati al-Qurum, Way No 2817, Tel. 60 27 57, internationale Gerichte, lizenziert, tägl. 12.30–15, 18.30–24 Uhr; **al-Ghazal,** Hotel Intercontinental, Tel. 60 05 00, englische Küche, Pub, Live-Musik, Sa–Do 12–15, 18–24 Uhr, Fr 14–24 Uhr; **Beach Hotel,** Shati al-Qurum, Tel. 6966 01, libanesische Gerichte; **Portofino,** Shati al-Qurum, Way No 2817, Tel. 6978 65, italienische Gerichte, lizenziert; *untere Preiskategorie bis 5 OR:* **Automatic Restaurant,** Qurum, hinter dem SABCO Centre, Tel. 56 15 00, arabische Gerichte, tägl. 8 bis 24 Uhr; **Al-Exandria,** Qurum, neben dem SABCO Centre, Tel. 56 16 11, indische, chinesische, internationale Gerichte, Sa–Do 11–15.30, 18–24 Uhr, Fr 13 bis 15 Uhr; **al-Zaki,** Shati al-Qurum, Way No 3036, Tel. 60 23 27, nahe dem Hyatt Regency Hotel, arabische Küche, tägl. 12–24 Uhr

🍸 **Blue Cactus,** Qurum Natural Park, Way No 2601, Tel. 60 52 55, Restaurant mit Live-Musik, Tanz, lizenziert, tägl. 18–1 Uhr; **Al-Mandaloun,** Crowne Plaza Muscat, Qurum Heights, Tel. 56 01 00, arabischer Nachtklub, libanesische Küche, lizenziert, Live-Entertainment, Bauchtanz, Sa–Do 20.30–1 Uhr; **Copacabana,** Grand Hyatt Muscat, Tel. 60 28 88, die In-Diskothek von Muscat, lizenziert, Sa–Do 21–1 Uhr; **Club Safari,** Grand Hyatt Muscat, Tel. 60 28 88, Nachtklub, Live-Musik, tägl. 18–1 Uhr, Eintritt

Al-Khuwair

🛏 *Obere Preiskategorie DZ um 55 OR plus 17 % Steuern:* **Muscat Holiday Inn,** P. O. Box 1185, Muscat 111, al-Khuwair, Dawhat al-Adab St., Tel. 68 71 23, Fax 68 09 86, E-Mail: mc thinn@omantel.net.om, 125 Zimmer, Pool, Tennisplätze, Fitness Centre, drei Restaurants, Pub, Bar, Live-Entertainment, typisches Hotel der Holiday-Inn-Kette, etwas farblose Grundausstattung; *mittlere Preiskategorie DZ um 35 OR plus 17 % Steuern:* **Radisson SAS Hotel Muscat,** P. O. Box 939, Muscat 133, al-Khuwair, al-Kuliyah St., Tel. 68 77 77, Fax 68 77 78, E-Mail: sales@mctzh.rd sas.com, 156 Zimmer, Pool, Fitness Centre, drei Restaurants, zwei Bars, 1999 eröffnet, innen ist freundlicher als der äußere Anschein vermuten lässt

⊠ *Obere Preiskategorie 5–10 OR:* **al-Maha Coffeeshop,** Muscat Holiday Inn, Tel. 68 71 23, internationale Küche, lizenziert; **Los Amigos,** Muscat Holiday Inn, Tel. 68 71 23, mexikanische Gerichte, lizenziert, 12–15, 18–1 Uhr; **al-Tajin Grill,** Radisson SAS Hotel, Tel. 68 77 77, Steakhaus, lizenziert, nur abends geöffnet; **Olivos,** Radisson SAS Hotel, Tel. 68 77 77, Coffee Shop, internationale Küche, lizenziert; **Muscateers,** al-Khuwair, al-Zakher Shopping Mall, Tel. 69 10 14, Steakhaus, lizenziert, 12–15, 18–1.30 Uhr; *mittlere Preiskategorie um 5 OR:* **Churchill's Pub,** Muscat Holiday Inn, Tel. 68 7123, 12–15, 18 bis 23 Uhr; **Coral Bar,** Radisson SAS Hotel, Pub-Gerichte, lizenziert; **Café Glacier,** Café und internationale Gerichte in der al-Zakher Shopping Mall, Dawhat al-Adab St., Tel. 69 42 45, 9–13, 16 bis 23 Uhr; **Automatic Restaurant,** al-Khuwair, al-Kuliyah St., Tel. 68 72 00, libanesische Küche, 8–24 Uhr; **al-Aktham,** al-Khuwair, hinter der Oman International Bank, Tel. 60 32 92, indische und fernöstliche Küche, 12–15.30, 18–24 Uhr

Layalina; omanische Bar mit Live Entertaimment, Bauchtanz, Holiday Inn, Tel. 69 71 23, 23–1 Uhr

Westliche Außenbezirke

Obere Preiskategorie DZ 40 bis 50 OR plus 17 % Steuern: **Seeb Novotel,** am Flughafen Seeb , P. O. Box 69, Muscat 111, Tel. 51 03 00, Fax 51 00 55, 177 Zimmer, Pool, Tennisplätze, Fitness Centre, zwei Restaurants, Bar; **Holiday Inn Muscat al-Madinah,** P. O. Box 692, Muscat 130, Tel. 59 64 00, Fax 50 21 91, E-Mail: amhi33@oman tel.net.om, 80 Zimmer, Pool, Fitness Centre, ein Restaurant, zwei Bars, nicht unbedingt die ansprechendste Anlage, funktional und langweilig; *mittlere Preiskategorie DZ 20–25 OR plus 17 % Steuern:* **Bowshar Hotel,** P. O. Box 1842, Muscat 112, Tel. 50 11 05, Fax 50 11 24, nahe dem Ghubra Roundabout, 38 Zimmer, Coffee Shop und Bar, familiär geführtes Haus mit orientalisch barocker Inneneinrichtung, ohne Pool; **Majan Hotel,** P. O. Box 311, Muscat 115, al-Ghubra St., nahe dem Royal Hospital in Bowshar, Tel. 59 29 00, Fax 59 29 79, E-Mail: majanhtl@omantel.net.om, 75 Zimmer, Pool, Fitness Centre, drei Restaurants, zwei

Bars, preiswertes, solides Haus mit vielen Annehmlichkeiten, zweimal tägl. Shuttle Service nach Mutrah; *untere Preiskategorie DZ um 19 OR plus Steuern:* **al Bahjah Hotel,** P. O. Box 979, Muscat 121, Tel. 62 44 00, Fax 62 46 20, in Nähe des Suq in Seeb, 52 Zimmer, 24-Stunden Coffee Shop

Obere Preiskategorie 5–10 OR: **Muscat Par 19,** Seeb Novotel, Tel. 51 03 00, internationale Küche, Live-Entertainment, tägl. 18–1 Uhr; **al-Bashasha,** hinter dem Flughafen Seeb, Tel. 62-53 14, indische und chinesische Küche, lizenziert; **Khaboura Café,** Majan Hotel, Tel. 59 29 00, Coffee Shop, internationale Küche, lizenziert, tägl. 24 Std. geöffnet; *mittlere Preiskategorie 5 OR:* **Arabian Garden,** zwischen al-Hail und Seeb, Tel. 53 89 32, omanische, indische, chinesische und internationale Gerichte, Gartenrestaurant mit folkloristischer Atmosphäre; **Barrio Festa,** Majan Hotel, Tel. 59 29 00, internationale Küche, Live-Entertainment, lizenziert; **Red Lobster,** Abfahrt Ghubra Roundabout, Tel. 59 19 93, indische und chinesische Gerichte, lizenziert; *untere Preiskategorie:* **Penguin,** nahe der Shell-Tankstelle am Flughafen Seeb, Tel. 51 04 08, Fast Food; **Pizza Hut,** in der Nähe der Shell-Tankstelle am Flughafen Seeb, Tel. 52 11 33, Pizzeria; **Golden Spoon,** Seeb High St., nahe dem Seeb Suq, Tel. 62 42 04, indische, chinesische und internationale Gerichte

The Oasis, Majan Hotel, Tel. 59 29 00, Live-Entertainment, Sa–Do 12 bis 15, 18–1 Uhr, Fr 14–1 Uhr; **Le Mirage,** im Seeb Novotel, Tel. 51 03 00, Bowling Bar, Live-Musik, Sa–Do 12–15, 18–24, Fr 14–24 Uhr; **al-Khaima,** Majan Hotel, Tel. 59 29 00, arabische Küche und Bauchtanz, lizenziert, tägl. 20.30 bis 1 Uhr

Die Batinah-Ebene, Musandam und West-Hajar

Von Muscat nach Sohar

Musandam

Das westliche Hajar-Gebirge

Die Festung von al-Hazm

Die Batinah-Ebene, Musandam und West-Hajar

Nach Sohar, der einst bedeutendsten Hafenstadt des Oman. Abstecher in das Hinterland zu den ehemaligen Hauptstädten Rustaq und al-Hazm. Die Buchten von Musandam sind ein Paradies für Taucher. Bei *Dhau*-Fahrten geht es entlang der felsigen Steilküste, Bergtouren führen durch faszinierend gefaltete Felsformationen. Über eine uralte Karawanenroute nach al-Buraimi. Von Jabrin nach Bahla, einer der größten Festungen des Oman. Abstecher durch das Wadi Ghul zum ›Grand Canyon‹ am Jebal Shams. Zentrum im Landesinnern ist Nizwa, die Stadt der Imame und Silberschmiede.

Von Muscat nach Sohar

Barka

Das Fischerstädtchen 75 km westlich von Muscat ist über die Autobahn der Route 01 schnell erreicht. Auf den Seiten- und Mittelstreifen der vierspurigen Küstenstraße sind bis weit hinter Seeb indische und pakistanische Gärtnertrupps unermüdlich am Werk, die Rasenflächen, Blumenbeete und Sträucher zu pflegen.

Vom Kreisverkehr am Seeb-Palast zweigt eine Privatstraße zur Residenz von Sultan Qaboos ab. Die gegenüberliegende, grün überkuppelte al-Zulfa-Moschee ließ der Monarch für seine Royal Guards erbauen. Ein paar Kilometer weiter weist ein Schild zum Bait al-Barka auf einen weiteren Palast hin, in dem die Mutter des Sultans bis zu ihrem Tode im Jahre 1993 zeitweise lebte.

Folgt man schließlich dem Wegweiser nach Barka, so führt die Straße durch ausgedehnte, aber weitgehend verfallene Palmengärten, die wegen der fortschreitenden Grundwasserversalzung nicht mehr hinreichend gepflegt werden können. Nach 11 km ist ein breites Wadi-Bett erreicht, an dessen Mündung sich malerisch zwei Moscheen gegenüberstehen. Hier beginnt Barka, ein Küstenort, in dem omanische Geschichte geschrieben wurde.

Man sieht es dem beschaulichen Ort nicht mehr an, aber sein stattliches Fort war Mitte des 18. Jh.

Schauplatz eines für den Oman historischen Ereignisses. Imam Ahmad bin Said Al Bu Said (1744–83), der Gründer der heute noch regierenden Al-Bu-Said-Dynastie überlistete in Barka die persischen Truppen, die sein Vorgänger Imam Saif bin Sultan II. (1728–43) 1737 ins Land geboten hatte, um seine Macht auch auf das Landesinnere auszudehnen. Nach erfolgreicher militärischer Unterstützung hatten sich die Perser jedoch in Sohar, Barka und Muscat festgesetzt und überließen die ersten beiden Hafenstädte den Omanis erst wieder, als sie im Gegenzug stattliche jährliche Tributzahlungen ausgehandelt hatten.

Da Ahmad bin Said sich dieser Schmach und auch den wirtschaftli-

chen Verlusten nicht länger aussetzen wollte, leitete er zunächst den Schiffsverkehr von Muscat nach Barka um. Muscat wurde schnell zu einer Geisterstadt, in der die Besatzertruppen gelangweilt und isoliert in den Festungen von Jalali und Mirani thronten. 1747 schließlich lud der Imam die zermürbten Perser zu einem großen Festbankett nach Barka ein. Zwei Tage lang ließ er seine Gäste großzügig bewirten, am dritten Tag wurden die mittlerweile entspannten und arglosen Besucher überfallen und niedergemetzelt. Als auf der gegnerischen Seite nur noch 200 Überlebende übrig geblieben waren, wurden diese auf ein Schiff verfrachtet, das man Richtung Persien in See stechen ließ und danach in Brand schoss.

Die Mitte der 80er Jahre des 20. Jh. restaurierte **Barka-Festung** (Sa–Mi

Bullenkampf in Barka

7–16 Uhr, Eintritt frei) weist noch einige kunstvoll geschnitzte antike Türen auf. Zum alten Verteidigungssystem gehören zwei zwischen Suq und Burg stehende, ebenfalls restaurierte Wachttürme.

Das Städtchen ist schnell erkundet. Entlang der asphaltierten Straße hinter dem Strand reihen sich Fischerhäuschen, der Fischmarkt und eine moderne Moschee. Vor den einfachen Behausungen sitzen unverschleierte Frauen und halten ein Schwätzchen. Kinder spielen, fahren Rad, kicken mit Fußbällen.

Der moderne Suq und das Stadtzentrum sind eher uninteressant, als spannend kann sich indes der Besuch eines Bullenwettkampfes erweisen. In 14-tägig wechselndem Rhythmus finden in Barka und dem nahe gelegenen Ma'abela **Bullenkämpfe** statt. Nur im Winter und außerhalb des Ramadan gehören diese unblutigen Wettbewerbe, bei denen es um ein Kräftemessen zwischen zwei gleich schweren Buckelrindern geht, zu dem nachmittäglichen Freitagsvergnügen der Landbevölkerung. Es gibt weder Preisgelder noch werden Wetten abgeschlossen; dem Besitzer eines Siegers gereicht es allein zur Ehre, einen Triumphator aus der Arena zu führen und ihn anschließend auf seinen Pick-up zu laden. Das runde Kampfstadion steht am westlichen Stadtrand, der Weg dorthin ist nicht ausgeschildert.

Der Norden des Oman

N
0   50 km

Golf von Oman

burah
al-Suwaiq
Sawadi
Barka
Daymaniyat-Inseln
Seeb
Mutrah
Muscat
11
Hazm
Bowshar
17
staq
15
Bidbid
al-Awabi
Sumail
Jebal Abu Daud
l-Hamra
Manal
Quriyat
Tanuf
Ost-Hajar
Nizwa
Izki
Shab
ahla
Birkat al-Mauz
(Hajar-ash-Sharqi)
rin
23
Samad
Manah
Lizq
Qalhat
27
28
Ibra
Jebal Bani Jabir
al-Mudaibi
Sanaw
al-Mudairib
Sur
bal
Adam
al-Qabil
Ras al-Hadd
akh
Wadi Bani Khalid
Ras al-Junayz
al-Kamil
Jebal Khamis
Ras al-Khabbah
Ramlat
Bilad Bani Bu Hasan
31
Bilad Bani Bu Ali
35
al-Wahiba
Ja'alan
al-Ashkharah

In naher Zukunft soll Barka mit noch mehr Freizeitvergnügungen aufwarten können. Adventure World plant hier eine Art Disneyland mit Safari-Park, elektronischen Spielautomaten und Zirkusvorführungen für umgerechnet etwa 58 Mio. DM.

Das **Bait Na'man** ist von Barka nicht leicht zu finden. Hinter der Bullenkampfarena zeigt am Kreisverkehr ein Wegweiser zwar die Richtung Na'man an, aber die asphaltierte Straße endet unvermittelt. An der Autobahn geben braune Hinweistafeln die Abzweigung zum Bait Na'man an, das nach 3 km Richtung Küste erreicht ist.

Imam Saif bin Sultan I. (1692 bis 1711), ein Herrscher der Ya'aruba-Dynastie, ließ Ende des 17. Jh. einen befestigten Adelssitz in einem Palmenhain aus 30 000 Dattel- und 6000 Kokospalmen errichten. Bait Na'man, das »Haus des Überflusses«, misst etwa 15 m im Quadrat und ist zwei- bis dreigeschossig. Von zwei runden, dreigeschossigen Ecktürmen konnte man das Anwesen über die Längsseiten verteidigen.

Von der Nordwestecke bis zum Südostturm schließt den Palast ein über etwa 140 m verlaufendes Lehmziegelmauergeviert ein, das an den nördlichen Ecken nochmals mit runden Verteidigungstürmen versehen ist. Das stattliche Eingangstor im Osten der Umfassungsmauer führt in den 1600 m² großen Innenhof, über den man in den Palast gelangt. Im Erdgeschoss befinden sich die Lager- und Versorgungsräume. Wasser aus dem nahen *Falaj* wurde über

eine Öffnung in der Südwestmauer ins Innere geleitet. Im luftigeren Obergeschoss liegt der Wohntrakt mit Empfangs-, Wohn- und Schlafräumen. In die Westwand des Studierzimmers über dem Eingangsbereich ist zwischen die vier Wandnischen ein Mihrab aus Stuck eingearbeitet – ein Hinweis darauf, dass dieses Zimmer als Gebetsraum diente (Sa–Do 7.30–16.30 Uhr, ein offizieller Führer steht Sa–Mi von 7.30–14.30 Uhr zur Verfügung, Eintritt frei).

In der gleichen Bautradition wie das Bait Na'man steht der **Palast al-Felaij** südöstlich von Barka, der Inschriften über dem Eingang zufolge während der Regierungszeit von Imam Sultan bin Ahmad (1793 bis 1804) in den 90er Jahren des 18. Jh. erbaut wurde. Man hat auch diesen Adelssitz restauriert, ihn aber in ein Freilichttheater integriert, das 1999 eröffnet wurde. Die Anlage ist als internationale Begegnungsstätte konzipiert, in der omanische und internationale Musik- und Kunstdarbietungen aufgeführt werden sollen. Ob diese Planung so weit draußen auf dem ›flachen Land‹ Erfolg haben wird, muss sich noch erweisen. Das al-Felaij Castle Theatre ist auf der Küstenautobahn ausgeschildert und nach etwa 9 km erreicht. Die Straße führt an größeren, ummauerten Palmen- und Mangofarmen vorbei, in denen einige Großgrundbesitzer stattliche Landhäuser errichtet haben.

Das in eine Gartenlandschaft gebettete Crowne Plaza al-Sawadi Resort rund 20 km westlich von Barka hat Zugang zu einem breiten, seicht abfallenden, aber nicht eben feinkörnigen Strand. Man wirbt mit Tauchkursen, Bootsausflügen, Tauchtrips zu den Naturschutzreservaten der Daymaniyat-Inseln, Tagesexkursionen zu Sehenswürdigkeiten in der Umgebung und einem für Hotelgäste kostenlosen Bustransport in die 40 Minuten entfernte Hauptstadt Muscat. Besonders an Wochenenden besuchen omanische Gäste und Naherholungsuchende aus den Emiraten die Anlage gern.

🛏 *Obere Preiskategorie DZ 32 OR plus 17 % Steuern:* **Crowne Plaza Resort al-Sawadi,** P. O. Box 747, Barka 320, Tel. 89 55 45, Fax 89 55 35, E-Mail: mcthd@interconti.com, 100 Zimmer in separaten Villen am Strand, Pool, Fitness Centre, Tennisplätze, Wassersportangebote, vier Restaurants, Bar und Nachtklub

✗ *Obere Preiskategorie 5–10 OR:* **Coral Reef Café,** internationale Küche, lizenziert, tägl. 6–24 Uhr; **Regatta Restaurant,** internationale und indische Küche; **Periwinkle's Pub,** internationale Küche, lizenziert, Live-Entertainment, tägl. 12–24 Uhr; **Tandoori Bahar,** indische Küche, lizenziert, tägl. 19–24 Uhr; alle im Crowne Plaza Resort al-Sawadi; *untere Preiskategorie bis 5 OR:* **Arab World Restaurant,** arabische Küche, Barka

Ins Jebal-Akhdar-Gebirge

Vom Barka Roundabout zweigt die Route 13 ins Jebal-Akhdar-Gebirge ab. Das erste Besichtigungsziel, die Oase **Nakhl,** führt ihren Namen auf al-Nakheel zurück, was auf Arabisch Dattelpalme bedeutet. Schon seit vorislamischer Zeit wurden die ausgedehnten Palmengärten von drei Fortifikationen bewacht, von denen heute nur noch das im Laufe der Jahrhunderte immer wieder veränderte und vergrößerte Nakhl Fort erhalten ist (Sa–Mi 7.30–13, 14–17 Uhr, Eintritt frei).

Nakhl ist die Heimat des Stammes der Ya'aruba, die 1624 an die Macht kamen und 120 Jahre lang den Oman beherrschten, bis sie 1744 von Imam Ahmad bin Said Al Bu Said, dem Gründer der noch heute herrschenden der Al-Bu-Said-Dynastie, abgelöst wurden. Die Festung steht 60 m erhoben am Fuße des Jebal Laban. Von einer äußeren, 30 m hohen Umfassungsmauer führt ein mächtiges hölzernes Tor in einen knickachsig angelegten Eingang, vorbei an der zu jedem Fort gehörenden Datteldörrkammer, hinauf in den eigentlichen Kastellbereich, der sich über drei Stockwerke erstreckt. Lager- und Versorgungsräume befinden sich in einer Art Vorhof, im Fort selbst sind die Empfangs- und Wohngemächer des *Wali,* Gästezimmer, Frauengemächer und Beträume für Frauen und für Männer zu besichtigen. Insgesamt sechs Wehrtürme ließen die Anlage jahrhundertelang viele Angriffe überstehen. Der alte Suq vor der Burg verfällt mittlerweile.

An der Freitagsmoschee weist ein Schild den Weg nach **al-Thowarah.** Die 3 km lange Strecke führt durch Palmenhaine und *Aflaj*-bewässerte Gärten, in der vereinzelt stattliche,

Die Festung Nakhl

aber verfallende Lehmziegelhäuser stehen, und endet schließlich an den heißen Quellen von al-Thowarah. Das idyllisch zwischen die Bergen geschnittene, stets Wasser führende Wadi ist an Wochenenden überlaufen wie ein deutsches Freibad an heißen Sommertagen. Den Besuchern stehen Picknickplätze, Sitzbänke, Tische, Telefonhäuschen und öffentliche Toiletten zur Verfügung.

Auf dem Weg nach Rustaq bieten sich Abstecher in verschiedene Wadis der Umgebung an. Das **Wadi Mistal** 15 km westlich von Nakhl ist berühmt für die Ghubrah Bowl, ein mehrere Kilometer weites Becken, das nach etwa 12 km durch enge Schluchten hinter der Ortschaft **Ghubrah** den Blick auf die Bergkulisse der Jebal-Akhdar-Formation freigibt. In den Frühjahrsmonaten ist die Umgebung besonders reizvoll, blühen doch überall Wildblumen und im Oasenort Wakan Mandelbäume, Aprikosen, Feigen und anderes Obst.

Im **Wadi Abyadh,** dem ›weißen Wadi‹, 6 km hinter der Einfahrt in das Wadi Mistal, sind kristalline Pools zu bewundern. Um zu den ersten weißlich bis blau gefärbten Pools zu gelangen, in denen sich seit Jahrmillionen Kalzit ablagert, muss man nach gut 9 km das Geländefahrzeug stehen lassen und ein paar Minuten zu Fuß weiter talabwärts klettern. Einige der Pools werden von heißen Quellen gespeist, deren entweichende Methangase Luftblasen auf der Wasseroberfläche entstehen lassen.

Das **Wadi Bani Kharus** öffnet sich hinter der Ortschaft Awabi. In der Nähe des alten Forts, das den Zugang in das Wadi kontrollierte, beginnt eine 33 km lange Geröllstrecke, die bei Kilometer 0,8 an Felswänden mit fossilen Einlagerungen von Muscheln, Schnecken und Korallen und bei Kilometer 2 an Petroglyphen vorbeiführt. Nach 7,5 km gabelt sich die Strecke an einem Baum, der mitten im Wadi-Bett steht. Hier kann man in das **Wadi Hajir** abzweigen und in der Ortschaft **Hajir** eine der ältesten Moscheen (10. Jh.) des Landes bestaunen oder bis zu den Dörfern **al-Masanah** und **al-Ulya** weiter fahren, die mit *Aflaj*-bewässerten, terrassierten Gärten und steil an den Felsen klebenden Bruchsteinhäusern romantisch anmuten.

In das **Wadi Bani Awf** lässt es sich man ohne Geländewagen ein gutes Stück über das kiesige Flussbett hineinfahren. Mit einem Allradfahrzeug erreicht man nach 32 km das **Wadi Shatan,** das berühmt ist für die vielen Imker sowie für die primitiven Felsmalereien zwischen Fashah und Tabaqah, die noch nicht sicher datiert werden konnten. Die Ausblicke auf die majestätisch aufsteigende Gebirgslandschaft und den Jebal Shams, den mit 3009 m höchsten Berg des Oman, sind beeindruckend.

Rustaq

Die Stadt war bereits in sassanidischer Zeit im frühen 7. Jh. ein wichtiges Zentrum im Landesinnern. Durch die strategisch günstige Lage an den Wadis, die von der Ebene Verkehrswege in die Jebal-Akhdar-Berge erschließen, wurde der Ort zunächst von den Imamen der Ya'aruba-Dynastie und später von den Al Bu Said über 160 Jahre lang immer wieder zur Hauptstadt erklärt und die Feste über die Jahrhunderte um- und ausgebaut.

Aber nicht allein als wichtiger Verkehrsknotenpunkt und Warenumschlagplatz hat sich Rustaq während seiner langen Besiedlungsgeschichte ausgezeichnet, die Lage auf 250 m über dem Meeresspiegel sorgt dafür, dass hier ein vergleichsweise angenehmes Klima herrscht. Nicht zuletzt werden die heißen Quellen, die zu den heißesten des Oman zählen, Grund dafür gewesen sein, dass sich hier schon früh Siedler niederließen.

Die eindrucksvolle Festungsanlage **Qalat al-Kesra,** die Imam Sultan bin Saif I. (1649–68) nach seinem erfolgreichen Rückeroberungsfeldzug auf das portugiesisch besetzte Muscat (1650) umbauen ließ, besteht aus einem etwa 1 ha großen umfriedeten Bereich mit Turmvorlagen und einem Eingangstor, in dessen Mitte sich das dreigeschossige Kastell erhebt. Vier Türme wurden im Laufe der Jahrhunderte umgebaut und ergänzt und tragen so poetische Namen wie Burj al-Rih,

Windturm, der Imam Saif bin Sultan I. (1692–1711) zugeschrieben wird. Dort fand der Herrscher seine letzte Ruhestätte, die sein Sohn Sultan bin Saif II. (1711–18) ausstattete. Der Burj Kesra soll der älteste Verteidigungsturm sein; der frühe Reisende Samuel Barrett Miles wusste 1885 zu berichten, dass er mögli-

cherweise auf die Regierungszeit des letzten großen Sassaniden-Königs Chosrau II. Parves (Khusrau) (590–628) zurückgehen könnte.

Als größten der in Rustaq herrschenden Imame bezeichnet die Geschichtsschreibung Imam Saif bin Sultan I. (1692–1711), der auch das Bait Na'man in der Nähe von Barka errichten ließ. Er war nicht nur ein erfolgreicher Feldherr, der die omanische Flotte zur größten außereuropäischen Seemacht ausbaute, während seiner Regierungszeit wurden im ganzen Lande viele neue *Aflaj* angelegt und verfallene Bewässerungssysteme wieder restauriert. Der Herrscher ließ al-Hamra und Birkat al-Mauz besiedeln und ihm wird auch nachgesagt, dass ihm ein Drittel aller omanischen Dattelpalmen gehört hätten. So wie Rustaq die Entwicklung zu einer blühenden Oasenstadt Imam Saif bin Sultan I. verdankt, hat sich der erste Al-Bu-Said-Herrscher Imam Ahmad bin Said Al Bu Said (1744–83) um die Festung verdient gemacht. Er baute die Anlage 1750 weiter aus und wurde schließlich dort begraben.

Im Innern des Forts sind Lager- und Versorgungsräume, Gäste- und Residenzzimmer zu besichtigen. Ein unterirdisch verlaufender *Falaj* sowie ein Brunnen sicherten im Belagerungsfall die Wasserversorgung.

Die **al-Badayah-Moschee** aus dem 17. Jh. liegt innerhalb der Festungsmauern rechts des Eingangstores. Das fünfschiffige Gotteshaus mit schlichten Spitzbögen über 32 nied-

Holztür in der Festung Rustaq

rigen Rundfpeilern wird heute noch als Freitagsmoschee genutzt, kann aber besichtigt werden. Einziger Schmuck ist der mit aufwendiger ornamentaler Stuckarbeit versehene Mihrab in der westlichen Qibla-Wand. Als Medrese ist die Moschee Ausbildungsstätte für viele namhafte omanische Geistliche, Dichter und Denker gewesen (Sa–Mi 8–12, 15 bis 16.30 Uhr, Eintritt frei).

Der **alte Suq,** eine ummauerte Lehm- und Steinanlage zu Füßen des Fort, ist leider dem Verfall anheim gegeben. Von den ursprünglich 80 Läden sind die meisten geschlossen und nur noch in wenigen harren ein paar unentwegte und betagte Händler aus, während die meisten anderen dem neuen Betonbau an der Hauptstraße den Vorzug gegeben haben. Ein Gang durch Marktkulisse lässt Ahnungen von vergangenen Zeiten aufkommen. Irgendjemand brennt Kaffee, der Geruch gerösteter Bohnen liegt in der Luft.

Zu den heißen Quellen von **Ain al-Khasfah** gelangt man vom Kreisverkehr nach 2 km. Das 42° Celsius heiße Wasser wird in einem Bassin vor der modernen Moschee gesammelt und fließt dann in einen Kanal, über dem mehrere Badekabinen errichtet sind. Man sieht, wie omanische Herren darin verschwinden und ein Handtuch oder ihren *Wazzar* über die Zellenwand hängen, um anzuzeigen, dass die Kabine besetzt ist. Die Frauen begnügen sich damit, am Brunnen unterhalb des Sammelbeckens Wasser zu holen.

 Einige Food-Stuff-Läden schräg hinter der Moschee bieten abgepackten Kuchen, Kekse, Salzgebäck, Obst und Getränke an. Zu einem Snack laden die schattigen Tische gegenüber den Badehäusern ein. Öffentliche Toiletten gibt es hinter der Moschee.

Rustaq Hospital, Tel. 87 50 55

Von al-Hazm nach al-Khaburah

Die Festung **al-Hazm** (keine regelmäßigen Öffnungszeiten, Auskunft Tel. 60 25 55, 69 91 20) wurde 1708 von Sultan bin Saif II. (1711 bis 1718) in Auftrag gegeben, noch bevor er 1711 zum Imam gewählt worden war. Die quadratische, um einen lichten Innenhof geplante Anlage zeichnet sich durch eine strenge Geometrie des Grundrisses und zwei mächtige Eckbastionen aus. Chronisten wussten zu berichten, dass der Imam sein gesamtes Erbe für diesen Bau ausgab und darüber hinaus noch Anleihen bei den Finanzreserven verschiedener Moscheen machen musste. Mit Antritt seiner Regierungsgeschäfte verlegte Sultan bin Saif II. die Hauptstadt von Rustaq nach al-Hazm. Man nimmt an, dass er mit diesem Schritt seine Kontrolle über die Batinah-Ebene ausdehnen wollte, ohne jedoch der Küste zu nahe kommen zu müssen.

Auch dieses Fort wurde über einem das ganze Jahr über Wasser führenden *Falaj* errichtet. Betritt

Straßenszene in al-Hazm

man den Innenhof des Erdgeschosses, hallt das Gurgeln des lebenswichtigen Elements an den Wänden der Versorgungs- und Wirtschaftsräume wider. Während der kurzen, von Frieden geprägten Regierungszeit des Erbauers scheint die Festung nie ernsthaft auf die Probe gestellt worden zu sein. Die mächtigen indischen Holzportale könnten Besuchern verschlossen bleiben, wenn sie sich nicht im Vorhinein beim Ministerium für das Nationale Kulturerbe angemeldet oder erkundigt haben, ob das Fort zu besichtigen ist. Das reiche Schnitzdekor weist auf

Vorbilder aus dem indischen Rajasthan. In ein Medaillon auf dem linken Portalflügel ist eine Koransure eingeschnitten, das Pendant auf der rechten Seite gibt den Namen des Erbauers wieder. Imam Sultan bin Saif II. wurde 1718 in seinem Palast begraben.

Der renovierte **Sur von Tharmad** unmittelbar an der Küstenstraße stammt aus dem späten 19. Jh. Er gehört zu den wenigen noch erhaltenen, aber für die Batinah so typischen Fluchtburgen, die von der Bevölkerung nur aufgesucht wurden, wenn Gefahr im Verzuge war. Typisch für einen Sur ist ein großer, mit hohen Mauern umgebener Bereich, der genügend Platz bot, um mehrere Großfamilien mit ihrem

Hab und Gut und den dazugehörigen Herden aufnehmen zu können. Der Sur von Tharmad wurde von drei runden Ecktürmen und einer rechteckigen Bastion verteidigt. Durch ein zweigeschossiges Eingangstor gelangt man in den Innenhof, in dem die einfachen *Barasti*-Hütten standen. In den Hütten aus geflochtenen Palmwedeln nahm die Bevölkerung Quartier.

Der Ort **al-Suwaiq** besitzt eine der stattlicheren Festen an der Batinah-Küste, deren jetzige Gestalt auf Bautätigkeiten im 17. Jh. zurückzugehen scheint. Der befestigte Bereich umschließt zwei annähernd quadratische, auf unterschiedlichem Niveau angelegte Innenhöfe, die von drei runden und einem quadratischen Eckturm verteidigt werden konnten. Die Anlage wurde vor kurzem renoviert und steht nach Voranmeldung zur Besichtigung offen.

In **al-Khaburah** wird ein traditionelles Handwerk lebendig gehalten – die Weberei. Zumeist Frauen, aber auch ein paar Männer stellen hier Teppiche, Wandbehänge und Taschen her, die in Muscat im National Heritage & Culture Handicrafts Department in al-Ghubra, Abfahrt al-Ghubra Roundabout, Way 3839, verkauft werden (Sa–Mi 8–14 Uhr).

Untere Preiskategorie DZ 15 bis 20 OR plus Steuern, **al-Suwaiq Hotel,** al-Batna St., al-Suwaiq, P. O. Box 375, Muscat 115, Tel. 86 22 42, Fax 86 22 43, 15 Zimmer, zwei Restaurants, lizenziert, einfache, saubere Unterkunft

Sohar

Dem heute etwas verschlafen wirkenden Städtchen sieht man nicht mehr an, dass es einst der bedeutendste Hafen des Oman war, zumal weit und breit kein Hafen mehr zu entdecken ist. Die beiden Lagunen, die am nördlichen und südlichen Stadtrand vor Jahrhunderten aus den Wadis der Berge gespeist wurden, sind verlandet.

Möglicherweise wurde schon in der zweiten Hälfte des 3. Jt. v. Chr. von der Gegend um Sohar Kupfer in das mesopotamische Zweistromland und an den Indus verladen. Quellen aus islamischer Zeit berichten, dass Sohar Mitte des 9. und 10. Jh. n. Chr. die schönste und wohlhabenste Hafenstadt am Golf von Oman gewesen sein soll. Diesen sagenhaften, aber auch relativ kurzfristigen Reichtum verdankte die Stadt, deren Hafen zum Warenumschlagplatz exotischer Güter aus China, Hinterindien und Ostafrika geworden war, dem internationalen Seehandel. Die Verbreitung von Abenteuergeschichten um Sindbad, den legendären Seefahrer, der aus Sohar stammen soll, mag als die volkstümliche Variante angesehen werden, mit der man die erfolgreichen omanischen Überseekontakte zu beschreiben versuchte.

Immer wieder mussten die Soharis ihren Gewinn aus dem Seehandel mit Besatzern teilen, mit Persern, Jemeniten, dem König von Hormus und ab 1507 mit den Portugiesen. Aus der anfänglichen Hoffnung der

Bevölkerung, dass sie mit der Akzeptanz der europäischen Macht einen guten Kompromiss gegenüber dem Joch aus Hormus gefunden hätten, wurde bald Ernüchterung. Die Soharis begehrten schließlich auf, wurden aber 1522 von den Portugiesen vernichtend geschlagen, ihre Stadt in Schutt und Asche gelegt.

Die restaurierte Festung (Sa–Mi 8 bis 14 Uhr, Do, Fr 8–12, 16–18 Uhr, Eintritt frei) erstrahlt heute in blendendem Weiß. In den Innenräumen sind sehenswerte Exponate zur archäologischen Erforschung des Fort und des soharischen Hinterlands ausgestellt. Von der Bronzezeit, als der Oman als Magan in den Keilschrifttexten des Zweistromlands erwähnt wurde, reichen die Informationen über die Ausgrabungen im Fort und zur omanischen Seefahrt bis in die frühe Neuzeit.

Im Hauptturm liegen die sterblichen Überreste des von seinem Sohn ermordeten Sultan Sayyid Thuwani bin Said (1856–66). Einer seiner drei männlichen Sprößlinge, der nur kurz regierende Sultan Sayyid Salim bin Sultan bin Thuwani (1866–68), hatte es nicht erwarten können, seinen Vater eines natürlichen Todes sterben zu sehen. Er erschoss ihn im Fort von Sohar während des Mittagsschlafs.

An der Küstenstraße liegt zwischen dem Fort und dem Sohar Beach Hotel der Fischmarkt in unmittelbarer Strandnähe. Morgens und frühabends verkaufen die Fischer ihren Fang. Für ein paar Baisa kann man das Gekaufte gleich vor Ort entschuppen, ausnehmen und zerlegen lassen.

Freitagvormittags findet, wie in vielen anderen Städten auch, nach guter omanischer Tradition in der Nähe des Forts ein bunter Suq al-Jumma statt, auf dem Tiere, Haushaltswaren und Lebensmittel die Besitzer wechseln.

🛏 *Obere Preiskategorie DZ 35 OR plus 17 % Steuern:* **Sohar Beach Hotel,** P. O. Box 122, Sohar 321, al-Tareef, Tel. 84 11 11, Fax 84 37 66, E-Mail: soharth@gto.net.om, 40 Zimmer in zweistöckigen Pavillions, am Strand, Garten, Pool, Tennisplätze, Fitness Centre, zwei Restaurants, zwei Bars; die Architekten haben sich von omanischen Festungsbauten inspirieren lassen, freundliche Anlage unter Leitung der indischen Taj-Gruppe; *mittlere Preiskategorie DZ um 30 OR plus 17 % Steuern:* **al-Wadi Hotel,** P. O. Box 459, Sohar 311, Tel. 84 00 58, Fax 84 19 97, 9 km außerhalb von Sohar, 25 Zimmer, kleiner Pool, ein Restaurant, zwei Bars, um einiges bescheidener als das Sohar Beach Hotel, der Rundbau wurde um den Pool konzipiert

🍴 *Obere Preiskategorie 5–10 OR:* **al-Zafran,** internationale Gerichte, lizenziert, viermal wöchentl. Live-Entertainment; **al-Sallan Coffee Shop,** 24 Stunden geöffnet, beide im Sohar Beach Hotel; *mittlere Preiskategorie 5 OR:* **Pizza Hut,** Pizzeria, nahe dem Sohar Roundabout, Tel. 84 46 13; **Penguin,** Fast Food, Tel. 84 05 85; *untere Preiskategorie: bis 5 OR,* einheimische Restaurants mit arabischen und indischen Gerichten findet man in der Nähe des Suq

 al-Tareef Bar, Live-Entertainment und Tanz, Drinks, im Sohar Beach

Hotel, tägl. 12–15, 18–24 Uhr; **al-Jizzi Lounge,** Bar nur für Hotelgäste des Sohar Beach Hotel, tägl. 12–15, 18–24 Uhr; **al-Wagbah Bar,** tägl. 18–1 Uhr; **al-Majaz Club,** Live-Entertainment, tägl. 19 bis 24 Uhr, beide im al-Wadi Hotel

 Sohar Hospital, in der Nähe des Suq, Tel. 84 02 99, 84 03 99

 Am Sohar Roundabout, Tel. 84 00 99, **Notruf** Tel. 9 99

 Wechselstuben und Banken in der al-Nahdah St.

 al-Nahdah St., Sa–Mi 7.30–13, Do 8–11 Uhr

 Tägl. drei Verbindungen nach Muscat/Ruwi um 8.55, 14.55 und 17 Uhr, von Muscat/Ruwi fahren die Busse der ONTC (Oman National Transport Company) um 7, 13 und 15 Uhr in der al-Jaame St. ab; Auskunft Tel. 70 85 22

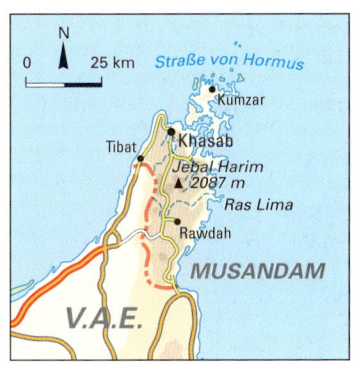

Musandam

Musandam

Musandam, die 3000 km² große Enklave an der Nordspitze der Arabischen Halbinsel, wird wegen zahlreicher spektakulärer Buchten oft als Norwegen des Nahen Ostens bezeichnet. Abenteuerlich geschichtete, kahle Gesteinsmassive erheben sich an der Straße von Hormus bis auf 2000 m, so dass sie Thor Heyerdahl wie eine Fata Morgana auf See erschienen, als er mit der „Tigris" an der schroffen Küste vorbeisegelte, immer in der Angst, der starke Nordwind würde das Boot zu nahe an die Felswände drücken, wo es zerschellen könnte.

Da die nördlichste Provinz des Oman vom Hauptteil des Landes durch einen 70 km breiten Streifen getrennt ist, der zu den Vereinigten Arabischen Emiraten gehört, blieb der Distrikt jahrhundertelang vom Rest des Sultanats isoliert. Daher konnte sich hier auch eine eigene Lebensart entwickeln und bewahren, mit der sich die Einheimischen vom Stamme der Shihuh und Kumzari an die besonderen Bedingungen, die ihnen ihre karge Umwelt bot, angepasst haben.

Trotz moderner Verkehrsanbindungen durch das Flugzeug und eine mit dem Geländefahrzeug gut befahrbare Piste ist Musandam noch wenig touristisch erschlossen, denn die Anreise über Land ist mit erheblichem bürokratischen Aufwand verbunden. Außer einem *road per-*

mit der Royal Oman Police in Qurum sind Mehrfacheinreisevisa für die Vereinigten Arabischen Emirate am Grenzposten Khatmat Milahah und für das Sultanat Oman am Checkpost Wadi al-Bih nötig. Darüber hinaus untersagen die meisten Autovermieter Fahrten ins benachbarte Ausland, für Privatfahrzeuge müssen separate Versicherungen für die Emirate abgeschlossen werden.

Unkomplizierter gestaltet sich die anderthalbstündige Anreise mit dem Flugzeug, jedoch sind die fünf wöchentlichen Linienflüge der Oman Air vielfach ausgebucht. Ferner ist zu beachten, dass beim Einchecken der Pass vorgelegt werden muss und nur 10 kg Freigepäck zugelassen sind.

Auf dem Landweg liegen zwischen Muscat und Khasab 460 km, die je nach Reisegeschwindigkeit in sieben bis neun Stunden zurückgelegt werden können, es sei denn, man leistet sich den Luxus, in al-Fujairah, Khor Fakkan oder südlich von Dibba in einem der Mehr-Sterne-Hotels an der Küste zu übernachten. Der Strandabschnitt nördlich von Dibba soll zu den schönsten an der Ostküste gehören. Hier bietet sich Gelegenheit zu campen und einen Zwischenstopp einzulegen, um zu schwimmen, zu schnorcheln oder ein Boot zu mieten und die weiter nördlich beginnende Felsküste von der Seeseite aus zu erkunden.

Dibba ist schon seit Jahrhunderten eine dreigeteilte Stadt. Der nördliche Bezirk al-Bayah gehört zum Oman, Dibba Muhallab zum Emirat Fujairah und Dibba al-Husn zu

Sharjah. Bereits in vorislamischer Zeit soll der Hafen neben Sohar zu den bedeutensten an der Batinah-Küste gehört haben.

Obere Preiskategorie DZ 500 Dhs/50 OR plus Steuern: **Fujairah Hilton**, P.O. Box 231, Fujairah, 1,6 km vom Zentrum an der Küste, Vereinigte Arabische Emirate, Tel. 09719-222 411, Fax 09719-226 541, 92 Zimmer, Pool, mehrere Restaurants, zwei Bars, Live-Entertainment, Wassersportmöglichkeiten, kleiner, grausandiger Privatstrand; **Oceanic Hotel**, Khor Fakkan, Vereinigte Arabische Emirate, Corniche Road, Tel. 09719-385 111, Fax 09719-387 716, 162 Zimmer, Pool, Tennisplätze, Privatstrand, Wassersportmöglichkeiten, zwei Restaurants, nicht lizenziert, da Khor Fakkan zum Emirat Sharjah gehört; *mittlere Preiskategorie DZ 400 Dhs/40 OR inkl. Steuern:* **Sandy Beach Motel**, zwischen al-Fujairah und Dibba am Strand, Tel. 09719-445 555, Fax 09719-445 200, 65 Zimmer, davon einige Chalets mit Küche, Pool, ein Restaurant, Tauchschule

 Dibba Police Station, Tel. 836 455

 Dibba Hospital, Tel. 836 443

Von Dibba nach Khasab

Die Weiterfahrt nach Khasab führt hinter Dibba nur noch über Pisten, die größtenteils gut planiert sind und vom Militär nach Regenfällen geräumt werden, aber dennoch mit einem Allradrahrzeug befahren werden sollten. Für die 110 km lange

Iranische Schmugglerboote im Hafen
von Khasab

Strecke nach Khasab benötigt man
etwa vier Stunden.

Zunächst windet sich der Weg
durch das Wadi Khabb Shamsi bis
auf über 1000 m in die Berge. Dann
folgt er dem Verlauf des Wadi al-Bih
bis Schilder rechts nach Khasab und
links nach Ras al-Khaimah in die Vereinigten Arabischen Emirate weisen.
Am Checkposten im Wadi al-Bih
werden Visa, *road permits* und Füh-
rerscheine von den omanischen Behörden kontrolliert. Nach einigen
weiteren Kilometern beginnt der Aufstieg zum Jebal Harim, dem mit
2087 m höchsten Berg von Musandam. Die Strecke gehört zu einer
der packendsten Gebirgsrouten im
Oman. Man blickt auf steile Abgrün-
de und tief liegende Wadis, kommt

an archaischen Steinhäusern vorbei,
die teils noch bewohnt und teils verlassen sind, weil immer weniger
Bergbauern die mühsame Arbeit auf
sich nehmen wollen, auf den ummauerten Terrassenfeldern Landwirtschaft zu betreiben.

Im Bezirk von **Khasab**, der Hauptstadt von Musandam, leben etwa
16000 Menschen von der Oasenwirtschaft, vom Fischfang und Bootsbau sowie von der Seefahrt und dem
Handel. An der Mündung des gleichnamigen Wadi, um den sich weit-
läufige Dattelpalmengärten ausbreiten, liegt die Hafenstadt an einer von
hohen Bergen umgebenen Bucht,
die *Dhaus* und Fischerbooten einen
natürlichen Ankerplatz bietet.

Am östlichen Ende der Bucht
steht das renovierte Fort von Khasab
(Sa–Do 8–13, 16–18 Uhr, Fr geschl.,
Eintritt). Überlieferungen zufolge geht
die Festung auf portugiesische Zeiten zurück. Nach Vertreibung der

europäischen Seemacht aus Musandam im Jahre 1644 wurde die Anlage um- und ausgebaut. Eine Besonderheit der von vier Eckbastionen verteidigten Festung ist ein Rundturm in der Mitte des Innenhofes, der wohl als letzte Rückzugs- und Verteidigungsposition dienen konnte. Er soll 1623 gebaut worden sein.

Folgt man vom Fort der Straße an der Bucht entlang nach Westen, erreicht man das alte Geschäftszentrum der Stadt. Im so genannten alten, aber modernisierten Suq, in dem man sich auf die Suche nach Jerz-Äxten machen kann, welche die Stammesangehörigen der Shihuh an Stelle des *Khanjar* an ihrem Gürtel tragen, werden Touristen nicht viel finden, was sie zum Kauf reizen könnte. Einige Läden bieten Lebensmittel, Haushaltswaren und Bootsbedarf an. Import-Export-Geschäfte halten Waren für iranische Schmuggler bereit, die zwischen Bander Abbas und Khasab in Schnellbooten hin und her pendeln. Tagsüber bevölkern viele Iraner den Suq und kaufen ein.

Am Hafen von Khasab etwas weiter westlich wird man die Perser wieder treffen. Wenn früh morgens die einheimischen Fischer ihre Fänge in Kühlboxen umladen, gesellen sich bald Dutzende von Motorbooten hinzu, die noch bei Dunkelheit von der iranischen Küste gestartet sind. Sie bringen vor allem Ziegen und Schafe mit, die halb so teuer sind wie omanisches Schlachtvieh. Die Tiere werden bei den omanischen Behörden ordnungsgemäß verzollt und dann an Zwischenhändler verkauft,

die sie vor allem in die Vereinigten Arabischen Emirate exportieren.

Im Suq erstehen die Iraner dann Waren, die sie in der Heimat mit Profit auf dem Schwarzmarkt verkaufen können. Wasserdicht verpackt, wird die Ware zum Hafen geschafft und auf die Boote geladen. Bei Einbruch der Dunkelheit schwärmen die persischen Schmuggler in Gruppen Richtung Bander Abbas aus, um im Schutz der Nacht der iranischen Küstenwache zu entgehen.

Mittlere Preiskategorie DZ 30 OR plus 17% Steuern: **Khasab Hotel**, P.O. Box 111, Khasab 811, Tel. 830 267, 830 271, Fax 830 989, 16 Zimmer, Pool, ein Restaurant, eine Bar; *mittlere bis untere Preiskategorie: 25 OR:* **Khasab Diving Centre Villas**, nahe dem Khasab Hotel, Buchung über Khasab Travel & Tours, P.O. Box 50, Khasab 811, Tel. 830 464, Fax 830 364, E-Mail: khastour@gto.net. om, Apartments ohne Restaurant

Mittlere Preiskategorie 5 OR: **Musandam Restaurant**, Khasab Hotel, internationale Küche, lizenziert; *untere Preiskategorie bis 5 OR:* **Bukha Restaurant,** im alten Suq, indische und arabische Gerichte; **Khasab Restaurant,** am alten Suq, indisch-arabische Küche; **Shark Restaurant,** im neuen Geschäftszentrum, indische und arabische Küche

Bar im Khasab Hotel, Sa-Do 12 bis 14.30, 19–23, Fr 14 bis 16, 19 bis 23Uhr

Khasab Police Station am Royal Oman Police Roundabout nahe dem Geschäftszentrum, Tel. 830 299, Notruf Tel. 999

Khasab Hospital, am Royal Oman Police Roundabout, Tel. 830 148

 Zwei Banken im neuen Geschäftszentrum, Sa–Mi 8.30–12 Uhr, eine Geldwechselstube im alten Suq

 Am Royal Oman Police Roundabout, am neuen Geschäftszentrum, Sa–Mi 8.30–13.30 Uhr

! **Reise-Agenturen:** Khasab Travel & Tours, P.O. Box 50, Khasab 811, gegenüber dem alten Suq, Tel. 830 464, 830 905, Fax 830 364, E-Mail: khastour @gto.net.om, veranstaltet *Dhau*-Touren, Tauch- und Schnorchel-Exkursionen, Berg- und Camping-Safaris und Kanufahrten

 Mietwagen mit Fahrer kann man über Khasab Travel & Tours s. o. buchen

 Taxis gibt es Musandam nicht. Die Pick-up-Fahrer, die sich auf den Warentransport zwischen Suq und Hafen spezialisiert haben, nehmen auch Touristen mit.

✈ **Oman Air:** Am Royal Oman Police Roundabout, Tel./Fax 830 543

👥 **Tauchen:** Khasab Dive Centre, P.O. Box 50311, Khasab 811, Tel. 830 135, in Zusammenarbeit mit Scuba International aus Dubai veranstaltet Khasab Travel & Tours Schnorchel- und *Dhau*-Trips, Tauchkurse, Tauchexkursionen, Wracktauchen, eigene Unterkunft in Villen nahe dem Khasab Motel

Die Westküste von Musandam

Ein Ausflug in das 26 km von Khasab entfernte Bukha lässt sich mit einem Abstecher zu den Felsgraffiti im Wadi Tawi verbinden. Verlässt man

Das Fort von Bukha

Khasab über die Route 02 an der Steilküste, die in die Vereingten Arabischen Emirate weiterführt, ist nach etwa 4 km der malerische Oasen- und Fischerort **Qada/Qida** erreicht.

Folgt man dem von Palmenplantagen gesäumten Wadi-Bett über 2 km nach Tawi, sieht man am Ortsanfang ein Wasserreservoir. Gegenüber davon türmen sich vor einer Felswand einige Gesteinsbroken auf, die mit Felszeichnungen versehen sind. Die primitiven Darstellungen von Tieren, bewaffneten Kriegern und Booten werden auf ein Alter von 2000 Jahre geschätzt. Einst schmückten sie wahrscheinlich die Felswände einer Kalksteinhöhle, die vor nicht allzu langer Zeit einstürzte.

Zurück an der Küstenstraße ist die Weiterfahrt nach Bukha schon allein wegen der Landschaft die Reise wert. Die Route führt vorbei an kleinen Fischerdörfern und einsamen Stränden, windet sich dann in die Berge hinauf und gibt spektakuläre Blicke auf die Küste frei.

Bukha, mit 2000 Einwohnern drittgrößte Oasen- und Fischersiedlung von Musandam, liegt an einer weiten, sandigen Bucht. Im Hinterland gedeihen Palmen, Zitrusfrüchte und Gemüse. Das Komitee zur Entwicklung von Musandam hat in Bukha zahlreiche soziale Einrichtungen gegründet, die eine weitere Abwanderung der Bewohner verhindern sollen. Schon früh hatte die Ortschaft unter dem Ölboom in den benachbarten Emiraten leiden müssen, als viele Einheimische ihre Heimat verließen, um dort zu arbeiten.

Das Städtchen besteht aus zwei Siedlungen, von denen die östliche die Festung al-Bilad (Sa–Do 9 bis 13 Uhr, Fr geschl., Eintritt frei) aus dem 17. Jh. beherbergt. Die renovierte Anlage ist mit zwei eckigen und einer runden Eckbastion ausgestattet. Das Fort ist landseits von einem Burggraben umgeben, der mit Seewasser gefüllt werden konnte.

Südwestlich der Festung steht die alte, stark verfallene Freitagsmoschee von Bukha, im Südosten erstreckt sich ein großer, alter Friedhof. Der Freitagsmoschee haben sich inzwischen Restauratoren angenommen, aber die Reste einer weiteren Festung, al-Qala, die in den Ausläufern der Berge weiter im Hintergrund zu erkennen sind, bröckeln dahin.

Etwa 10 km hinter Bukha endet das omanische Territorium am Grenzposten von **Tibat**. Eine Weiterreise in die Vereinigten Arabischen Emirate ist nur mit einem omanischen *road permit* und einem gültigen Visum für die Emirate möglich.

Durch die blauen Buchten

Eine der Hauptattraktionen von Musandam ist es, die Buchten mit dem Boot zu erkunden. Von Khasab bietet sich ein Tagesausflug mit einer *Dhau* oder einem Schnellboot in das Khor Shimm an, das lange Zeit ein Rückzugsort für Piratenschiffe war. Auf der kleinen Insel **Jazirat al-Maqlab** stellten die Engländer 1864 eine Telegrafenstation auf, die der Verbindung zwischen Karachi und

Die Buchten von Musandam kann man am besten mit einer *Dhau* erkunden

London diente. Telegraph Island, auf der die Ruine der bereits nach fünf Jahren aufgegebenen Kabelstation noch steht, ist bei Tauchern beliebt. Auch die Insel vor dem Fischerort **Seebi** am östlichen Ende des 16 km langen Khor Shimm ist ein populäres Schnorchelparadies.

Khor Ghubb Ali, die tiefste Bucht von Musandam, ist bekannt für klare, fischreiche Gewässer und einsame, unberührte Strände.

Khor al-Najd kann man als einzige Bucht von Musandam auf dem Landweg erreichen. Von Khasab führt eine Schotterpiste durch das Wadi Khasab in die Berge. Man folgt am Flughafen der Beschilderung nach Dibba (110 km) und verlässt

Khasab über den ersten von drei Dämmen, die das Wasser im Wadi Khasab stauen. Bald danach ist links das **Wadi al-Sal'ala** ausgeschildert (12 km) und man biegt von der Hauptpiste nach Dibba Richtung Osten ab. Nach ein paar weiteren Kilometern weist links ein Schild zum Khor al-Najd. Nun beginnt ein fünfminutiger, aber Schwindel erregender Aufstieg bis auf den Kamm der Passstraße, von dem man die Aussicht auf die tiefblaue Bucht und die am Strand liegenden Fischerboote genießen kann.

Ein ebenso steiler Abstieg führt hinunter an die Küste. An Wochenenden zieht es Einheimische und Touristen aus den benachbarten Emiraten zu einigen Picknickplätzen. Am Khor al-Najd kann man Boote mieten, mit denen man sich durch das Khor al-Najd und das Khor Habalayn schippern lassen kann.

Ausflüge in das Hajar-Gebirge

Vom Wadi al-Sal'ala bietet sich eine Weiterfahrt nach **Birkat al-Khaldiyah** an. Etwa 2 km hinter dem Abzweig ins Khor al-Najd führt die Piste in eine weite Ebene am Fuße der Bergwelt, die nach Regenfällen sattgrün ist. Der Talkessel verdankt seine Fruchtbarkeit dem größten Wassereinzugsgebiet in den Bergen von Musandam. Über Sammelbecken und Kanäle wird das kostbare Nass talwärts geleitet und fließt dann über das Wadi Khasab bis in die Dattelpalmkulturen der Hauptstadt.

Zu den Häusern am Rande des Wadi, die aus Naturstein erbaut wurden, gehörte immer ein *Bayt al-Qufl,* ein Haus des Schlosses, in dem die Bewohner ihre Vorräte und Habseligkeiten verwahrten, wenn sie in den Sommermonaten (Juni bis September) die wasserarmen Bergregionen verließen, um in der Ebene bei der Dattelernte zu helfen.

Hat man das Wadi al-Sal'ala auf dem gleichen Weg wieder verlassen, gelangt man, der Beschilderung Richtung Dibba folgend, zum Jebal Harim, dem mit 2087 m höchsten Gipfel von Musandam. Bald windet sich die Piste über steile Serpentinen immer höher in das Hajar-Gebirge. Riesige, bizarr geformte Felsbrocken liegen bedrohlich nah am Abhang. Man passiert mehrere Schluchten und Felshöhlen, von denen einige noch bewohnt sind. Die Wassertanks am Wegesrand werden regelmäßig von Tankfahrzeugen aufgefüllt, um den noch verbliebenen

Bergbewohnern das karge Leben zu erleichtern.

Nach etwa 15 Minuten ist **al-Sayh** auf einem ausgedehnten Bergplateau erreicht, das früher eine der Kornkammern von Musandam war. Nur wenige Felder in dem fruchtbaren Tal werden heute noch bewirtschaftet, auch hier haben die modernen Zeiten zur Landflucht geführt.

Einige Kilometer hinter al-Sayh hat sich die Landschaft erneut verändert. Man fährt durch ein buschbewachsenes, grünes Hochplateau, dessen Hügel nicht mehr so schroff sind. Bald ist der 1600 m hohe Aussichtspunkt unterhalb des Jebal Harim erreicht, eine Weiterfahrt auf die Bergspitze ist nicht möglich, da es sich um militärisches Sperrgebiet handelt. Aber auch von dort erkennt man bei klarem Wetter im Norden die Straße von Hormus und die sich dahinter erhebenden Bergspitzen des iranischen Zagros-Gebirges. Der Blick nach Osten eröffnet je nach Tageszeit ein ins Gelbbeige bis Graubraun getauchtes Bergpanorama, vor dem die Piste nach Dibba in der Tiefe wie in einer Modelllandschaft auf dem schmalen Gebirgskamm in der Ferne verschwindet.

Die Luft ist frisch hier oben, man kann sich ein wenig die Beine vertreten und nach Felsgraffiti Ausschau halten, die vor Jahrhunderten, wenn nicht gar Jahrtausenden auf Gesteinsbrocken gemeißelt wurden.

Vom Jebal Harim bis nach Dibba sind es noch etwa 1,5 Stunden Fahrzeit. Auf dem Weg dorthin lassen

Blick vom Jebal Harim

sich Abstecher in das **Wadi al-Bih** oder in das Tal von **al-Rawdah** unternehmen. Die Rawdah Bowl ist eine 5 km breite fruchtbare Ebene, die im Frühling nach Winterregenfällen sattgrün wie eine alpine Bergwiese anmuten kann. Zwischen knorrigen Akazienbäumen weiden Ziegen und gelegentlich auch einige Kamele, ein seltener Anblick in Musandam. Am Rande des Rawdah-Beckens stehen noch zahlreiche, größtenteils nicht mehr genutzte *Bayt al-Qufl,* urtümliche Vorratshäuser, in denen die Bergbewohner ihre Habseligkeiten verschlossen, wenn sie im Sommer an die Küste zogen.

Eine Weiterfahrt ins **Wadi al-Bih** und nach **Dibba** ist nur mit entsprechenden Papieren möglich, weil der Grenzposten einige Kilometer hinter dem Abzweig nach Rawdah die Einreise in die Emirate auf *road permits* und Visa kontrolliert.

Kumzar ist die wohl abgeschiedenste Ortschaft des Oman. Die 3000 Einwohner zählende Fischersiedlung an der nördlichsten Spitze von Musandam ist nur auf dem Seeweg erreichbar. Mit einer *Dhau* dauert die Anreise von Khasab etwa zwei Stunden, mit dem Schnellboot sind es nur 45 Minuten.

Kumzar wird von Angehörigen eines einzigen Stammes besiedelt. Sie sprechen eine eigene Sprache – eine Mischung aus Arabisch und Farsi, einer Variante des heutigen Persisch. Bis vor kurzem lebten die Kumzari hauptsächlich vom Fischfang und nannten darüber hinaus noch etwa ein Drittel der Dattelpalmen in Khasab ihr Eigen, wohin viele von ihnen im Sommer umzogen, um sich dort um ihre Plantagen zu kümmern.

Kumzar soll eine der am dichtesten besiedelten Ortschaften des Oman sein, da das enge Tal des Wadi Marwan nur wenig Raum zum Hausbau bietet. Selbst für die Haustiere reichte das Weideland oft nicht aus, so dass die Kumzari ihre Ziegen und Schafe in Booten zu Futterplätzen an der Küste brachten oder sie längere Zeit auf der so genannten Ziegeninsel, der **Jazirat al-Ghaneem**, weiden ließen. Heute ist die Ziegeninsel ein Marinestützpunkt der Royal Navy des Oman.

Typisch für Kumzar sind traditionelle Fischerboote, die *Battil*. Der kleine wendige Bootstyp wird wegen seiner Schnelligkeit im Küstenhandel eingesetzt. Charakteristisch für die *Battil* von Kumzar ist das Heck, dessen Seitenansicht an einen Hundekopf erinnert. Oftmals sind die Boote an Heck und Bug auch mit Kaurimuschelketten verziert, einst ein Symbol des Reichtums, als die Küstenanwohner der Arabischen See noch mit Kaurimuscheln Tauschhandel trieben.

Das westliche Hajar-Gebirge

Karte S. 102/03

Wenige Kilometer nordwestlich von Sohar führt die Route 07 nach al-Buraimi und weiter westwärts in die benachbarten Vereinigten Arabischen Emirate. Die hervorragend ausgebaute Verkehrsverbindung durch das Wadi Jizzi folgt einer uralten Karawanenstraße, auf der schon vor 4500 Jahren Menschen mit Packtieren hin und herzogen, um Güter auszutauschen. In der Bergwelt stehen reiche Kupfervorkommen an, die bereits in der zweiten Hälfte des 3. Jt. v. Chr. abgebaut und verhüttet wurden. In einem Fundort namens Arja fand man eine kleine Siedlung mit Schmelzöfen und zahlreichen Schlacke-Abfällen. Die hier gewonnenen Kupferbarren waren ein gefragtes Handelsgut, das auf dem Karawanenweg über al-Buraimi/al-Ain bis nach Umm an-Nar an die Küste in den heutigen Vereinigten Arabischen Emirate gelangte und von dort in das jenseits des Golfes liegende Zweistromland Mesopotamiens und bis an den Indus zu den Städten der Harappa-Kultur verschifft wurde. Durch Übersetzungen von Keilschrifttexten wissen wir, dass der Oman den Sumerern damals als Magan bekannt war, ein Land, das sie als fremd und gebirgig, aber reich an Kupfer, Diorit, Halbedelsteinen und Meeresfischen beschrieben.

Nachdem die Kupfergewinnung im Wadi Jizzi um 2000 v. Chr. zurückging, erlebte der Bergbau etwa 1000 Jahre später einen neuen Aufschwung, als in Arja und Lasail wieder Kupfer abgebaut und verhüttet wurde. Beide Minen hat man mehr oder weniger kontinuierlich bis das Mittelalter ausgebeutet. Seit 1983 lässt die Oman Mining Company einige alte Zechen wieder bewirtschaften und hat neue erschlossen. In der Kupfergewinnung und der Kupfer verarbeitenden Industrie sieht man im Oman wirtschaftliche Zukunftschancen.

Etwa 50 km vor der Grenze zu den Emiraten kontrolliert ein omanischer Grenzposten (Checkpost Wadi Jizzi) die Gültigkeit des *road permit,* das zu einer Reise nach al-Buraimi und das benachbarte al-Ain benötigt wird. Man beantragt es vorher schriftlich (zwei Passfotos) bei der Royal Oman Police in Qurum (gegenüber den Shopping Malls al-Araimi und SABCO, al-Qurum St., Tel. 56 00 21). Die Bearbeitung dauert drei bis fünf Tage.

Al-Buraimi und al-Ain

Die Oasenstadt **al-Buraimi** besteht aus neun Stadtteilen, von denen Hamasa, Sa'ra und Buraimi zum Sultanat Oman gehören, während der größere Teil mit sechs Ortschaften auf dem Staatsgebiet des Emirats Abu Dhabi liegt und allgemein unter dem Namen al-Ain firmiert. Buraimi war immer der wichtigste Weiler, so dass der omanische Stadtteil der alten Oase seinen Namen Buraimi zu verdanken hat.

Nachdem al-Buraimi Ende des 9. Jh. von den abbasidischen Khalifen als Basis für eine Eroberung des Oman vereinnahmt wurde, kam es erst im 17. Jh. wieder unter omanische Kontrolle. Zu Beginn des 19. Jh. brachten die saudischen Wahhabiten unter dem nubischen Sklaven Hariq die Oase in ihre Gewalt. Die fundamentalistisch gesinn-

ten Wahhabiten bauten das Fort aus, um von dort ihre Lehre im Oman weiter zu verbreiten. Als Sultan Sayyid Said bin Sultan (1804–56) mit 12 000 Soldaten gegen Hariq zu Felde rückte, zog sich dieser zwar zurück, indes war der Konflikt damit noch nicht beendet. Über 50 Jahre lang (1819–69) kam es immer wieder zu Übergriffen, die 1869 durch ein Bündnis zwischen dem Oman und dem Sheikh von Abu Dhabi beendet werden konnten.

Gut 80 Jahre war es wieder ruhig in den Palmenhainen von al-Buraimi, bis durch die Entdeckung von Ölvorkommen auf der Arabischen Halbinsel die besitzergreifenden Nachbarn erneut aktiv wurden. Den Blick auf Petrodollars gerichtet, okkupierte Saudi-Arabien 1952 den Ortsteil Hamasa und beanspruchte die Oase für sich. Oman und Abu Dhabi kesselten die Besatzer ein, aber ohne Erfolg. Der Fall wurde 1954 vor ein internationales Schiedsgericht gebracht. Als ruchbar wurde, die Saudis hätten Zeugen bestochen, legten die Schiedsrichter ihre Mandate nieder, ohne eine Lösung herbeigeführt zu haben. Noch einmal mussten Abu Dhabi und der Oman ihre Kräfte bündeln, 1955 vertrieben sie die Saudis endgültig.

Schon weit vor den Grenzen der Stadt passiert man die Symbole einer neuen Ära. Die qualmenden Schornsteine der Oman Chemicals Ltd. veredeln nicht gerade das Landschaftsbild, aber die Diversifikation der omanischen Wirtschaft kann nicht in einer anderen Galaxis stattfinden, sondern muss in allen Teilen des Sultanats für Arbeitsplätze sorgen.

Hat man die Schlote hinter sich gelassen, sind in der Ferne die grünen Baumwipfel ausgedehnter Palmenplantagen auszumachen. Das ist al-Buraimi, die größte Oase zwischen dem Oman und den Emiraten, die auf der omanischen Seite von insgesamt 49 *Aflaj*-Systemen bewässert wird.

Das renovierte **al-Khandaq-Fort** (Sa–Mi 8–18 Uhr, Do–Fr 8–13, 16–18 Uhr, Eintritt frei) befindet sich in der Nähe des Suq an der Grenze zu al-Ain. Diese Festung hatten sich die Wahhabiten 1800 ausgesucht, um von dort in das Landesinnere vorzudringen. Ganz aus Lehmziegeln erbaut, weist die 45 × 45 m messende Anlage vier mächtige, unterschiedlich hohe Türme auf und ist von einem annähernd 8 m breiten Graben umgeben, eine für omanische Forts eher ungewöhnliche Ausstattung. Im Innern beherbergt sie eine Kanone, die den Namen des Sultans Sayyid Said bin Sultan (1804 bis 1856) mit der Jahreszahl 1842 trägt. Das Geschütz gehörte zu einer Lieferung von 20 Kanonen, die der Herrscher für die Ausstattung seiner 1833 in Bombay gebauten Korvette »Sultana« in den USA bestellt hatte und mit der sein Nachfolger Azzan bin Qais (1868–70) gegen die wahhabitische Besatzung im Fort 1868 erfolgreich zu Felde zog.

🛏 *Obere Preiskategorie DZ 48 OR plus Steuern:* **Al Buraimi Hotel,** P. O. Box 330, al-Buraimi 512, Tel. 65 20 10, Fax 65 20 11, 40 Zimmer im Haupttrakt, 22 um den Pool angeordnete Villen, zwei Restaurants, lizenziert

🍴 *Obere Preiskategorie 5–10 OR:* **Club Tropocana,** Al Buraimi Hotel, internationale Küche, Live-Musik, lizenziert, tägl. 6–24 Uhr; **al-Hamasa,** Al Buraimi Hotel, arabische Küche, Live-Musik, Fr–Do 15–1.30 Uhr

➕ **al-Buraimi Hospital,** Tel. 65 08 55, am Kreisverkehr gegenüber der Freitagsmoschee

🚶 **In der Nähe des Suq** am Kreisverkehr, Tel. 65 00 99; Notruf Tel. 9 99

🚌 **Tägl. drei Busverbindungen** nach Muscat/Ruwi via Sohar um 7, 13 und 15 Uhr, Auskunft Tel. 65 22 55

Ein Abstecher in das benachbarte **al-Ain** ist mit einem omanischen *road permit* möglich und bietet sich an, wenn man die Rundreise von Sohar aus Richtung Nizwa fortsetzen möchte. Die zweitgrößte Stadt des Emirats Abu Dhabi ist weitaus urbaner als das verträumte al-Buraimi. Über 150 000 Menschen leben in al-Ain, während im gesamten *Wilayat* al-Buraimi gerade knapp 50 000 Einwohner durch den letzten Zensus (1993) erfasst wurden.

Hochhäuser, internationale Hotels und schicke Geschäfte ziehen auch Omanis zu einem Wochenend- oder Ferienausflug hierher. Zu den Sehenswürdigkeiten in al-Ain gehört der Hili Archaeological Park (tägl. 16–23, Fr 10–23 Uhr) im Nordosten der Stadt, nahe der Hili Fun City, wo

Das renovierte Fort von Ibri

Nach Ibri

eines der schönsten Rundgräber aus der Umm an-Nar-Epoche (2500 bis 2000 v. Chr.) der Arabischen Halbinsel zu bewundern ist. Im Ort Hili haben Archäologen Reste einer zeitgleichen Siedlung zutage gebracht.

Die Kleinfunde und Keramik aus den Grabungen in al-Ain und anderen wichtigen Fundorten der Vereinigten Arabischen Emirate sind im al-Ain Museum ausgestellt (Nov. bis April So–Do 8–13, 15–17.30, Fr 9 bis 11, 15–17.30 Uhr, Sa geschl., Mai–Okt. So–Do 8–13, 16.30 bis 18.30, Fr 9–11.30, 16.30–18.30 Uhr, Sa geschl.).

Am Checkposten Mazyad werden die Papiere der Reisenden zunächst von Beamten der Vereinigten Arabischen Emirate und dann an der Grenzstation **Hafit** noch einmal von den omanischen Behörden geprüft.

Der **Jebal Hafit** hat zur Geschichte des Oman und der gesamten Arabischen Halbinsel insofern beigetragen, als eine etwa 500 Jahre überspannende Kulturepoche danach benannt wurde. In der Zeit zwischen 3000 und 2500 v. Chr. haben die Menschen auf der Arabischen Halbinsel ihre Toten in Rundgräbern aus Naturstein bestattet, die sie auf Bergkuppen anlegten, wie an den Ausläufern des Hafit-Massivs.

Die meisten Nekropolen waren, schon lange bevor sich die Archäologen ihrer annahmen, Opfer von Raubgrabungen geworden. Da nicht alle Grabbeigaben für wertvoll genug erachtet wurden, um sie mitzunehmen, konnten die Bestattungen anhand der Keramik in das frühe 3. Jt. v. Chr. datiert werden. Ähnlichkeiten mit Gefäßtypen aus dem Südost-Iran deuten auf frühe Handelsbeziehungen zwischen der Arabischen Halbinsel und Mesopotamien hin. Die einzige Siedlung, die man bisher mit den Nekropolen in zeitlichem Zusammenhang sehen konnte, war Hili 8 in al-Ain.

Die nächsten 150 km auf der Route 21 Richtung Süden führen durch ein dünn besiedeltes Gebiet entlang der Südausläufer des West-Hajar-Gebirges zur Linken und der Grenze zur großen Wüste Rub al-Khali zur Rechten. Die Haupt-Wadis, die auf dieser Strecke den Bergen entspringen, sind das Wadi Dank und das Wadi al-Ayn.

Nach gut anderthalb Stunden ist **Ibri** erreicht. Der Oasensiedlung ging noch bis vor 50 Jahren der zweifelhafte Ruf voraus, eine Hochburg von Wegelagerern und Gaunern zu sein. Im Suq von Ibri, seit jeher neben al-Buraimi der zweitwichtigste in der Dhahirah-Provinz, wurde die Beute aus Raubzügen auf Karawanen und Siedlungen anderer Stämme versteigert. Heute leben die Bewohner von Ibri vom ehrlichen Handel und der Oasenwirtschaft.

Der alte Suq, dessen Lehmziegelbauten mehr und mehr verfallen, liegt in der Nähe des Forts. Mit etwas Glück kann man hier noch traditionelle Handarbeiten erstehen, wie schwarz-rot-gestreifte Webteppiche und Satteldecken oder Handgeflochtenes aus Palmenblättern.

Von den Türmen des vor ein paar Jahren renovierten Forts (Sa–Mi 8 bis 14.30 Uhr, Eintritt frei) bieten sich Ausblicke auf die größtenteils verlassene Altstadt mit Lehmziegelbauten und die *Aflaj*-bewässerten Palmengärten. Oberst Samuel Barrett Miles, der damalige britische Konsul in Muscat, schwärmte nach seinem Besuch im Jahre 1885 davon, dass im Schatten der Dattelbäume Obst und Gemüse in paradiesischem Überfluss gediehen: Limonen, Mangos, Pfirsiche, Aprikosen, Bananen, Guaven, Orangen und Melonen. Traditionell wurde hier auch der Indigostrauch angebaut, mit dessen Pulver man vor der Erfindung des Anilins Stoffe dunkelblau färbte. Es soll in Ibri noch ein paar alte Färbereibetriebe geben.

 Untere Preiskategorie um 2 OR: **einfache omanisch-indische Restaurants** befinden sich an der Hauptstraße und an den meisten Tankstellen

 Ibri Hospital, Tel. 49 19 90

 Polizei Tel. 48 90 99, Notruf Tel. 9 99

 Drei Busverbindungen tägl. nach Muscat/Ruwi via Nizwa, Abfahrt 5.55, 7.45 und 15.55 Uhr; nach Yankul tägl. um 18.55 Uhr, und Dank tägl. 21.05 Uhr, Auskunft Tel. 49 05 03

Bienenkorbgräber bei al-Ayn

Bat und al-Ayn

Auf der Route 21, etwa 10 km weiter Richtung Südosten, liegt rechter Hand **al-Sulaif,** ein malerischer, befestigter Ort, der schon lange verlassen ist, so dass die Lehmziegelbauten langsam verfallen. Leicht erhöht, auf einem Felsplateau errichtet, wachten die Türme der Siedlung über das Wadi al-Ayn, das, den Ausläufern des Jebal Akhdar entspringend, sich im Südwesten vor den Erdölfeldern der Rub-al-Khali-Wüste verliert. Durch ein monumentales Tor gelangt man in das Innere der Geisterstadt. In die Torwände eingemauerte Inschriften erinnern an überstandene Belagerungen durch die Wahhabiten, die zu Anfang des 19. Jh. von al-Buraimi ihre Angriffe ausführten.

Der von der UNESCO auf die Liste des Weltkulturerbes gesetzte Fundort **Bat** ist von Ibri über die Route 09 via ad-Daris erreichbar. Archäologen entdeckten hier in den 70er Jahren eine Siedlung aus der Mitte des 3. Jt. v. Chr. Der erste Fundort, Umm an-Nar, nach dem man diese Kulturstufe auf der Arabischen Halbinsel benannt hat, liegt in den Vereinigten Arabischen Emiraten auf einer Insel vor der Küste von Abu Dhabi.

Das 40 ha große Siedlungsgebiet von Bat wird in Ost-West-Richtung vom Wadi al-Hijr durchkreuzt, das nicht immer Wasser führt, aber wohl schon in vorgeschichtlichen Zeiten ausreichend Grundwasser ansammelte, um Landwirtschaft zu ermöglichen. Im Norden, an den Hängen der Berge, erkennt man einige Bienenkorbgräber, die Überreste einer ehemals aus über 100 Gräbern bestehenden Nekropole.

Von Bat führt eine unbefestigte Straße nach **al-Ayn,** durch ein Tal am Fuße des Jebal Misht. Auf der Weiterfahrt in den Süden bietet sich diese 35 km lange Piste an, weil die Landschaft entlang der Route 21 weit weniger reizvoll ist und im Wadi al-Ayn einige Bienenkorbgräber aus dem 3. Jt. v. Chr. vor der ungewöhnlichen Kulisse des Jebal Misht zu bestaunen sind.

Misht heißt Kamm, womit der Volksmund eine Anspielung auf die gezackten Formationen auf der Bergspitze gemacht hat. Die etwa 20 Gräber sind nach Süden ausgerichtet, ›blicken‹ sozusagen auf das grüne Tal. So wie die Entschlafenen von ihren Ruhestätten vielleicht das Leben im Tal beobachten sollten, so mögen die Lebenden ihren Blick auf die Berge zu ihren Ahnen gerichtet haben.

Hinter Kubarah erreicht man wieder die Hauptstraße der Route 21 und biegt links Richtung Nizwa (82 km) ab.

Jabrin

Das **Jabrin-Fort** (Sa–Do 8–13 Uhr, Eintritt frei) ist eher ein befestigter Adelssitz auf dem Lande denn eine Festung. Die Anlage wurde von Imam Bilarab bin Sultan (1668–92) in Auftrag gegeben, der seinen Regierungssitz 1670 von Rustaq nach Jabrin verlegte. Eine Inschrift im Bogen über dem Eingang zur Grablege des Herrschers, der 1692 in Jabrin einer kriegerischen Auseinandersetzung mit seinem Bruder Saif bin Sultan (1692–1711) unterlag und danach in seinem Palast zur letzten Ruhe gebettet wurde, belegt die Jahreszahl 1675 als Baudatum.

Von Bilarab ist bekannt, dass er für Philosophie und Dichtung großes Interesse zeigte und ein ländliches Refugium suchte, in dem er sich aus der Hauptstadt Rustaq in eine friedliche Oasenwelt zurückziehen konnte. Hier traf er in der von ihm gegründeten Koranschule auch Poeten und Geistliche, mit denen er Gespräche führen und Gedanken austauschen konnte.

Der Gebäudekomplex steht in der Nordostecke eines mit einer Lehmziegelmauer umfriedeten Bereichs, der weitere Gebäude und eine kleine Moschee umschließt. Rechteckig im Grundriss, gruppiert sich der 43 × 22 m messende Palastbau um zwei Innenhöfe, die unterirdisch von einem *Falaj* durchquert werden. Besucher können durch Wohn- und Wirtschaftsräume wandeln und sich ein Bild von der Wohnkultur der omanischen Aristokratie im späten 17. Jh. machen. Es geht vom Küchentrakt im Erdgeschoss über die zu jedem größeren Anwesen gehörenden Datteldörrkammern bis hin zu hohen, gut isolierten und windgekühlten Empfangs- und Wohnräumen in den darüber liegenden Stockwerken.

Diese Räume waren zum Teil mit Geheimgängen und versteckten Beobachtungskammern versehen, um Fluchtwege zu sichern und Gespräche belauschen zu können. Weiter werden die Besucher zur Grabstätte des Erbauers im Souterrain neben dem Wasch- und Gebetsplatz der Frauen geführt. Die Holzdecken der meisten Räume sind mit Koranversen und Ornamenten bemalt. Besonders prachtvoll ausgestattet ist die Decke des »Saales der Sonne und des Mondes« im Westteil der Anlage. Ein Satzfragment lautet: »… herrlich sind die Gebäude, die sich zum Himmel emporstrecken, jedoch übertrifft der Turm von Bahla sie alle …«.

Blick vom Fort Jabrin

Der Palast, der während drei verschiedener Bauphasen entstand, wurde aus zwei anfangs voneinander unabhängigen Gebäudekomplexen zusammengefügt. Der verbindende Mitteltrakt mit überhöhtem Eingangsbereich wurde in einem zweiten Bauabschnitt errichtet. Zu guter Letzt hat man die beiden runden Artillerietürme an der Nordost- und Südwestseite hinzugefügt, wodurch alle vier Seiten des Komplexes bestrichen werden konnten und dem Landsitz eine deutlich militärische Komponente gegeben war.

Dass Imam Bilarab zum Ende seiner Regierungszeit die Residenz vor feindlichen Übergriffen schützen musste, lag an der Auseinandersetzung mit seinem Bruder Saif bin Sultan (1692–1711), der lange Zeit um den Imam-Titel mit ihm konkurrierte und 1692 aus einer Belage-

Festungsbaukunst

Wachtürme und Wohnburgen

Die Festung Nakhl

Frei stehende Wachtürme sind seit Urzeiten ein wichtiges Kontroll- und Verteidigungselement im Oman und in den Nachbarländern der Arabischen Halbinsel gewesen. In Bat, unweit von Ibri, fanden Archäologen nicht nur 100 Gräber der Umm-an-Nar-Periode (2500–2000 v. Chr.), sie legten auch die Reste gewaltiger Rundtürme aus Stein frei, die als Wachtürme und Fluchtburgen für die in der Umgebung siedelnden Bewohner gedient haben könnten. In dem mit 20 m Durchmesser bisher größten dieser Steintürme befand sich sogar ein Brunnen, was darauf hinweist, welche Mühen man auf sich nahm, um sich den Zugang zu diesem Lebenselixier zu sichern.

Die Wachtürme aus der jüngeren Geschichte des Oman bestehen vielfach aus Lehm und Stein, wobei zumeist der Aufbau über den steinernen Fundamenten aus einer Mischung aus Lehm und Stroh hochgezogen wurde. Die mehrstöckigen, hauptsächlich runden Türme können ganz unterschiedliche Dimensionen annehmen. Ein mit 43 m Durchmesser außerordentlich monumentaler Turm beherrscht das Nizwa Fort. Wie viele der weitaus kleineren Zivilbauten auf dem Lande, die dazu dienten, Passstraßen, Siedlungen, *Falaj*-Systeme und Oasen zu kontrollieren, ist der Turm des Nizwa Fort aus statischen Gründen im Grundgeschoss mit Erde und Sand verfüllt. So verlieh man die Türme eine solide Basis für die nächsthöheren Stockwerke mit dicken, Geschoss abwehrenden Wänden und – wie im Falle von Nizwa – für die schweren Geschützwerke. Da es vornehmlich darum ging, einen möglichst hohen Beobachtungs- und Verteidigungsposten einzunehmen, befinden sich an vielen Türmen die Eingänge in Höhe des ersten Geschosses. Sie konnten nur mit Leitern oder Seilen erklommen werden und erschwerten potenziellen Angreifern den Zugang. Zu den nächsthöheren Stockwerken gelangte man über Holztreppen oder einfache, in die Wände eingelassene Sprossen. Fast alle Türme schließen mit einem Flachdach und einer Brustwehr ab, hinter deren zinnenbekrönter Mauer sich die Turmbesatzung vor feindlichem Beschuss verschanzen und zurückschießen konnte.

Zwischen Wach- und Wehrtürmen und größeren Festungsanlagen mit Umfassungsmauer und Ecktürmen liegt zwar gedanklich kein großer Schritt, indes ist es auch eine Frage der Ökonomie, ob eine Gemeinschaft es sich leisten kann, die gesamte Siedlung zu umfrieden, wie etwa in Bahla. Dort wurde eine 12 km lange Mauer sowohl um das kultivierbare Land als auch um die Siedlung gebaut, in der wiederum die Wohnviertel der einzelnen Stämme oder Familien ummauert waren.

Um vor Übergriffen geschützt zu sein, hat sich daher in der Batinah eine besondere Form der Fluchtburg entwickelt, der so genannte *Sur; Sur* bedeutet Mauer, abgegrenztes Viertel. Der Begriff wird auch benutzt, um ein ummauertes Gebiet zu bezeichnen, in dem eine ethnische Gruppe lebt, wie in Mutrah in der *Sur al-Luwatiya.*

Den *Sur,* eine nur zeitweise genutzte Fluchtburg, gibt es in fast allen Gebieten Omans. In der Batinah sind besonders zahlreiche *Surs* zu finden, weil die fruchtbare Ebene sowohl von der See- als auch von der Landseite jahrhundertelang von feindlichen Übergriffen bedroht war. Auf ihre zusehends verfallenden Reste stößt man in der Nähe kleinerer, unbefestigter Siedlungen oder im Territorium nomadisierender Stämme, wo sie zum Schutz einer Klangemeinschaft von dieser auch erbaut und unterhalten wurden.

In Gebirgsregionen nahm der *Sur* den strategischen Vorteil von Erhöhungen war, in der Ebene musste er sich durch stärkere und höhere Mauern und Bastionen auszeichnen, weshalb dreigeschossige Anlagen keine Seltenheit sind.

Zumeist handelt es sich um ein aus Lehmziegeln ummauertes Geviert mit runden Ecktürmen und einem Eingangstor. Der Zugang erfolgt durch ein zwei- bis dreistöckiges Tor mit Schießscharten, Kanonenlöchern und zinnenbewehrtem Flachdach. Die Türme sind in der Regel dreistöckig und haben einen runden Grundriss. Wie die Wehr- und Wachtürme bestehen sie aus einem soliden Lehmziegel- oder Stein- und Sandkern, der zum Teil 4 bis 5 m über den Boden reicht, damit er dem Artilleriefeuer der Angreifer widerstehen konnte. Über dem Kern liegen kreisförmig angelegte Holzbalken, auf dem die weiteren Stockwerke ruhen.

Vielfach stehen sich zwei Ecktürme diagonal gegenüber. Dieses erstmals im Palast von Jabrin (1675) und später in al-Hazm (1708) angewandte Konzept geht auf die Erkenntnis zurück, dass man mit den waffentechnischen Errungenschaften des ausgehenden 17. Jh. durchaus in der Lage war, von zwei Batterietürmen das gesamte Umfeld zu verteidigen. Höhere Türme hatten das Schussfeld der Kanonen größer werden lassen, ihre Reichweite ging nun über das Gewehrfeuer der Angreifer hinaus.

Zu einem Ausbau der Festungsanlagen kam es im Oman, nachdem Imam Sultan bin Saif al-Ya'aruba 1650 die Portugiesen des Landes verwiesen hatte. Um das Sultanat fest im Griff zu halten, ließ er ab 1656 zwölf Jahre lang am Nizwa Fort bauen und die Hauptstadtfeste in Rustaq erneuern. Sein Sohn Bilarab bin Sultan setzte mit zwei Diagonaltürmen an seinem Palast von Jabrin (1675) neue Zeichen, die sein Bruder Saif bin Sultan in al-Hazm (1708) aufgriff und seine Residenz vom 12 km entfernten Rustaq dorthin verlagerte. Al-Hazm lag strategisch günstiger, um die Batinah-Ebene zu kontrollieren, war aber andererseits geschützter, wenn es darum ging, sich vor seeseitigen Angriffen zu verteidigen.

rung von Jabrin als Sieger hervorging. Zwar war Bilarab der Unterlegene, doch setzte er sich mit dem Fort insofern ein Denkmal, als der Bautypus mit den zwei diagonal gegenüberstehenden Eckbastionen in die omanische Festungsarchitektur einging.

Die Töpferstadt Bahla

Von Jabrin ist die Oasenstadt Bahla in 15 Minuten erreicht. Kurz vor der Oase führt die Route 21 über das breite, palmengesäumte Wadi-Bett, über dem von weit her sichtbar eine mächtige Festung thront.

Bahla war bereits im 12. und 15. Jh. wiederholt die Hauptstadt der Nabhani-Imame, die bis in das frühe 17. Jh. den Oman regierten. Das Besondere an der Oasenstadt ist nicht nur die eindrucksvolle Burg, die schon seit Jahren eingerüstet ist und unter UNESCO-Anleitung renoviert wird, sondern eine 12 km lange Befestigungsmauer mit mehreren Wehrtürmen und zwei Eingangstoren. Die Umfriedung wurde sowohl

Am Stadttor von Bahla

um das kultivierbare Land als auch um die Siedlung gebaut, in der die 20 Wohnviertel der einzelnen Stämme und Familienklans ebenfalls ummauert waren. Die Ursprünge des aufwändigen Verteidigungssystems reichen vermutlich in das späte 13. Jh. und frühe 14. Jh. zurück, als eine wohlhabende Bewohnerin der Oase den Bau der Umfassungsmauer finanzierte, um Siedlung und Gärten vor Raubzügen benachbarter Stämme zu schützen.

In der Oberstadt (Alaya) waren traditionell die Angehörigen des Klans der Bani Ghafir angesiedelt, während die Unterstadt (Sufala) vom Stamm der Bani Shikail bewohnt war. Der Name Bahla soll auf den Stamm der Bani Bahla zurückgehen, der von Ptolemäus als Bliulei bezeichnet wurde und schließlich im späten 19. Jh. ausstarb oder von anderen Stämmen assimiliert wurde.

Über beide Stadtteile wacht die gewaltige Festung, die seit 1988 auf der Liste des Weltkulturerbes der UNESCO steht. Schon in vorislamischer Zeit soll es hier einen Vorgängerbau gegeben haben, der ab 1610 von Imam Tamah zu einer der größten Wehranlagen des Oman ausgebaut wurde. Wie die Stadtmauer besteht die Feste aus Lehmziegeln, die über Natursteinfundamente hochgemauert wurden. Mehrere Türme beherrschen die Silhouette der Festung.

Heutige Oman-Reisende werden sich noch ein paar Jahre gedulden müssen, bis die Renovierungsarbeiten abgeschlossen und das Innere des Forts mit der Herrscherresidenz und den Nebengebäuden zu besichtigen sein wird. Auf eine Instandsetzung warten ebenfalls zwei Moscheen in unmittelbarer Festungsnähe. Die Gebetsnischen sind mit ornamentalen Stuckarbeiten verziert, die ein Meister namens al-Humaymi aus Manah zu Anfang des 16. Jh. ausführte.

Auch die traditionellen Wohnhäuser in Bahla bestanden ursprünglich aus luftgetrockneten Ziegeln. Heute hat sich das Bild sehr gewandelt. Die alten Häuser hat man zugunsten moderner Betonbauten aufgegeben und auch der mit einer Lehmziegelmauer eingefasste Suq verfällt. Zwar findet man noch ein paar betagte Händler, die in ihren engen, verstaubten Läden auf Kunden warten, aber in dem seit Mitte der 70er Jahre errichteten neuen Suq im Nordwesten hinter dem alten Einkaufsviertel ist das Treiben weit geschäftiger.

Ein Bummel durch den alten Markt gerät nahezu zu einer Zeitreise in vergangene Tage. Unter einem großen, Schatten spendenden Baum im Zentrum haben Bauern ihre zum Verkauf angebotenen Tiere festgemacht. Zwischen den mit Rosinen, Kichererbsen, Linsen und Knoblauch gefüllten Körben und Kisten vor den umliegenden Geschäften sitzen freundliche, graubärtige Omanis.

Zwei althergebrachte Handwerkstraditionen haben Bahla in der Vergangenheit landesweit berühmt gemacht: die Indigofärberei und die Töpferkunst. Das Rohmaterial für die Tuchfärberei bezog man aus Firq in der Nähe von Nizwa. Wenngleich in Firq und Bahla diese Gewerbe inzwischen ausgestorben sind, hat man staatlicherseits das Brauchtum der Keramikherstellung zu erhalten versucht. Im Jahre 1986 wurde eine Töpferei in Bahla eröffnet, in der junge Omanis das traditionelle Handwerk wieder erlernen können. Ihre Produkte kann man in der Nähe des al-Ahya-Restaurants an der Hauptstraße erwerben, sie werden aber auch in den Souvenirläden von Muscat und Nizwa angeboten.

 Untere Preiskategorie DZ um 19 OR: **Bahla Motel,** P. O. Box 187, Bahla 612, Tel. 42 02 11, Fax 42 02 12, sechs Zimmer, ein Restaurant, einfache, saubere Unterkunft, 3 km außerhalb an der Route 21 Bahla–Nizwa; **Restaurants mit omanisch-indischen Gerichten** befinden sich an den meisten Tankstellen

In den Jebal Akhdar

Nördlich von Bahla zweigt nach etwa 8 km eine Straße in das **Wadi Ghul** und zu den Städtchen al-Hamra und Misfah ab. Der Oasenort **al-Hamra** geht auf die Regierungszeit des Imam Saif bin Sultan I. (1692 bis 1711) zurück. Ende des 17. Jh. siedelte er hier Angehörige des Abriyin-Stammes an, die heute auch noch in Misfat al-Abriyin 7 km weiter in den Bergen des Jebal Akhdar leben. Al-Hamra bedeutet »die Rote«, eine arabische Bezeichnung, die sich auch in dem hispanisierten Begriff der Alhambra von Granada wiederfindet und die auf die Farbgebung der Ziegelbauten anspielt.

Die aus alten, großenteils aufgegebenen Lehmziegelhäusern bestehende Stadt wurde durch drei Wachtürme gesichert, während man sich im Ort aus den festungsartig geschlossenen Wohnbauten durch Schießscharten im Erdgeschoss zu verteidigen suchte.

An der Hauptstraße entlang des *Falaj*, den das Wadi Ghul speist, liegt die alte Moschee und der ummauerte Suq, der inzwischen seine Funktion verloren hat, weil sich die meisten Händler in dem neuen Stadtteil von al-Hamra angesiedelt haben. Die Bewohner des Ortes leben hauptsächlich von der Landwirtschaft, die Datteln, Zitrusfrüchte, Gemüse und Tierfutter hervorbringt, wodurch auch Rinder- und Ziegenherden ihr Auskommen haben.

Über Serpentinen windet sich von al-Hamra eine Piste in die Berge hinauf in den malerischen Ort **Misfah.** Stünde nicht vor den Toren der Stadt das moderne Al-Misfah Tourism Centre auf einem Plateau, von dem man einen wunderbaren Blick ins Tal werfen kann, ließe sich vermuten, hier sei die Zeit vor einigen Hundert Jahren stehen geblieben.

Durch schmale, verwinkelte Gassen, die, von mehrstöckigen Steinhäusern eingerahmt, angenehm schattig und kühl sind, gelangt man auf unterschiedlichen Wegen zu den *Falaj*-bewässerten Gartenterrassen am Ortsende. Vorbei an einem Wasserbecken, in dem sich mehrere *Falaj*-Kanäle sammeln und das die einheimischen Jungen an heißen Tagen zu ihrem Plantschbecken umfunktionieren, taucht man in ein Idyll ein, dessen Stille nur von den gurgelnden Kaskaden des reichlich sprudelnden Wassers unterbrochen wird. Auf zum Teil winzigen Parzellen, die von den Bewohnern in mühevoller Arbeit an den Berghängen angelegt und so kunstvoll terrassiert wurden, dass die Kanäle den letzten Winkel des dem Berg abgetrotzten Bodens erreichen, wachsen Mangos, Limetten und Orangen. Wie in alten Zeiten werden die Limetten noch heute auf den Parzellen getrocknet und in den Suqs des Landes verkauft.

Die Zahl der nach Misfah reisenden Touristen ist so stark angestiegen, dass die Bewohner sich zunehmend in ihrer Privatsphäre gestört sahen. Einige Reiseführer raten daher von einem Besuch des Ortes ab. Für kleinere Gruppen ist nach Rück-

Blick in das Tal von Misfah

Zum Jebal Shams

sprache mit den altehrwürdigen Herren, die sich zumeist im Schatten vor dem Lebensmittelladen am Stadttor zu einem Plausch zusammengesetzt haben, ein diskreter Rundgang möglich. Die Hinweistafeln, die auf Privatbereiche aufmerksam machen und beschildern, welche Bezirke allein Frauen vorbehalten sind, sollten keinesfalls übersehen werden.

An der Shell-Tankstelle in al-Hamra biegt die Straße ins Wadi Ghul ab, die weiter auf eine Schotterpiste zum Jebal Shams führt, dem mit 3009 m höchsten Berg des Oman. Zunächst erreicht man nach 6 km den 1989 für umgerechnet 6 Mio. DM fertig gestellten Wadi-Ghul-Damm, der dazu dient, die seltenen, aber mitunter sintflutartigen Regenmassen zu stauen und so den Versickerungseffekt in die unterirdischen Wasser führenden Schichten zu erhöhen, die den

Falaj von al-Hamra und die Brunnen und Bewässerungssysteme bis Bahla speisen.

Einige Kilometer weiter ist von ferne die verlassene Siedlung **Ghul** zu sehen. Aus Lehm und Natursteinen erbaut, fallen die Ruinen erst beim zweiten Hinsehen ins Auge. Reste einer Befestigungsmauer führen den Blick bergauf, wo verfallende Gebäude einer weiteren, noch älteren Siedlung stehen. Am Rande des Wadi-Bettes erstreckt sich ein Palmenhain mit Gemüsefeldern, die noch heute bewirtschaftet werden.

Auf der Weiterfahrt bis zum 30 km entfernten Sicherheitsposten der Royal Air Force of Oman (RAFO) bieten sich hinter jeder Haarnadelkurve neue, atemberaubende Blicke auf die Berglandschaft. Straßenschilder mit Ortsnamen deuten darauf hin, dass es selbst hier oben in der kargen Gebirgswelt noch Dörfer gibt. In einigen davon gehen die Menschen noch dem traditionellen Handwerk der Teppichweberei nach und bieten die Produkte an Verkaufsständen links und rechts der Piste zum Kauf an. Für einen kleineren Kelim von knapp 2 m² zahlt man um die 100 DM; beharrliches Feilschen und Grundkenntnisse arabischer Zahlen sind Voraussetzung für einen erfolgreichen Handel.

Vor dem militärischen Sperrgebiet der RAFO zweigt rechts ein Weg nach Heil und al-Khateem ab. Folgt man der Piste über 4 km, so erreicht man schließlich das auf 2000 m liegende Hochplateau am **Jebal Shams** (Sonnenberg), von dem sich der Blick in den ›Grand Canyon‹ des Oman erschließt. Schwindelfreie können in das 1000 m tiefer liegende Tal des **Wadi Nakhr** schauen, während andere sich mit der Aussicht auf den Jebal Shams begnügen werden. Dass die Felsformation, auf der man steht, einst auf dem Meeresgrund lag, beweisen die fossilen Einlagerungen, die in Form von Korallen, Schnecken und Muscheln im Gestein zu erkennen sind. Sie sind um die 250 Mio. Jahre alt.

Auf der Rückfahrt zur Route 21 ist 4 km vor der Schnellstraße der Ort Qalat al-Masalha ausgeschildert. Die Piste führt nach 16 km zum Weiler Hoti, in dessen Nähe sich das **al-Hoti/al-Fallah-Höhlensystem** befindet. Manche der bizarren Tropfsteinformationen in dem unterirdisch verlaufenden Wadi sind bis zu 5 m mächtig. In Seen sieht man blinde, fast pigmentlose Fische *(Garra barreimiae)*, die mit Hilfe besonders lang ausgebildeter Bartfäden ihre Nahrung suchen. Eine Besichtigung der neben der Khoshilat-Maqandeli-Höhle (Majlis al-Jinn) zweitgrößten Höhle des Oman ist nur mit entsprechender Ausrüstung (Taschenlampe, Sicherheitshelm, festes Schuhwerk etc.) und unter fachlicher Führung ratsam (Veranstalter: Debeek Tours, P. O. Box 517, Muscat 113, Tel. 6985 55, Fax 69 82 63; Oman Geo-Consultants, P. O. Box 194, Shati al-Qurum 134, Jawharat a'Shati, Tel. 60 08 75, Fax 60 09 17, E-Mail: omangeo@omantel.net.om).

Die verfallene Ortschaft **Tanuf,** etwa 20 km vor Nizwa, wurde zum Ende des Jebal-Akhdar-Aufstands Ziel eines Luftangriffs durch die britische und omanische Armee. Mit der Zerstörung von Tanuf war eine der letzten Bastionen der rebellischen Anhänger um Talib und Ghalib bin Ali ausgehoben und die Widerstandsbewegung gegen den Sultan in Muscat gebrochen. In Tanuf wird seit 1979 das Tanuf-Mineralwasser abgefüllt. Über 600 000 Flaschen verlassen monatlich die Fabrik.

Nizwa

Nizwa im Herzen der Dakhliya-Region ist seit Jahrhunderten ein politisches, kulturelles, religiöses und wirtschaftliches Zentrum des Oman gewesen. Durch die strategisch günstige Lage hatten sich schon in vorislamischer Zeit arabische Stämme aus dem Jemen hier angesiedelt. Erste Erwähnung findet der Ort in der Chronik des Muhammad bin Sa'd (845), die berichtet, dass im Jahre 630 n. Chr. ein Bote des Propheten nach Nizwa kam, um den Julanda-Herrschern Abd und Gaifar einen Brief zu übergeben, in dem diese aufgefordert wurden, dem Islam beizutreten.

Der erste Imam der Julanda-Dynastie, Imam Julanda bin Masud (751), sah in der ibaditischen Lehre eine Möglichkeit, die Stämme des Oman zu einen und machte Nizwa zum Zentrum der ibaditischen Glaubensrichtung. Nizwa blieb bis zur Verlegung der Hauptstadt nach Bahla im 12. Jh. über annähernd vier Jahrhunderte politisches Zentrum und Wahlort der Imame. Der erste Herrscher der Ya'aruba-Dynastie wurde 1624 ebenfalls in Nizwa zum Imam erhoben. Zur Sicherung der Kontrolle über das Landesinnere ließ sein Nachfolger Imam Sultan bin Saif I. (1649–68) das Fort von 1656 bis 1668 erweitern und mit einem gewaltigen Rundturm versehen.

Die Oase, in der heute noch über 25 000 Dattelpalmen stehen, entwickelte sich entlang zweier Wadiläufe, dem Wadi Abyadh und dem Wadi Kalbuh, die insgesamt 89 *Aflaj*-Systeme speisen. Der Falaj Daris, der größte und wichtigste im Oman, bewässert nicht nur große Teile der 8 km^2 weiten Oasengärten, in denen auch Zitrusfrüchte, Mangos, Baumwolle sowie die verschiedensten Gemüsesorten gedeihen, sondern sichert auch die Wasserzufuhr von Stadt und Festung.

Heute ist Nizwa das administrative Zentrum der 60 000 Einwohner zählenden Region. Wie viele alte Siedlungen im Landesinnern besteht es aus zwei getrennten Stadtteilen, in denen verschiedene Stämme leben. Sie zählen sich zu den untereinander verfeindeten ›Urstämmen‹ des Oman, den Ghafiri und den Hinawi. In der Oberstadt Alaya leben hauptsächlich Stammesangehörige der Bani Riyam in ihrem Viertel

Samad al-Kindi, die Unterstadt Sufala wird von den Bani Hina bewohnt. Der Suq, die Freitagsmoschee und das Fort befinden sich im weit größeren Bereich von Sufala, während Alaya auf der gegenüberliegenden Wadi-Seite kaum touristische Attraktionen bietet.

Qalah, der mächtige Turm des **Forts** (tägl. 7.30–17, Fr 12–13 Uhr geschl.) des Imam Sultan bin Saif I. (1649–68), und die Zwiebelkup-

Bahla, al-Hamra, Jabrin

Sur

Wadi al-Abyad

Bus Stop

Neues Geschäftsviertel

Masjid Sultan Qaboos Freitagsmoschee

Nizwa Sufala (Unterstadt)

Taxi

P

Qalah/Fort

West-Suq

Muscat, Salalah, Nizwa Hotel

Ost-Suq

Postamt

NIZWA ALAYAH (OBERSTADT)

Handwerks-Suq

Fleisch-Suq

P

Frucht-und Gemüse-Suq

Fisch-Suq

P

WC Damen

N

WC Herren

Vieh-Suq

In der Altstadt von Nizwa

peln der modernen Freitagsmoschee überragen von weit her sichtbar die Silhouette der Stadt. Auf den Ruinen eines alten Wachturms der Nabha-ni-Dynastie entstand eine ummau-erte, querrechteckige Fortifikation (*Husn*), an deren östlicher Schmal-seite ein Artillerieturm mit 43 m Durchmesser (*Qalah*), das Haupt-bollwerk der Feste, angegliedert ist. Der Turm ist bis zu einer Höhe von 14 m mit Sand gefüllt, um im Falle eines Beschusses möglichst lange

den feindlichen Kanonenkugeln standhalten zu können. Die Platt-form für die Geschütze wurde bis auf 24 m hochgezogen, um einer-seits die Reichweite des eigenen Ka-nonenfeuers zu vergrößern und an-dererseits das Risiko, vom Bestrich der Angreifer getroffen zu werden, zu minimieren.

Über ein enges Treppenhaus im Turm, das auf den Zwischenetagen durch vier massive Türen zusätzlich gesichert war, gelangt man auf die Plattform und erreicht über drei doppelläufige Treppenanlagen ei-nen etwa 10 m höheren Wehrgang, der einen Panoramablick über die ausgedehnte Oase bis zu den Bergen des Jebal Akhdar freigibt.

Im Festungsgeviert sind zahlreiche Räume zugänglich, die einst als Wohn-, Wirtschafts- und Lagerräume für Proviant und Waffen dienten. Selbst bei einer längeren Belagerung wird die Besatzung kaum an Wassermangel gelitten haben, denn neben einem unterirdisch verlaufenden *Falaj*, der theoretisch von Feindeshand hätte vergiftet oder umgeleitet werden können, besitzt das Fort sieben zusätzliche Brunnen.

In einem Raum gleich hinter dem Eingang sind die Renovierungsarbeiten dokumentiert, die seit Mitte der 80er Jahre am Fort vorgenommen wurden.

Der **Suq** von Nizwa wurde für die Feierlichkeiten des Nationaltages im Jahre 1994 so gründlich saniert, dass er bei westlichen Besuchern Erinnerungen an ein Museumsdorf oder an ein Freilichttheater wachruft. Aber auch in der Atmosphäre einer omanischen Fußgängerzone lässt sich Authentisches und Originelles entdecken, lassen sich die Gerüche, die Farben und die Menschen eines orientalischen Basars wiederfinden, insbesondere wenn man freitagmorgens den Tiermarkt aufsucht.

Nizwa erhielt für diese Form der Stadterneuerung den Städtepreis einer Organisation, der sich 14 arabische Länder angeschlossen haben. Im Oman ist man stolz auf die prämierte städteplanerische Leistung, zumal immer wieder betont wird, die ›Renovierung‹ sei unter Anwendung traditioneller Baumaterialien (*Saruj*, einem Mörtelgemisch aus Sand und Lehm) und unter Berücksichtigung historischer Pläne geschehen.

Dies kann jedoch nicht darüber hinwegtäuschen, dass bis auf Teile der westlichen Stadtmauer und eines kleinen Bereichs im **Ost-Suq** alles neu errichtet wurde; fein säuberlich mit einem Bodenbelag aus Betonsteinen und modernen Straßenlaternen. Lediglich ein paar alte Bäume ließ man stehen. Dennoch kann man hier vortrefflich schlendern, im Schatten auf Bänken verweilen und vorbeieilende Omanis beobachten, die auf dem Weg von den Gemüse-, Fleisch- und Fischsuqs schwer an gefüllten Plastiktüten tragen.

Der Nizwa-Suq war seit alters her berühmt für sein Kupferhandwerk und seine Silberwaren. Noch heutzutage gehen im **Handwerker-Suq** einige Meister ihren überlieferten Berufen nach. Ihre Werkstätten sind zwar selten geöffnet, aber mit etwas Glück kann man beobachten, wie *Khanjars* und silberdurchwirkte Herrengürtel gefertigt werden. Zahlreiche Antiquitätenläden bieten alten Silberschmuck, Mariatheresientaler, Krummdolche und Schwerter an.

Die Antiquitäten kaufen nur Touristen; ein Omani würde nie einen gebrauchten Krummdolch tragen, die meisten omanischen Frauen bevorzugen schon lange weniger folkloristisches Geschmeide aus hochkarätigem Gold. Wer auf Souvenirsuche ist, wird im Nizwa Suq mit Sicherheit fündig. Von kupfer-

und messingbeschlagenen Holztruhen reicht das Angebot zu weniger sperrigen Korbwaren, von Töpfereiprodukten aus Bahla bis hin zu Gesichtsmasken, wie sie die Bedu-Frauen tragen. Auch wenn viele Waren mit Preisen ausgezeichnet sind, ist es durchaus üblich zu handeln.

Freitags werden im nahe gelegenen Tiermarkt Ziegen, Schafe und Kühe zum Verkauf feilgeboten. Die Landbevölkerung aus der Umgebung reist morgens früh in Pick-ups an und stellt ihre Zuchtergebnisse in einem gepflasterten Rondell einem kaufinteressierten Publikum vor. Alles geht nach alten, festgelegten Regeln vor sich. Die Verkäufer ziehen

Viehmarkt in Nizwa

mit ihren Tieren im Kreise an den kritischen Gutachtern und dem Marktvorsteher vorbei, während Kaufinteressierte drumherum stehen und Preisangebote machen.

Aber nicht nur die Rituale in der ›Arena‹ sind ein interessantes Szenario, auch im Hintergrund des Hauptschauplatzes lassen sich orientalische Impressionen wahrnehmen. Bedu-Frauen sitzen mit ihren Ziegen im Schatten, Grünfutter für die Tiere wird herbeigeschleppt und Kinder tollen umher.

Südlich von Suq und Fort erstreckt sich die Altstadt von Nizwa mit stattlichen, mehrstöckigen Wohnhäusern aus Naturstein und Lehmziegeln, die meistenteils verlassen sind. Auf einem Rundgang durch die schattigen Gassen lässt sich noch so manche kunstvoll geschnitzte Haustür entdecken, sieht man mit Lehm-›stuck‹ verzierte Hausfassaden.

Obere Preiskategorie DZ 38 OR plus 17 % Steuern: **Nizwa Hotel,** P. O. Box 1000, Nizwa 611, Tel. 43 16 16, Fax 43 16 19, etwa 20 Autominuten außerhalb der Stadt, 40 großzügige Zimmer, Pool, zwei Restaurants, Bar, lizenziert; *mittlere Preiskategorie DZ 30 OR plus 17 % Steuern:* **Falaj Daris Hotel,** P. O. Box 312, Nizwa 611, Tel. 41 05 00, Fax 41 05 37, 10 Autominuten außerhalb des Zentrums, 25 Zimmer, Pool, Restaurant, Bar, lizenziert

Gehobene Preiskategorie 5 bis 10 OR: **al-Fanar,** im Falaj Daris Hotel, Tel. 41 05 00, internationale Küche, lizenziert, Fr–Sa 6.30–23 Uhr; **Birkat al-Mauz,** im Nizwa Hotel, Tel. 43 16 16, internationale Küche, lizenziert,

Fr–Sa 6.30–23 Uhr; *mittlere Preiskategorie 5 OR:* **Pizza Hut,** Tel. 41 20 96, neben dem Falaj Daris Hotel, Pizzeria; **Arab World Restaurant,** nahe dem Falaj Daris Hotel, arabische Gerichte; **al-Aqar Restaurant,** Tel. 41 10 43, zwischen Gemüse- und Silber-Suq im Zentrum, omanische Küche in folkloristischem Ambiente, Sa–Do 6.30–21.30, Fr 6.30–12, 13–21.30 Uhr; **Bin Atique Restaurant,** Tel. 41 04 66, im neuen Geschäftszentrum nahe dem Suq, traditionelle omanische Küche, tägl. 8.30–0.30 Uhr; *untere Preiskategorie 2–3 OR:* im neuen Geschäftsviertel in der Nähe des Suq gibt es einige einheimische Restaurants und Coffee Shops; ebenso am ersten Kreisverkehr auf der östlichen Wadi-Seite im Stadtteil Nizwa Alaya

 An der Route 21 Richtung Bahla, Tel. 42 50 99, Notruf Tel. 9 99

 Nizwa Hospital, an der Route 21 Richtung Bahla, Tel. 42 50 33

 Wechselstuben befinden sich im neuen Geschäftszentrum in der Nähe des Suq

 Im Ost-Suq, neben dem Handwerks-Suq, Sa–Mi 7.30–13.30, Do 9–11 Uhr

 Tägl. drei Busverbindungen mit der ONTC nach Muscat/Ruwi um 8, 10 und 18 Uhr; nach Ibri auch dreimal tägl. um 10.30, 17 und 19 Uhr

Abstecher nach al-Faiqain und Manah

Vom Nizwa-Kreisverkehr führt die Route 31, die längste Straße des Oman, nach wenigen Fahrminuten zu einigen alten Ortschaften am Rande der großen, unwirtlichen Kieswüste, die den Norden des Landes vom südlichen Dhofar trennt.

In Höhe der Ortschaft Firq, die früher einmal ein Zentrum der Indigo-Färberei war, zweigt eine Straße nach al-Faiqain und Manah ab. In **al-Faiqain** steht eines der außergewöhnlichsten Forts des Oman. Die Ursprünge der Festung sollen auf das frühe 17. Jh. zurückgehen, als Sheikh Masud bin Mahmud bin Sulaiman Al Bu Said die fünfstöckige Burg errichten ließ, um die *Aflaj*-bewässerten Felder und die dazugehörige Siedlung zu sichern. Die Anlage besteht aus zwei Gebäudeteilen, die nur im Untergeschoss miteinander verbunden sind. Vom ersten Stock erreicht man die weiteren Etagen in jedem Turm über zwei separate Treppenanlagen, wodurch eine Besichtigung der gesamten Feste mit etwas mehr Fußarbeit verbunden ist.

Eine Besonderheit der Burg von Faiqain sind zwei Windtürme, die nach persischem Vorbild wie Schornsteine über die obersten Geschosse herausragen und gewissermaßen als ökologische Klima-Anlagen dienten. Durch die Zufuhr frischer Außenluft in die Türme verdrängten die abfallenden kühleren Luftmassen die aufgestaute Wärme im Innern. Es ist ratsam, sich vorher zu erkundigen, ob das Fort besichtigt werden kann (Tel. 60 25 55).

Das verfallene Fort im 3 km entfernten **Manah** soll auf sassanidische Ursprünge bis ins 6. Jh. zurückgehen. Die ummauerte, ausgestorbene

Altstadt war einst von zwei 50 m hohen Wachtürmen geschützt, von denen sich heute nur noch einer mühsam in der Vertikalen hält. Alt-Manah ist schon lange verlassen, man wohnt jetzt in neuen, klimatisierten Häusern nebenan. Bei einem Rundgang durch die Ruinenstadt, die als Karawanenstation und fruchtbare Oase mit Zuckerrohranbau reich geworden ist, mag man von Nostalgie ereilt werden, denn das geschlossene Ensemble des historischen Zentrums könnte so romantisch sein, wenn es noch mit Leben gefüllt wäre.

Ein historisches Bauwerk von Manah hat man jedoch in den 80er Jahren restauriert: Die Freitagsmoschee im Süden außerhalb der Stadtmauern ist ein typisches Beispiel ibaditischer Sakralarchitektur, die von äußerster Schlichtheit geprägt war. Ibaditische Moscheen kamen fast immer ohne ein hohes, überkuppeltes oder anderweitig verziertes Minarett aus. Einzige Schmuckform waren mit Koranversen und Ornamenten versehene Mihrab-Nischen, die in Lehm- oder Stuckarbeit ausgeführt wurden.

Der prachtvolle Mihrab der Freitagsmoschee von Manah trägt über der Gebetsnische eine zweizeilige Inschrift, die auch den Namen des Künstlers wiedergibt, der die Arbeiten ausführte. 1534/35 war Isa bin Abdulla bin Masud bin Saif al-Bahlawi hier am Werke. Eine weitere, wenn auch viel kleinere Gebetsnische ist in die äußere Ostwand eingearbeitet. Sie ist für Gläubige vorgesehen, die ihre Andacht im Freien verrichten. Moscheen darf man als Andersgläubiger im Oman nur betreten, wenn man von einem Muslim dazu aufgefordert wird.

Von Birkat al-Mauz nach Izki

Die Weiterfahrt nach Muscat führt über die Route 15, die bei Firq wieder erreicht ist. Die ausgedehnte Oase am Wadi Muaydin, **Birkat al-Mauz,** der »Bananen-Plantagenpfuhl«, wurde vom Ya'aruba-Imam Saif bin Sultan I. (1692–1711) gegründet. Auf ihn geht auch der Bau des Forts Bait al-Rudaidah (Sa–Mi 8–13, 16–18 Uhr, Eintritt frei) zurück, das den wichtigen Zugang ins Wadi Muaydin und den ihm folgenden alten Karawanenweg entlang des Jebal Akhdar bis in die Batinah-Ebene sichern sollte.

Während des so genannten Jebal-Akhdar-Aufstands (1954–59) war die Festung – ebenso wie Tanuf – ein wichtiger strategischer Rückzugspunkt für die Verbündeten des Imam Ghalib bin Ali aus Nizwa gegen den Sultan in Muscat. Mit Unterstützung des britischen Militärs wurden schließlich die Festungen von Nizwa, Firq und auch Birkat al-Mauz eingenommen. Ende der 80er Jahre wurde die Festung wieder hergestellt. Eine äußere Umfassungsmauer mit einem Nordwestturm umschließt die Feste.

Zum alten Ortsteil von Birkat al-Mauz gelangt man über einen

Bei Birkat al-Mauz

Schotterweg, der an einem alten, auf einem Hügel thronenden Wachturm vorbeiführt. Schon von der Straße ist die erhöht auf einen Bergrücken gebaute Siedlung zu erkennen. Das Ensemble ist malerisch, aber nicht mehr intakt. In der Ebene liegen die noch bewirtschafteten, ummauerten Palmen- und Gemüsegärten, darüber erhebt sich der historische Ortskern, der kaum noch bewohnt ist.

Durch zwei Befestigungstore gelangt man in ein fast ausgestorbenes Bergdorf, in dem das *Falaj*-System zwar noch funktioniert, in dem aber die meisten der zwei- bis dreistöckigen Lehmziegelhäuser zusammenfallen. Getreppte Gassen führen auf den Berg, hoch oben wacht über allem ein zusätzlicher Wehrturm. Eine Satellitenschüssel lässt erkennen, dass doch noch irgendwo Menschen wohnen müssen. Es riecht nach Holzkohlefeuer und tatsächlich, man hört ferne Schritte und Kinderlachen. Das Plätschern des *Falaj* ist überall gegenwärtig. Plötzlich steht man vor einem Fenster, hinter dem eine Frau mit Töpfen hantiert. Spätestens jetzt weiß man, dass man in seinem neugierigen Erkundungsdrang doch etwas zu forsch war und tritt den Rückzug an.

Dass **Izki** einer der geschichtsträchtigeren Orte des Oman ist, scheint eine neu-assyrische Inschrift von 640 v. Chr. auf einer Ischtar-Stele aus Niniveh zu belegen. Der Text gibt Auskunft darüber, dass Pade, der König des Landes Qade (Oman), in Iske/Izki lebte und dem neu-assyrischen Herrscher Assurbanipal (668 bis 629 v. Chr.) reichen Tribut zollte, um die friedlichen Beziehungen zwischen beiden Ländern zu erhalten. Tatsächlich erbrachten Untersuchungen auf den Hügeln westlich der Hauptoase eisenzeitliche Funde, jedoch ist archäologisch bisher noch nichts näher geklärt.

Während sich das moderne Izki in der Ebene am Wadi Halfayn immer mehr ausbreitet, liegt die alte Siedlung auf einer Anhöhe westlich des Flussbetts. Wie viele historisch gewachsene Orte im Oman bestand das Zentrum aus zwei separaten, nun weitestgehend aufgegebenen Stadtquartieren, in denen sich zwei verfeindete Stammesgruppen voneinander abgegrenzt hatten. Die Angehörigen der Ghafiri und der Hinawi, seit Urzeiten miteinander im Zwist, bewohnten ihre eigenen, mit einer Stadtmauer umgebenen Stadtviertel, während zwischen den in sich abgeschlossenen Bereichen der *Wali* in seiner Feste für Ruhe und Ordnung sorgte.

Die verfallene Burg soll aus der ersten Hälfte des 19. Jh. stammen. Mit noch etwa 12 m anstehenden Mauern und Eckbastionen aus Wadi-Kieseln und Lehm ist die Festung ein imposantes Monument vergangener kriegerischer Zeiten, als sowohl die Scharmützel zwischen den Ghafiri und Hinawi als auch die Hauptverkehrsader der heutigen Route 15 zwischen Nizwa und der Küste unter Kontrolle gehalten werden mussten.

Während das südliche Stadtviertel jenseits der modernen Moschee teilweise noch bewohnt wird und das Gemisch aus Wellblech, Ytongsteinen und alten Lehmziegelmauern wenig pittoresk anmutet, steht das kleinere, nördliche Quartier heute völlig leer und bietet sich zu einem nostalgischen Rundgang an. In den ungewöhnlich rechtwinklig angelegten Gassen kann man die Ruinen einer alten Moschee entdecken, kommt an bescheidenen und auch stattlichen, mehrstöckigen Bauten vorbei. Vom Wehrgang der Stadtmauer lässt sich ein weiter Blick auf die ausgedehnten Oasengärten und das dahinter liegende Gebirge genießen. Das Wadi Halfayn, das die 120 *Aflaj* der Umgebung speist, gilt als eines der wasserreichsten im Oman. Der Haupt-*Falaj* al-Malki soll von Malik bin Fahm, dem legendären Anführer des aus dem Jemen eingewanderten Azd-Stammes angelegt worden sein und müsste somit aus dem 4. Jh. v. Chr. datieren.

 Izki Hospital, Tel. 34 00 33

 An der Hauptstraße/Route 15 gibt es zahlreiche Food-Stuff-Läden und einfache (untere Preiskategorie um 1–2 OR) Restaurants, die leckere *Biriyanis* und *Curries* zubereiten.

 Royal Oman Police Izki, Tel. 34 00 99, Notruf Tel. 9 99

Tägl. morgens eine Busverbindung nach Muscat/Ruwi, Auskunft Tel. 70 85 22, 70 12 94

Von Manal nach Sumail

Von Izki nach **Manal** sind es ungefähr 30 km. Über die alte Oasensiedlung und die Nachbargemeinde Biag wachen sieben Türme entlang des Wadi Qurai. Der historische Kern von Manal wurde schon vor langer Zeit aufgegeben, so dass von den verfallenen Resten der Häuser nur noch ein paar Ruinen aus der malerischen Bergkulisse herausragen. Die al-Qasr-Moschee, deren Qibla-Wand eine kunstvoll ausgeschmückte Gebetsnische mit eingelassenen chinesischen Porzellanen ziert, ist in fast jedem Reiseführer als touristische Attraktion vermerkt.

Offenbar sind in der Vergangenheit auch zahlreiche Schaulustige hier erschienen, denn die Kinder des Ortes fragen jeden Fremden, ob er die Masjid sehen wolle. Dann weisen sie den Weg über eine kleine Brücke und ein Privatgrundstück hinweg bis zum Dorfende. Dort steht die Moschee am Fuße des Hajar-Gebirges, ist aber seit kurzem renoviert und außerhalb der Gebetszeiten verschlossen. Da sie der Öffentlichkeit nicht mehr zugänglich ist, gibt es also keinen Grund, die kleine Gemeinde in ihrer Alltagsruhe zu stören.

Das **Wadi Qurai** ist im Sommer ein beliebtes Naherholungsziel der Städter der Capital Area. Am Rande des Flussbetts kann man Spaziergänge entlang des *Falaj* unternehmen, höher gelegene Wadi Pools werden zum Picknicken und Baden aufgesucht.

Am **Sumail-Pass** bietet sich die Möglichkeit, ostwärts Richtung Route 23 abzubiegen, die nach Ibra und Sur führt. Das Wadi Sumail teilt das Hajar-Gebirge in zwei Bergketten, in das westliche Hajar-Gebirge mit dem ›grünen‹ Jebal Akhdar und in das östliche Hajar-Gebirge, dessen höchster Berg der Jebal Bani Jabir ist. Dank der annähernd 200 *Falaj*-Systeme ist das Sumail-Tal mit 55 Dörfern sehr fruchtbar. Neben dem traditionellen Hauptexportprodukt, der berühmten al-Fard-Dattel, werden hier Zitrusfrüchte, Gemüse und Tierfutter angebaut.

In der Altstadt von **Sumail** thront die alte, der Öffentlichkeit nicht zugängliche Feste auf einem Felsen über der Siedlung. Bis vor einiger Zeit war sie noch Sitz des *Wali* und beherbergte eine Koranschule. In Sumail wurde angeblich die erste Moschee des Oman von einem gewissen Mazin bin Ghadubha gebaut, der in der Nähe des Fort begraben liegt. Die Masjid al-Midmar hinter dem alten Suq wurde erst kürzlich so gründlich restauriert und rekonstruiert, dass man ihr das hohe Alter nicht mehr ansieht.

Ost-Hajar, Wahiba Sands und die Ostküste

An den Rand der Wahiba Sands

Von Quriyat nach Ras al-Hadd

Bergsilhouette bei Bidbid

Ost-Hajar, Wahiba Sands und die Ostküste

Die Oasen Fanja und Bidbid. Wanderung im Wadi Tayin. Samad ash Shan und Lizq, zwei archäologische Fundorte, gaben zwei Kulturperioden ihre Namen. Vom Markt der Frauen in Ibra zu den steinernen Grabtürmen auf dem Jebal Bani Jabir. Al-Mudairib, al-Qabil und al-Mintirib: Oasen am Rande der Wahiba Sands. Erkundungen im Wadi Bani Khalid. Entlang der Ostküste nach Qalhat, zur Hafenstadt Sur und zu den Meeresschildkröten bei Ras al-Junayz.

An den Rand der Wahiba Sands

Karte S. 102/103

Fanja und Bidbid

Das Hajar-Gebirge, das sich im Norden des Oman von Musandam über 640 km bis kurz vor die östlichste Landspitze bei Ras al-Hadd erstreckt, wird durch eine breite, über 70 km lange Senke, den so genannten Sumail Gap, in zwei Bergketten geteilt: den West-Hajar mit dem ›grünen‹ Jebal Akhdar und den Ost-Hajar, dessen höchste Bergkette der Jebal Bani Jabir mit über 2200 m ist.

Entlang dieser Talsenke, in der auch das Wadi Sumail und andere Wadis sich ihre Betten gesucht haben, führten seit Urzeiten die wichtigsten Verkehrs- und Handelswege

von der Küste in das Hinterland. Die Oase **Fanja,** der erste größere Ort, den man nach Verlassen der Hauptstadt passiert, nahm jahrhundertelang eine strategisch wichtige Position am gleichnamigen Wadi ein. Die militärische Bedeutung ist an zahlreichen Wachtürmen erkennbar, die um die alte Siedlung verteilt sind.

Dort, wo bis vor nicht allzu langer Zeit Trampelpfade verliefen, führt heute eine Schnellstraße durch eine kahle, grau bis rosafarbene Fels- und Gerölllandschaft, die sich 33 km nachdem man den Sahwa-Tower-Kreisverkehr in Nähe des Flughafens Seeb verlassen hat, unvermittelt ändert. Vor Fanja gedeihen üppige Palmenhaine in der Ebene, im Hintergrund staffelt sich nun eine sehr viel abwechslungsreichere Bergkulisse.

Der historische Ortskern von Fanja liegt rechts hinter der 270 m lan-

Wachturm in der
Oase Fanja

gen Wadi-Brücke erhöht an einem Bergrücken, während das moderne Fanja sich in der Ebene um die ausgedehnten Plantagen ausgebreitet hat. Ein Rundgang durch das alte Fanja, das von einer Stadtmauer mit zwei Stadttoren geschützt ist, bietet nicht nur einen wunderbaren Ausblick auf die Umgebung, sondern auch Einblicke in die traditionelle Bauweise aus Naturstein und Lehm. Während der verlassene Suq und die Verteidigungswerke immer mehr dahinbröckeln, wurden einige der alten Wohnhäuser modernisiert und sind noch bewohnt. Dazwischen stehen zum Teil recht große Neubauten, ein Zeichen dafür, dass man die Wohnqualitäten in der luftigen Altstadt durchaus zu schätzen weiß.

Auch kleinere Gärten werden hier oben noch bewirtschaftet.

Zurück an der Hauptstraße, wartet der moderne Stadtteil mit zahlreichen Geschäften, Restaurants und einem bunten Markt auf. Hier bietet sich Gelegenheit, Proviant und Benzin für die Weiterfahrt aufzufüllen, oder einfach nur das orientalische Alltagsleben zu beobachten und ein *Biriyani* oder ein *Dhal* beim Inder zu essen.

Nach ein paar weiteren Kilometern ist **Bidbid** erreicht, eine ebenfalls bewehrte Oasensiedlung, die Teil des ausgeklügelten Überwachungssystems entlang der Sumail-Pass-Route war. Die auf Berghöhen platzierten Wachtürme im Großraum Bidbid werden auf 40 geschätzt. Das alte Fort liegt mitten im Ort zwischen *Aflaj*-bewässerten Palmengärten und Wohnquartieren, sodass Besucher ein leichtes Unwohlsein beschleicht, wenn sie unerwartet an Wasserstellen vorbeikommen, an denen Frauen und junge Mädchen gerade die Wäsche auf Steinen ausschlagen. Die Damenwelt wird mit schüchterner Zurückhaltung reagieren, die Kinder werden von der Abwechslung begeistert sein, ein paar sonnenbehütete Weißnasen zu sehen und ihre Englischkenntnisse testen.

Das Fort wurde Mitte der 80er Jahre restauriert, verfällt aber wieder zusehends und eine Besichtigung ist nur nach Voranmeldung beim Ministerium für Nationales Erbe und Kultur in al-Khuwair möglich (Tel. 60-25 55, 69 91 20).

Samad ash Shan und Lizq

Auf der Höhe von Bidbid zweigt die Route 23 nach Südosten Richtung Ibra und Sur in das Herz der Provinz Sharqiyah ab. Bald öffnet sich ein breites Tal mit Blick auf unterschiedlich hohe Bergketten – rechts der Straße das kiesige Wadi mit hohen Gräsern, links Palmenanpflanzungen, deren Blattspitzen im Sonnenlicht silbrig glänzen. Bei **al-Faukh** bieten Oasenbauern Obst und Gemüse an Straßenständen zum Verkauf an. Danach führt die Straße wieder durch eine braunschwarze, vegetationslose Mondlandschaft, an Gesteinsformationen vorbei, die wie Blätterteig verwittern. Akazienbäume und Buschwerk hier und da, aber die Umgebung bleibt einige Kilometer lang menschenleer und siedlungsfeindlich.

Die Route durchquert ein ausgetrocknetes Flussbett und linker Hand weist ein Schild den Weg in das **Wadi al-Tayin,** das nach 80 km mit der so genannten Teufelsschlucht aufwartet, die in das zwischen Quriyat und Daghmar in die Arabische See mündende **Wadi Dayqah** führt. Durch die Teufelsschlucht lässt sich ein fünf- bis sechsstündiger Fußmarsch (15 km) unternehmen. Am besten wandert man in zwei Gruppen, die sich von den jeweiligen Ausgangspunkten im Wadi Tayin (Ortschaft Tool) und Wadi Dayqah (Oase Mazara) aufeinander zu bewegen, um in der Mitte die Autoschlüssel auszutauschen und mit dem Fahrzeug der Freunde am Ende der Wanderung weiterzufahren.

Nach 17 weiteren Kilometern auf der Route 23 weist hinter der Shell-Tankstelle ein Schild nach Samad ash Shan Richtung Südwesten. Die Straße 27 verläuft durch eine flache Geröllebene, die beiderseits von Bergen eingerahmt ist, auf denen alte Wachtürme auszumachen sind. In **al-Rowdah** stehen zwei Festungen, eine renovierte und eine verfallene.

Man passiert **al-Akhdar,** eine ausgedehnte Siedlung mit betagten Wehrtürmen zwischen modernen Betonhäusern und Palmenplantagen. Im Ort sollen noch ein paar Weber ihrem traditionellen Handwerk nachgehen.

Samad ash Shan/al-Mamurah ist etwa 10 km weiter ausgeschildert. Der unbefestigte Weg führt durch das Dorf Samad in das **Wadi Samad.** Hier wurden in den 80er Jahren archäologische Untersuchungen durchgeführt, die Hinterlassenschaften der so genannten Samad-Kultur (4. Jh. v. Chr.–9. Jh. n. Chr.) zutage brachten. Man legte Reste einer Siedlung und einer dazugehörigen Festung frei, in deren Nähe mehr als 1000 Gräber identifiziert werden konnten. Die Toten hatte man in rechteckigen, unterirdischen Einzelgräbern aus Naturstein beigesetzt und ihnen Grabbeigaben wie Schmuck, Waffen und handgemachte, noch nicht scheibengedrehte Keramikgefäße dazugelegt, in die vereinzelt alte, südarabische Schriftzeichen eingeritzt waren, ein Phänomen, das auf die Einwanderung der al-Azd-Stämme aus dem

Jemen deutet. Inzwischen sind über 20 weitere Fundplätze bekannt, die darüber Aufschluss geben, dass die Azd-Siedler aus dem Jemen sich an der nord-omanischen Küste und im Landesinnern um den Sumail-Pass niederließen.

Von der Ortschaft Samad führt eine Schotterpiste nach **al-Maysar** (Schreibweise auf den Schildern: al-Muysar/al-Muyassar), in dessen Nähe Teilbereiche einer der größten Siedlungen aus der späten Umm an-Nar-Zeit (zweite Hälfte 3. Jt. v. Chr.) freigelegt wurden. Dass die Bewohner von Maysar-1 zu einem beträchtlichen Teil vom Kupferbergbau und der Kupferverhüttung lebten, haben die Funde etwa 1 km südlich der modernen Ortschaft al-Maysar gezeigt. An dem Bergrücken sind noch heute die geöffneten Minen zu erkennen, während weiter westlich die Fundamente der Siedlung liegen. In einigen der Gebäude entdeckte man Schmelzöfen, Wasserreservoirs, Schlacken und Schmelztiegel, die deutliche Hinweise auf die Kupfer verarbeitenden Aktivitäten ihrer Bewohner gaben.

Etwa 1 km südwestlich der Siedlung Maysar-1 hat man die Reste eines beachtlichen Rundbaus von gut 20 m Durchmesser freigelegt. Die Tatsache, dass er über zwei Gräbern aus der älteren Hafit-Periode errichtet worden war, deutet darauf hin, dass die Umgebung bereits seit der ersten Hälfte des 3. Jt. v. Chr. besiedelt war. Der Rundbau, in dessen Mitte sich ein 14 m tief in den Felsen abgetäufter Brunnen befand, wurde von den Ausgräbern als Fluchtburg gedeutet, in die sich die Anwohner bei Gefahr zurückziehen konnten.

Rund um Siedlung und Fluchtburg bestatteten die bronzezeitlichen Bewohner von Maysar ihre Toten in runden Steintürmen, die sie auf erhöhten Bergrücken anlegten. Die meisten davon wurden schon vor langer Zeit das Opfer von Grabräubern, aber zwei noch recht gut erhaltene Totenhäuser sind etwa 300 m nordwestlich der großen Fluchtburg zu erkennen.

Zurück auf der Route 27, weist ein Schild 17 km vor al-Mudaibi Richtung Osten nach Lizq. Eine Schotterpiste führt in die 2 km von der Hauptstraße entfernte Ortschaft. Wie Samad hat auch **Lizq** einer Kulturperiode ihren Namen verliehen. Die Eisenzeit (1200–300 v. Chr.) des Oman wird unter den Namen Lizq subsumiert.

Etwa 3 km außerhalb von Lizq thront östlich der modernen Ortschaft eine 70 m hohe Bergfeste. Vom Kreisverkehr im Dorf geht es links über eine kleine Brücke entlang der schattigen Plantagen. Dann folgt man dem Wadi-Bett durch Palmen, Akazien und mannshohe Grasgewächse. Die Strecke ist nicht leicht zu finden und eher für Allradfahrzeuge geeignet, aber sie lässt sich bei geschickter Fahrweise auch mit einem PKW bewältigen. Am Ortsanfang finden sich zumeist ein paar junge Leute, die gern mitfahren, um den Weg zu weisen, bis man vor dem fast kahlen, dunklen

Berg steht, auf den eine recht imposante Treppenanlage hinaufführt.

Die Ausgrabungen förderten eine fast vollständig erhaltene, 79-stufige Treppe zutage, die aus in Lehmmörtel verlegten Natursteinblöcken errichtet war. Am Treppenkopf sind noch Reste zweier Bastionen zu erkennen, die den Zugang zum Innern der Burg verteidigten. Die über 2 ha große Anlage ist bisher noch kaum untersucht.

Eine Siedlung in der Ebene konnte bislang nicht identifiziert werden, indes ist zu vermuten, dass die strategische Lage an einem wichtigen, nordsüdlich verlaufenden Weg in das Landesinnere Grund genug für die Sicherung der Umgebung gewesen sein wird.

Auf der Route 27 ist nach ein paar weiteren Kilometern **al-Mudaibi** erreicht. Der einst zweitgrößte Ort in der Sharqiyah hat im Laufe der Zeit vieles von seiner Bedeutung an das benachbarte Sanaw abtreten müssen.

Hinter dem Kreisverkehr, in dessen Mitte ein dreibogiges, in Beton gegossenes Architekturzitat zur Stadtverschönerung beizutragen versucht, gelangt man in die ummauerte Altstadt, die nicht ganz so verlassen ist, wie man dies zunächst vermuten würde. Selbst die weißen Neubauten haben die beinahe sienesisch anmutende Stadtsilhouette mit eckigen und runden erdfarbenen Türmen nicht wesentlich verfremden können.

Durch eines der alten Stadttore betritt man schmale, verwinkelte

In der Altstadt von al-Mudaibi

Gassen, geht an palastartigen, mehrstöckigen Stammessitzen vorbei, wird von im *Falaj* plantschenden Kindern neugierig betrachtet und einer im Schatten sitzenden Männerrunde freundlich begrüßt. Auf dem Marktplatz ist nicht mehr viel Betrieb, an einigen Ständen wird Obst und Gemüse feilgeboten, ein paar Gastarbeiter sind gerade dabei, grünes Viehfutter von einem Pick-up abzuladen. Wie eine breite Straße teilt das trockene Wadi-Bett die Stadt am Suq in einen nördlichen und einen südlichen Bezirk. Dass der Flussarm nach Regenfällen durchaus Wasser führt, beweisen die bogenförmigen Öffnungen, die in der Basis der Stadtmauer ausgespart wurden. Die Stadtbefestigung verläuft quer zur Flussrichtung und begrenzt den öffentlichen Platz im Westen und Osten durch zwei weitere Stadttore.

 An der Shell-Tankstelle vor al-Mudaibi befindet sich ein einfaches Restaurant und Café, das wohlschmeckende indische Gerichte anbietet, untere Preiskategorie 1–2 OR

 al-Mudaibi Police Station, Tel. 47 -80 99, Notruf Tel. 9 99

 Sanaw Hospital, Tel. 47 43 38

 Tägl. zwei Busverbindungen nach Muscat/Ruwi über Izki um 6 Uhr, über Samad um 7.20 Uhr

Sanaw

Dass die Oasensiedlung schon in vorislamischer Zeit ein bedeutender Marktflecken war, hat der Fund von über 700 Hartgeldstücken in der Altstadt gezeigt. Die historisch gewachsene Ortschaft mit wachturmbewehrten, ummauerten Stadtquartieren, die um eine ausgedehnte Plantage von über 18 000 Dattelpalmen verteilt sind, wurde durch die Umsetzung neuer Stadtplanungskonzepte während der letzten 20 Jahre immer mehr gelichtet und aufgegeben. Heute hat sich um den neuen Suq und das Hospital ein nüchtern modernes, aber durchaus geschäftiges Regionalzentrum entwickelt.

Für die Bedu der Wahiba Sands ist Sanaw schon immer ein wichtiges Zentrum gewesen, da sie dort während der Erntezeit den Oasenbauern zur Hand gehen konnten und sich damit ein willkommenes Zubrot verdienten. Darüber hinaus bot ihnen der Freitagsmarkt Gelegenheit ihre Kamele und Webarbeiten zu verkaufen. Viele vormals nicht sesshafte Bedu-Familien haben sich mittlerweile in Sanaw niedergelassen und gehen nun ganz ›bürgerlichen‹ Berufen nach. Der Freitagsmarkt (7.30 bis 11 Uhr) ist berühmt für seine Kamel- und Viehauktionen, auf denen die besten Rennkamele der Wahiba Sands versteigert werden.

 al-Mudaibi Police Station, Tel. 47 80 99, Notruf Tel. 9 99

 Sanaw Hospital, Tel. 47 43 38, an der Straße nach al-Mudaibi gegenüber dem Suq

 Zwei Busverbindungen tägl. nach Muscat/Ruwi um 6.20 über Izki, um 7 Uhr über Samad

Ibra

Begibt man sich Richtung Norden zurück, erreicht man bei Lizq die Route 28, die nach Ibra führt. Die größte Stadt in der Sharqiyah-Region besteht aus zwei historisch gewachsenen Stadtkernen, einer Oberstadt (*Alaya*) und einer Unterstadt (*Sufala*), in denen sich Angehörige des Stammes der al-Masakira und der al-Harthy in voneinander getrennten Bereichen angesiedelt hatten. Die traditionelle Rivalität zwischen beiden Stämmen führte in der omanischen Geschichte zu vielen kriegerischen Auseinandersetzungen, so dass jeder Bezirk einen eigenen Suq besaß.

Die Unterstadt, etwa doppelt so groß wie Ibra-Alaya, zeichnet sich durch stattliche alte Häuser aus, in denen einst Angehörige wohlhabender sansibarischer Händlerfamilien wohnten. Bis in die 70er Jahre schickten die in Afrika residierenden Auslandsomanis regelmäßig Geld in ihre Heimatstadt, um die *Falaj*-Systeme und die Gebäude zu erhalten. Als sie jedoch nach der Öffnung des Oman wieder in ihre Heimat zurückkehrten, zogen sie es vor, sich in der Capital Area um Muscat anzusiedeln, so dass die meisten Häuser nunmehr unbewohnt und dem Verfall anheim gegeben sind.

In dem inzwischen fast verlassenen Bezirk von **al-Manzifah** stehen besonders stattliche Residenzen aus dem 18. und 19. Jh., die durch eine Umfassungsmauer mit einem Doppeltor abgeriegelt wurden. Potenzielle Angreifer mussten dieses erst überwinden, bis sie sich an die Eroberung der wehrhaften, vierstöckigen Häuser mit mächtigen Mauern machen konnten.

Heute gleicht al-Manzifah einer Geisterstadt, der alte malerische Suq ist verlassen und zerfällt weiter, auch wenn es Überlegungen gegeben hat, das Gesamtensemble von al-Manzifah zu restaurieren und als Freilichtmuseum zugänglich zu machen.

Mittwochs findet auf der gegenüberliegenden Wadi-Seite in der Nähe des Hospitals ein Wochenmarkt statt, auf dem nur Frauen ihre Waren anbieten und auch nur Frauen einkaufen. Bunte Stoffe, Parfüme und Haushaltsgegenstände wechseln hier die Besitzerin. Ein Bummel über diesen Freilicht-Suq ist weniger aussichtsreich, wenn man traditionelle Souvenirs sucht, jedoch hat er einen besonderen Reiz, weil er Einblicke in eine feminine ›Subkultur‹ gewährt, die durch eine Privatinitiative vor gut zehn Jahren entstand.

Es hatte mit dem Usus angefangen, dass Landfrauen, die sich mittwochs zur Schwangerschaftsvorsorge-Untersuchung im Krankenhaus von Ibra einfanden, Handarbeiten und Selbstgemachtes in den Korridoren des Krankenhauses aus-

tauschten und verkauften. Als immer mehr Verkäuferinnen und Kundinnen den Krankenhausbetrieb zu behindern drohten, sah sich die Klinikleitung gezwungen, das Markttreiben zu verbieten. Daraufhin wandten sich einige der Frauen an die Stadtverwaltung und baten um einen Platz, auf dem sie ihre Handelsgeschäfte ungestört weiterführen konnten. 1989 wurde ihnen eine Genehmigung erteilt und jeden Mittwoch kann man zwischen 7.30 und 11 Uhr an einem Wochenmarkt teilhaben, der über das Geschäftliche hinaus für die Frauen von Ibra zu seinem sozialen Ereignis geworden ist. Der Mittwochsmarkt ist ihr alleiniges Refugium, ihre Nachrichtenbörse, ein omanischer Schritt zur Emanzipation.

 DZ 30 OR inkl. Halbpension: **Nahar Tourism Oasis,** P.O. Box 9, Muscat 115, Tel. 9 38 76 54, Fax 9 38 54 00, 69 82 92, E-Mail: emtyqtr@oman tel.net.om, an der Straße ins Wadi Naam, nördlich von Ibra, 10 *Barasti*-Bungalows, ein Restaurant, Pool, Mini-Zoo, Live-Entertainment; *DZ 12,5 OR plus 17 % Steuern:* **Ibra Motel,** P.O. Box 132, Ibra 413, Tel. 47 16 66, 47 17 77, an der BP-Tankstelle, acht Zimmer, ein Restaurant, einfache, zweckmäßige Unterkunft, alle Zimmer mit Bad und Satellitenfernsehen

 Ibra Police Station, Tel. 47 00 99, Notruf Tel. 9 99

 Ibra Hospital, Tel. 47 05 35

Tägl. drei Busverbindungen nach Muscat/Ruwi, Auskunft Tel. 4700 11

Die Türme des Kibaykib

Auf dem Jebal Bani Jabir lebte einst Kibaykib, ein Furcht erregender Riese, der zwei große Steintürme errichtet hatte, in denen er wohnte. Er tyrannisierte das ganze Tal und besaß ein magisches Schwert, mit dem er Felsen spalten konnte.

Eines Tages wollte ein stolzer und mutiger Bedu den Terror nicht mehr länger ertragen und fragte einen Geist, der an der Quelle Ain Nagibh lebte, wie er Kibaykib töten könne. Qadah musste erfahren, dass nicht nur Kibaykibs Wunderschwert gefährlich war, sondern dass der Riese die Eigenschaft besaß, mit offenen Augen zu schlafen und wach sei, wenn er die Augen geschlossen habe.

Qadah machte sich mit einigen Freunden auf die Suche nach dem Riesen und fand ihn schließlich sogar schlafend vor. Die jungen Männer versuchten, ihm schnell das Schwert zu entreißen, was auch gelang, aber Kibaykib war aufgewacht und konnte fliehen.

Im Besitz des magischen Schwerts, gaben Qadah und seine Freunde nicht auf. Als sie Kibaykib einige Zeit später aufgespürt hatten, erschlugen sie ihn mit seiner eigenen Zauberwaffe. Kopf und Schultern fielen auf der Stelle zu Boden, aber der Unterkörper rannte fort und sank erst in einiger Entfernung in sich zusammen. Dies ist der Grund, weshalb der Riese in zwei großen Steintürmen begraben ist, die weit auseinanderliegen.

Auf die so genannten **Ibra Tombs**, eine imposante Ansammlung neolithischer Grabtürme aus der Umm an-Nar-Periode (2500–2000 v. Chr.) hoch oben auf den 1800 m hohen Karstplateaus des Jebal Bani Jabir, wurde die Forschung erst vor etwa zehn Jahren durch Luftbilder aufmerksam. Der einheimischen Bevölkerung waren sie freilich schon seit Urzeiten bekannt und so hat sie auch Legenden um die Burj Kibaykib, die Türme des Kibaykib, gesponnen. Wegen der abgeschiedenen Lage sind die Steinnekropolen nur mit geländegängigen Fahrzeugen erreichbar. Die recht abenteuerliche Anreise führt durch kiesige, holprige Wadi-Betten und über steile Gebirgspisten, die Fahrern eine gute Portion Beherztheit und Routine abverlangen und von den Mitreisenden starke Nerven.

Nördlich von Ibra folgt man zunächst der Beschilderung in das Wadi Naam und stellt den Kilometerzähler an der Straßenkreuzung auf Null. Nach 3 km liegt rechter Hand die Nahar Farm, ein Touristen-Camp, das Unterkunft und Verpflegung im Bedu-Stil bietet. Bei km 16,5 endet die geteerte Straße und man folgt zunächst dem Wegweiser nach al-Dammah, um sich bald danach links zu halten und durch ein breites Wadi-Bett zu fahren. Hält man sich bei km 55 Richtung Souqrah nach einem weiteren Kilometer rechts und danach noch 1 km geradeaus, so ist bei km 63 das Wadi Khabbab erreicht. Nach 70 km gabelt sich die Piste und man folgt der Beschilderung nach al-Gailah und Habenath nach links durch das Wadi-Bett, um danach eine steile und aufregende Bergfahrt zu beginnen.

Der Weg führt an einzelnen Behausungen und Ziegenställen vorbei und gibt immer wieder postkartenreife Blicke auf die Landschaft frei. Nach 77 km ist schließlich die Hochebene erreicht und bei km 82 befindet man sich vor den ersten Grabtürmen, von denen es hier hoch oben gut 50 geben soll. Hält man sich bei km 87 rechts, sieht man am Ende des Plateaus weitere Nekropolen, deren Position am Rande der Steilwand nachdenklich darüber macht, ob die Erbauer der Grabstätten ihren Ahnen einen bevorzugten Platz mit Aussicht bereitstellen wollten.

Fährt man bei km 87 geradeaus, ist nach 5 km die befahrbare Piste zu Ende und das Bergdorf Qurran/Karan erreicht. Von dort führt ein zweistündiger Fußmarsch zur zweitgrößten Höhle der Welt. Die **Khoshilat-Maqandeli** (*Majlis al-Jinn*, Versammlungsraum der Geister genannt) wurde erst 1985 entdeckt. Die Größe des Hohlraums misst 310×225 m und umfasst 4 Mio. m^3, so dass er das al-Bustan-Palasthotel fünfmal aufnehmen könnte. Die Höhle ist nur professionellen Höhlenforschern zugänglich, da der Einstieg lediglich durch freies Herabseilen auf den 120 m tiefer liegenden Grund möglich ist.

Die Oasen al-Mudairib, al-Qabil und al-Mintirib

An der Route 23 liegt knapp 20 km südlich von Ibra die Oase **al-Mudairib**. Die Altstadt von al-Mudairib muss einmal zu den ansehnlichsten und wohlhabendsten des Landesinnern gehört haben. Hiervon zeugen nicht nur zahlreiche Wehrtürme, die schon von fern auf den Hügeln rund um die Siedlung auszumachen sind, sondern auch die stattlichen, mehrstöckigen Wohnhäuser mit prächtigen Holztüren, die von reichen Kaufmannsfamilien im 18. und 19. Jh. errichtet wurden. Die Ortschaft soll in der zweiten Hälfte des 18. Jh. durch den Zuzug von Angehörigen des Stammes der al-Harthy einen Aufschwung erlebt haben. Sie statteten al-Mudairib mit einer Stadtmauer und vier Stadttoren aus, von denen heute nur noch eines, das Dirwaza Kisham im Norden, erhalten ist. Von der Feste Awlad Hamid, die am nördlichen Stadtrand Anfang des 19. Jh. errichtet wurde, blieben lediglich drei Türme übrig, die mächtigen Umfassungsmauern fehlen.

Am alten Suq überwachte eine viel kleinere Burg, die zweitürmige

Der alte Suq von al-Mudairib

›Khanajira‹-Feste aus dem 19. Jh., die Altstadt und den Markt. Sie wurde von den Angehörigen der Stammesfraktion der al-Maharma verteidigt, die in unmittelbarer Nähe ihre *Sabla*, den stadtpalastähnlichen Versammlungssitz ihres Klans, unterhielten. Beide Bauwerke bleiben Besuchern verschlossen, da sie baufällig sind, jedoch ist allein schon das prachtvolle hölzerne Eingangstor der Sabla Maharma sehenswert. Die Tür wurde gegen Ende des 19. Jh. in Afrika in Auftrag gegeben und, in Einzelteile zerlegt, über Sur auf Packtieren nach al-Mudairib transportiert. Die Inschrift über dem Türsturz wurde wie folgt übersetzt: »Das Jahr 1308. Gott ist unser Hüter. Er ist der Gnadenvolle und Barmherzige«.

In den späten 70er Jahren gab es noch zehn alte *Sablas*, 18 historische Moscheen und zwölf Händlerhäuser, zum Teil mit Verteidigungstürmen und aufwändig geschnitzten Holztüren, die meist ostafrikanische Importstücke waren. Die verlassenen Bauten sind jetzt nur noch Zeugen eines Wohlstands vergangener Tage, als der Handel mit Indien und den ostafrikanischen Besitzungen noch florierte. Der moderne Reichtum aus dem ›Ölsegen‹ der letzten Jahrzehnte brachte es mit sich, dass die Bewohner von al-Mudairib es vorzogen, in klimatisierten, gesichtslosen Betonhäusern zu leben und die traditionellen Bauten aufgaben.

Ein wenig vom alten Flair lässt sich noch erahnen, wenn man auf dem Platz am alten Suq im wohltuenden Schatten der uralten Akazie das Alltagsgeschehen beobachtet. Kinder erfrischen sich in den gurgelnden *Falaj*-Kanälen, uniformierte Schülerinnen gehen mit scheu gesenkten Blicken an den fremden Beobachtern vorbei, während alte Herren, die vom Gebet in der Moschee zum Mittagessen eilen, ihren Weg fortsetzen und in der nächsten Gasse in einem der lehmverputzten Häuser verschwinden. Eine leichte Brise weht in der schwirrenden Mittagshitze, aber der Hauch von Kühle, den man jetzt im Schatten verspürt, ist das Ergebnis eines profanen Verdunstungsprozesses, den die Schweißperlen auf der Haut mit der heißen Luft auskämpfen. Messbar kühler wird es erst gegen Abend.

Bis in das 18. Jh. war **al-Qabil** Hauptstadt der Sharqiyah und Stammsitz des Klans der al-Harthy, der zur Fraktion der Hinawi gehört und sich zur omanischen Oberschicht zählt. Anhaltende Dürren führten zu einem allmählichen Versiegen des 1758 angelegten *Falaj*-Systems, so dass viele Familien sich gezwungen sahen, im späten 18. und frühen 19. Jh. nach Sansibar und Ostafrika auszuwandern, wo sie zu wohlhabenden Kaufleuten wurden.

Für Reisende ist der Ort nur eine Zwischenstation, weil sich an der Route 23 eine Rast- und Übernachtungsmöglichkeit auf dem Weg in die Wahiba Sands befindet.

In al-Qabil: *Untere bis mittlere Preiskategorie DZ 24 OR plus 17 % Steuern:* **al-Qabil Rest House,** P.O. Box 654, Muscat 113, Tel. 48 12 43, Fax 48 11 19, in Dariz 2 km von al-Qabil an der Route 23, zehn Zimmer, Reservierung empfohlen, ein Restaurant, eine Bar, einfache, zweckmäßige Unterkunft, alle Zimmer mit Bad, Klima-Anlage und Satellitenfernsehen

Die Oasenstadt **al-Mintirib** 20 km südöstlich von al-Qabil wurde im 18. Jh. von Angehörigen des al-Harthy-Stammes gegründet, als die Quellen in al-Qabil zu versiegen begannen. Vom Tor in die Wahiba Sands starten heute Karawanen allradangetriebener Geländefahrzeuge mit Touristen in die stille Dünenwelt. Da al-Mintirib die Hauptstadt des Wilayat Bidiyah ist, muss man, um die Festung (Sa–Do 7.30–14.30 Uhr, Eintritt frei) zu finden, der Beschilderung Bidiyah Castle folgen. Die kürzlich renovierte, aus der Mitte des 18. Jh. stammende Anlage ist schlicht, aber beeindruckend und steht dem Besucher offen.

Hinter dem Fort werden nach ein paar Metern die ausgedehnten Palmengärten sichtbar, die al-Mintirib berühmt gemacht haben. Omans kostbarste Dattelsorte, die Mibsali, die in alten Zeiten auf Kamelrücken nach Sur transportiert wurde, um von dort ihre Reise nach Bombay anzutreten, wird hier und in der Umgebung geerntet. Im Schatten der Dattelbäume gedeihen Zitrusfrüchte, Bananen und Mangos. Die Fruchtbarkeit dieser schattigen Oasenwelt steht in krassem Gegensatz zu den unmittelbar angrenzenden, im gleißenden Sonnenlicht schimmernden Sanddünen der Wahiba.

Die Wahiba Sands

Eine ausgedehnte Exkursion in die Wahiba Sands ist nur in Begleitung von erfahrenen Führern und Landeskennern anzuraten. Auf eigene Faust lassen sich allenfalls die Randbereiche entlang der eingefahrenen Pisten erkunden, wobei auch dann die Regel gilt, immer im Konvoi von mindestens zwei Wagen zu reisen.

Im Gegensatz zu den Sanddünen der Rub al-Khali wandern die Dünen der Wahiba Sands kaum. Unter den sandigen Oberflächen befinden sich versteinerte, so genannte äolische (Äolus – griech. Gott der Winde) Geländeformationen, die durch Windeinwirkung entstanden. An den östlichen und westlichen Rändern der Wüste liegen die natürlich zementierten Flugsandablagerungen

Die Wahiba Sands sollte man nur mit erfahrenen Führern erkunden

Dünenlandschaft der Wahiba aus einer Astronautenperspektive wiedergibt. Durch die vorherrschenden West-Ost-Winde haben sich die Flugsande über nord-südlich ausgerichteten, annähernd parallel verlaufenden Kammlinien angesammelt, zwischen denen die Täler die Hauptverkehrspisten durch das Sandmeer bilden.

Auch Wilfred Thesiger folgte mit seinen Reisegefährten einer dieser Routen: »Nun ritten wir nordwärts durch Talungen, die einen Kilometer breit und von etwa sechzig Meter hohen Dünenzügen flankiert waren. In diesen Talungen erheben sich seltsamerweise in Abständen von etwa drei Kilometern kleine Stufen aus hartem Sand. Der Sand auf der Talsohle war rostrot, die Dünen jedoch zeigten auf beiden Seiten honiggelbe Farbe. Nach Norden zu wurden beide Farben immer schwächer. Am Abend kampierten wir in einem Dünenzug und blickten von der Höhe auf Sandwellen und kleine sichelförmige Mulden, in denen Abal-Büsche wuchsen.«

Auf dem Weg in die Wahiba trifft man in Abständen immer wieder auf Bedu-Camps mit Umzäunungen, in denen sie ihr Vieh halten. Auch wenn im Zeitalter der Pick-ups das Kamel den Bedu nicht mehr als Transportmittel dient, sind ihnen die Dromedare das Wertvollste, was sie besitzen. Unter den verschiedenen

offen, sind nicht unter einer Decke von sich verändernden, umherwehenden Sandpartikeln versteckt. Die äolischen Bildungen der Wahiba gehören zu den weltweit größten bisher bekannten geologischen Formationen ihrer Art.

Im Museum Bait al-Zubair in Alt-Muscat ist ein Satellitenbild der NASA zu bewundern, das die nordsüdlich ausgerichtete Struktur der

Kamele

Überlebenskünstler in der Wüste

Mit der Domestizierung des Kamels glückte den Menschen in den Trockenzonen dieser Welt ein genialer Wurf – durchaus mit den technologischen Fortschritten vergleichbar, derer Wissenschaftler und Erfinder unserer Zeit oft gerühmt werden.

Allein durch die Ausnutzung der natürlichen Anpassungsfähigkeiten des Kamels an das Wüstenklima konnte der Mensch sich die Wüsten erschließen. Mit dem Last- und Reittier waren nun weite Karawanenzüge durch Gebiete möglich, die bislang wegen Wassermangels unpassierbar waren. Neue Überlandhandelswege eröffneten neue Märkte. Die Nomaden, die zuvor Kleinviehzüchter gewesen waren, wurden dank der Kamele beweglicher und unabhängiger von Rast- und Weidegebieten. Kamele lieferten zudem größere Mengen an Milch, Haar und Fleisch als die zuvor gehaltenen Ziegen und Schafe.

Auch wenn das Kamel für Mitteleuropäer heute kein Wundertier mehr ist, wie dies noch zu Zeiten der großen Eroberungen im 15./16. Jh. der Fall war, so kommt unser Wissen über seine physischen Eigenschaften doch eher Gerüchten gleich, wie sie bereits von Plinius vor mehr als 2000 Jahren verbreitet wurden. Er hatte gemeint, die Kamele würden Wasser in ihren Mägen bevorraten.

Die meist beleidigt dreinblickenden Langbeiner, egal ob ein- oder zweihöckrig, gehören zur Familie der Kamele. Das Verbreitungsgebiet des einhöckrigen Dromedars *(Camelus dromedarius Linné)* reicht von Nordafrika bis zum Kaspischen Meer und von Arabien bis nach Nordwest-Indien. Das Trampeltier *(Camelus bactrianus Linné)* mit zwei Höckern stammt aus Zentralasien.

Beide Kamelarten lassen sich miteinander kreuzen, wobei das Dromedar im Allgemeinen der weibliche Partner ist und dann ein Jungtier mit einem Höcker zur Welt bringt. Im Gegensatz zu anderen Haustieren vermehren sich Kamele recht langsam. Sie werden erst mit fünf Jahren geschlechtsreif und eine Stute kann nur alle drei Jahre ein Junges austragen. Möglicherweise ist auch dies der Grund dafür, warum sich das Kamel dort nicht durchgesetzt hat, wo sich wegen der günstigeren Wasser- und Futterverhältnisse andere Nutztiere wie Rinder oder Pferde aufziehen ließen.

Kamele bevorraten kein Wasser, weder in ihren Mägen noch in ihren Höckern, sie können lediglich bis zu einem Drittel ihres Körpergewichts an Flüssigkeit abgeben, ohne auszutrocknen. Wenn sie dann wieder Wasser zu sich nehmen, tun sie dies in Minutengeschwindigkeit und gleichen den Flüssigkeitsverlust aus. Dies wäre dem Menschen nie möglich. Ein Mensch braucht mehrere Stunden der langsamen Wasseraufnahme, um seine Austrocknung zurückzubilden. Etwas anderes bevorratet das Kamel indes wohl: Es reichert Fett in seinem Höcker an, um es in mageren Zeiten ohne Futter und Wasser als Energiequelle zu nutzen. Wird das Fett abgebaut, wandelt es sich im Körper in Wasser und Kohlendioxyd um. Ein 40 kg schwerer Höcker liefert mehr als 40 l Flüssigkeit.

Auch ihre Nieren machen Kamele zu Überlebenskünstlern in der Wüste. Sie produzieren hoch konzentrierten Urin, um jeden unnötigen Wasserverlust zu meiden. Wie sparsam ihr Körperhaushalt mit Flüssigkeit umgeht, erkennt man auch an ihrem Dung. Er ist sehr trocken und leicht. Kamele können fast jeden Tropfen Feuchtigkeit extrahieren, der sich im Grünfutter verbirgt. Darüber hinaus fressen sie Pflanzen der Salzsteppen, die kein anderes Tier verdauen könnte.

Eine Gefahr des Wasserverlustes in heißem Klima besteht meist durch Schwitzen. Insbesondere Menschen beginnen zu schwitzen, sobald ihre natürliche Körpertemperatur anzusteigen droht. In Extremsituationen können das bis zu 3 l in der Stunde sein. Auch Kamele transpirieren, indes war die Natur auch hier wieder einmal weise. Zum einen schwitzen Kamele sehr sparsam, weil der Schweiß unter ihrem Fell verborgen bleibt und weniger schnell verdunstet. Zum anderen kann ein Kamel das Schwitzen vermeiden, da sein Körper einen Temperaturanstieg von bis zu 6° Celsius verkraftet. Es muss keine wertvolle Flüssigkeit abgeben, um die Körpertemperatur konstant zu halten. Während des Tages kann sich das Blut von 34,5° Celsius auf 40,5° Celsius erwärmen, erst nachts stellt sich dann wieder die normale Körpertemperatur ein.

Zwar ist für die omanischen Wüstenbewohner, die Bedu, der Geländewagen oder zumindest ein Pick-up inzwischen zum unentbehrlichen Requisit geworden, auf ihre Kamele würde jedoch keine Familie verzichten wollen. Es muss die jahrtausendelange Abhängigkeit sein, die den Menschen seit der Domestizierung des Kamels in Arabien um 1800 v. Chr. an das Wüstentier gebunden hat.

Kamelrassen im Oman gelten die Banat Farha, die ›Töchter der Freude‹ der Wahiba als die ausdauerndste und genügsamste Züchtung, die eine Woche lang ohne Wasser und Futter auskommen kann. Auf den Viehauktionen am Rande der Wahiba sollen schnelle Rennkamele zu Preisen von bis zu 35 000 OR die Besitzer wechseln.

Höhepunkt einer Wahiba-Exkursion ist es sicherlich, in dieser erhabenen Landschaft eine Nacht unter dem sternenklaren Himmelszelt zu verbringen. Einige Veranstalter haben inzwischen Wüsten-Camps für Touristen aufgestellt, in denen die Unterkünfte und hygienischen Einrichtungen recht schlicht sind, aber wie anders könnte man die extremen Lebensbedingungen der Wüste nachvollziehen, die Thesiger so eindrucksvoll beschrieben hat?

»Wir bliesen den Schaum beiseite und tranken gierig. Sie nötigten uns noch mehr zu trinken: ›In der Wüste, die vor euch liegt, werdet ihr keine Milch mehr bekommen. Trinkt, trinkt, trinkt. Ihr seid unsre Gäste. Gott hat euch hierher geschickt – trinkt!‹ Ich trank abermals, obgleich ich wusste, dass sie an diesem Abend hungrig und durstig schlafen würden, da sie keine andere Nahrung und auch kein Wasser hatten. Als wir dann um das Feuer hockten, bereitete Bin Kabina Kaffee. Der kalte Wind flüsterte in den verschatteten Dünen, zupfte an unseren Kleidern und drang durch die Decken, in die wir uns gehüllt hatten. Der Mond war längst untergegangen, als sie noch immer von Kamelen und Weideplätzen sprachen, von Reisen durch die Wüste, von Überfällen und Blutfehden, von den seltsamen Orten und Menschen, die sie in Hadramaut und in Oman gesehen hatten.«

🛏 **Al-Areesh Tourism Camp,** Wahiba Sands, buchbar über Desert Discovery, Tel. 59 32 32, 9 31 71 07, Fax 59 01 44, E-Mail: tours@omantel.net.om, www.desert-discovery.com; **Bidiyah Tourism Camp,** Wahiba Sands, Tel. 9 33 22 64; **Oasis Tourism,** Tel. 70 22 45, 9 32 04 32, Fax 78 86 22

Wadi Bani Khalid und Bilad Bani Bu Ali

Etwa 15 km südlich von al-Mintirib zweigt eine Zufahrt in das **Wadi Bani Khalid** ab. Es gilt als eines der fruchtbarsten und landschaftlich abwechslungsreichsten im Oman mit Wasserfällen, Kalksteinhöhlen und tiefen, Wasser führenden Flussläufen, die sportliche Naturen durchschwimmen können, wenn sie das Wadi in seiner Gänze erforschen wollen. Für die Exkursion ins Wadi-Innere ist ein Allradfahrzeug unbedingte Voraussetzung. Etwa 23 km hinter dem Abzweig von der Route 23 gabelt sich das Wadi in einen westlichen und einen östlichen Nebenarm. Die östliche Variante ist erheblich kürzer als die westliche. Biegt man am Bus- und Taxistand links nach Westen Richtung Dawwah, Amq und Moqal ab, gibt es viele Möglichkeiten, die Umgebung im Jeep oder zu Fuß zu erkunden, so dass es sich auch anbietet, Zelte mitzubringen und eine Nacht zu campen.

Die holprige, teilweise abenteuerlich enge Piste verläuft an sattgrünen Dattel- und Bananenplantagen und mehreren Weilern vorbei, bis sie an den türkisfarbenen Wadi-Teichen von Moqal endet. Von **Moqal** führt ein 30minütiger Anstieg zur Moqal-Höhle, einer der zahlreichen Karsthöhlen im Jebal Bani Jabir, deren Eingang über eine fest installierte Metallleiter erklommen werden kann. Für die Erkundung des Höhleninneren benötigt man Taschenlampen, Helme und festes Schuhwerk. Mit etwas Abenteuerlust kann

man bis zu einer unterirdisch verlaufenden Wasserader vordringen, die sich in der Dunkelheit zunächst nur durch ihr Rauschen verrät, das an den Höhlenwänden widerhallt.

Die Erkundung des rechten Wadi-Arms ist weniger anstrengend. Auf der 5 km langen Anfahrt bis zur Ortschaft **Bidha,** die für ihre rotschaligen Bananen berühmt ist, führt die im Ausbau begriffene Piste an grünen Anpflanzungen und alten Wachtürmen vorbei. Vom Dorf geht es nur zu Fuß weiter zu den Wasserfällen von Hawer **(Shalat al-Hawer),** die sich in 10 m tiefer gelegene, von Oleander und hohen Schilfgräsern eingerahmte Wadi-Pools ergießen.

Zurück auf der Route 23 zweigt nach 40 km in Höhe von al-Kamil die Straße 35 Richtung **Bilad Bani Bu Ali** und al-Ashkhara ab. Al-Kamil und al-Wafi sind zwei Oasensied-

Badespaß im Wadi Bani Khalid

lungen am Rande der Wahiba Sands, die ihre Existenz den Wassern des Wadi Fulaij verdanken, der bei Sur in den Golf von Oman mündet.

Der Anbau von Limonen, Orangen, Oliven, Trauben, Granatäpfeln, Baumwolle und Gerste hat **al-Wafi** im 19. Jh. zu einer der reichsten Oasen im Distrikt Ja'alan werden lassen, was sich in Resten einer alten Stadtbefestigung und der renovierten, leider etwas gleichförmig geratenen Freitagsmoschee widerspiegelt. Das Gotteshaus befindet sich in unmittelbarer Nähe des ebenfalls renovierten Stadttors Bab al-Mahalla, das in die Altstadt führt. Bemerkenswert an dem Gebetsraum sind drei tonnenüberwölbte Querschiffe, in deren Zentrum sich gegenüber der Mihrab-Nische eine Kuppel erhebt, die durch ihre Fensteröffnungen wie ein Lichthof wirkt. Darauf, dass auch in dem doppelten Portikusanbau vor dem Andachtsraum gebetet werden kann, deutet eine weitere Mihrab-Nische neben dem Eingang. Durch den ummauerten Innenhof fließt ein *Falaj*, der die Waschplätze der Gläubigen mit frischem Wasser versorgt. Wie die meisten traditionellen omanischen Moscheen besitzt auch die Freitagsmoschee kein Minarett, der Muezzin rief von einem Podest im Südosten des Innenhofs die Gläubigen zum Gebet.

Dass die Bewohner der Oasensiedlungen von al-Wafi mit ihren Nachbarn in al-Kamil generationenlang verfeindet waren, bezeugt ein wehrhaftes, inzwischen stark verfallenes Lehmziegelanwesen zwischen den Ortschaften. Um sicher zu gehen, dass der für beide Siedlungen zuständige *Wali* seine Unparteilichkeit bewahrte, hatte man ihm seine Residenz zwischen den Dörfern auf neutralem Boden errichtet.

Die Bewohner der Ortschaften Bilad Bani Bu Hassan und Bilad Bani Bu Ali waren sich ebenfalls lange Zeit nicht freundlich gesonnen und haben immer wieder blutige Kämpfe miteinander ausgetragen. Bilad bedeutet Region und Bani Bu Hassan bzw. Ali verweist auf die hier ansässigen Stämme.

Das Fort von **Bilad Bani Bu Hassan** (Sa–Do 7.30–14, 15–17.30 Uhr, Eintritt frei) aus dem frühen 17. Jh. musste zu Zeiten der kriegerischen Auseinandersetzungen mit den Nachbarn der Bani Ali mehr als tausend Menschen Schutz gewähren. Die Anlage wurde in den frühen 90er Jahren renoviert und kann besichtigt werden.

Nur 9 km weiter südöstlich liegt **Bilad Bani Bu Ali,** deren Einwohner vom Stamme der Ghafiri sich als konservative Sunni zu Anfang des 19. Jh. den saudi-arabischen Wahhabiten angeschlossen hatten und gegen den Sultan in Muscat aufbegehrten. Nachdem die rebellischen Bani Bu Ali 1820 ein indisches Handelsschiff vor der Küste bei al-Ashkhara geplündert und die Überbringer eines königlichen Protestschreibens ermordet hatten, bat Sultan Said bin Sultan (1804–56) die Briten um Hilfe. Am 9. 11. 1820 wurde ein Kommando aus 350 indi-

Die Freitagsmoschee in Bilad Bani Bu Ali

schen Sepoys und omanischen Soldaten zunächst von den Kriegern der Bani Bu Ali in die Flucht geschlagen. Vier Monate später marschierten 3000 Mann gegen die Oasensiedlung auf, in deren Festung sich eine hoffnungslos unterlegene Besatzung vergeblich zur Wehr setzte. Die meisten Krieger der Bani Bu Ali fielen. Die Gefangenen deportierte man nach Bombay und nur die *Falaj*-bewässerten Palmengärten blieben verschont. Die gewaltige Festung, an der die historische Schlacht stattgefunden hat, befindet sich heute in Privatbesitz und ist der Öffentlichkeit nicht zugänglich.

Ein Kleinod ist die Freitagsmoschee von Bani Bu Ali. Sie wurde in den späten 80er Jahren des 20. Jh. restauriert und wenn man Glück hat, wird der Vorbeter Besuchern einen Blick hinein nicht verwehren. Die für den Oman eher untypische Form schließt sich stilistisch an eine Bautradition an, die auf die Omayyaden-Zeit, der ersten Kalifendynastie in Damaskus (661–750), zurückreicht. Über eine genaue Datierung der Moschee haben die Experten bisher geschwiegen, aber es ist nicht unwahrscheinlich, dass sie im frühen 17. Jh. errichtet wurde.

Die neunschiffige, querrechteckige Gebetshalle ist auf den Mihrab in der Qibla-Wand ausgerichtet. Besonders an diesem Bau ist die Dachform mit insgesamt 52 Kuppeln, von denen eine zum Minarett im Nordosten neben dem Eingang gehört. Der dem Gebetsraum vorgelagerte Doppelportikus, in dem die Gläubigen ebenfalls ihr Gebet verrichten konnten, scheint eine spätere Zutat zu sein, da die äußeren Rundstützen die Flucht der inneren Pfeiler nicht aufnehmen. Durch den Innenhof fließt ein *Falaj*, der den Gläubigen

169

für ihre zeremoniellen Waschungen
dient.

 Tägl. eine Busverbindung über al-
Kamil nach Sur um 6.15 Uhr, Auskunft (al-Kamil) Tel. 45 78 91

 al-Kamil Police Station, Tel. 45 74
20, Notruf Tel. 9 99

 Bilad Bani Bu Ali Hospital,
Tel. 45 38 31

Von Quriyat nach Ras al-Hadd

Für die Fahrt von Muscat nach Ras
al-Hadd an die äußerste Ostspitze
des Sultanats bieten sich zwei Routen an, die auch zu einer Rundreise
kombiniert werden können. Die be-
quemere, aber längere Strecke führt
über die Schnellstraßen 15 und 23
an den Südausläufern des Ost-Ha-
jar-Gebirges vorbei bis an den Rand
der Wahiba-Wüste (vgl. S. 162f.)
nach Sur. Südlich von Sur geht die
Straße in eine planierte Schotterpiste
über, für die sich ein Geländefahrzeug empfiehlt.

Die Alternativstrecke führt von
Muscat bis Quriyat über die gut ausgebaute Route 17, die jedoch bald
hinter Quriyat als holprige Küstenpiste weiterverläuft, bis nach 120
staubigen Kilometern Sur erreicht
ist. Ein Geländefahrzeug ist auf dieser Schotterstraße unbedingt erforderlich, zumal wenn das Reiseziel
nicht nur Sur, sondern auch der

Schildkrötenstrand von Ras al-Junayz ist.

Da sich von Sur eine Weiterfahrt
in die Wahiba Sands anbietet, ist es
sinnvoll, das Fahrzeug in Muscat zu
mieten und die Exkursion als Rundreise zu planen, weil hier die Preise
auch günstiger sind.

Quriyat

Ausgangspunkt für die Reise von
Muscat ist der Wadi-Adai-Kreisverkehr außerhalb von Ruwi, an dem
die al-Amerat Road Richtung Süden
nach Quriyat abzweigt. Gut 90 km
sind es bis zur Küstenstadt, die, einst
ein bedeutender Überseehafen, berühmt für den Pferdehandel mit Su-
rat in Indien und den Export von
Datteln war. 1507 wurde Quriyat
das erste Opfer der portugiesischen

Quriyat war einst ein bedeutender Hafen

Flotte an der omanischen Küste. Die Portugiesen versenkten 38 Schiffe, legten die Stadt in Schutt und Asche und machten auch nicht vor der Moschee halt, die damals eines der schönsten Gotteshäuser im Oman gewesen sein soll. Obwohl Imam Nasir bin Murshid bin Sultan al-Ya'aruba (1624–49) Quriyat 1648 zurückgewinnen konnte, hat es nie mehr seine alte Größe als Überseehafen erreicht.

Heute gehört der Fischer- und Oasenort zur Greater Capital Area von Muscat und ist Bezirkshauptstadt für 29 Dörfer und Kleinstädte in der Umgebung. Seit 1970 wurde viel investiert, Schulen, Verwaltungseinrichtungen und ein Gerichtshof entstanden, der Fischereihafen wurde ausgebaut, ein neuer Suq errichtet und das alte Fort renoviert.

Die verhältnismäßig kleine, einstöckige Festung (Sa–Fr 7.30 bis 14 Uhr, Eintritt frei) gehörte zu einem Verteidigungssystem mit einer inzwischen geschleiften Stadtmauer und einem runden Wachturm, der noch heute auf einem Felsen vor dem Hafen steht und bei Ebbe zu Fuß zu erreichen ist. Am westlichen Stadtrand erstrecken sich ausgedehnte Palmengärten, denen seeseits dichte Mangrovenwälder vorgelagert sind.

Trotz aller Fortschritte werden im Wilayat Quriyat noch einige alte Traditionen wie das Norouz-Fest aufrecht erhalten. Anders als das persische Neujahrsfest, das nach dem Sonnenkalender am 21. 3. gefeiert wird, finden die Norouz-Feierlichkeiten hier zu Beginn der Fangsaison im Oktober statt. Als symbolische Danksagung an die See ziehen die Fischer in Begleitung ihrer Familien unter Trommelrhythmen und Gesängen von ihren Sommerunterkünften in den Bergen ans Meer, wo die Frauen Opfergaben darbringen und die Männer im Meer baden, um die fischreiche See gewissermaßen rituell zu umarmen. Die ursprünglichsten Norouz-Feste werden in Dibab, Fins und Daghmar begangen. Weil die Feierlichkeiten eher privater Natur sind, sollten Zaungäste sich vorher erkundigen, ob sie willkommen sind und möglichst nur in kleinen Gruppen auftauchen.

Ausflüge in die Wadis der Umgebung

Das **Wadi Dayqah** wird gern von Städtern der Greater Capital Area zur Wochenenderholung aufgesucht, weil es das ganze Jahr hindurch Wasser führt. Es soll das wasserreichste auf der Arabischen Halbinsel sein. Knapp 6 km vor Daghmar folgt man der Beschilderung nach Hail al-Ghaf, einem Ort, der seinen Namen dem Ghaf-Baum verdankt und berühmt ist für seine alten Mangoplantagen.

Bis Misfah oder Mazara ist die Strecke auch ohne Geländewagen befahrbar und führt immer wieder an grünen Plantagen vorbei bis man schließlich vor Mazara an kristallklare Wadi-Teiche gelangt. Wenn man dem Schild »A Seeh« folgt und sich bei der nächsten Gelegenheit nach 100 m wieder rechts hält, erreicht man nach 2 km das Flussbett des Wadi Dayqah. Etwas weiter Wadi-aufwärts staut ein Damm die Fluten. Links des Dammes verläuft ein alter Trampelpfad durch das Wadi, auf dem man nach fünf bis sechs Stunden (15 km) Fußmarsch zur Teufelsschlucht gelangt, die im Wadi Tayin auf der anderen Bergseite endet (vgl. S. 152f.).

Mazara ist ein pittoreskes Oasenstädtchen mit einem Fort. Dort wurde Samuel Barrett Miles, von 1872 bis 1886 Konsul der britischen Krone in Muscat, vom lokalen Sheikh äußerst gastfreundlich aufgenommen, als er als erster Europäer im Februar 1884 die Teufelsschlucht durchquert hatte. Hinter Mazara ist eine Weiterfahrt in das Wadi Suwayh nur noch mit einem Geländewagen möglich.

Von der Küstenroute weisen Schilder bei Dibab den Weg in das **Wadi Suwayh.** Die Steigungen der kurvenreichen Bergstrecke erfordern hin und wieder ein Umschalten in den Geländegang. Die Route endet schließlich vor dem Dorf Suwayh, das, von hohen Felswänden umgeben, malerisch in einem Talkessel eingebettet ist. Am Ortsanfang ergießen sich Wasserfälle in Wadi-Becken, die von der Dorfjugend als Freibad genutzt werden. In der Umgebung gibt es viele reizvolle Wanderwege.

An der Küstenroute befindet sich zwischen Dibab und Bimmah 200 m rechts der Piste ein *sinkhole,* eine Einsturzdoline, die über einem durch Wassererosion im Kalkstein entstandenem Hohlraum eingebrochen ist. Einheimische haben dem 18 m tiefen Schlundloch den Namen Bait al-Afreet gegeben, Haus des Dämons. Über eine Betontreppe lässt sich der Boden der Doline bequem erreichen. Kleine Fische, Algen und Schwämme haben sich in dem Brackwasser angesiedelt.

Etwa 5 km hinter **Fins** beginnt der sandige, so genannte **White Beach,** der ideal zum Baden ist. Wochentags ist hier nicht viel los, jedoch an Wochenenden schlagen mitunter so viele Camper aus dem Großraum Muscat am Strand ihre Zelte auf, dass es dort ein wenig eng werden kann.

Nach weiteren 10 km ist am Ausgang des gleichnamigen Wadi die Fischersiedlung **Shab** erreicht, deren Häuser auf einem Felsvorsprung thronen und von einem alten, runden Wehrturm bewacht werden.

Shab heißt frei übersetzt Schlucht zwischen Felsen, eine leicht nachvollziehbare Bezeichnung, wenn man vor den steil und schroff aufgefalteten Bergwänden steht, die sich in dem türkisgrünen Wasserlauf widerspiegeln und das Spiel zwischen Sonnenstrahlen und dunklen, im Schatten liegenden Felsen diese Naturkulisse dramatisch ausleuchtet. Mit einem angeseilten Boot können Besucher sich auf die andere Seite des Wadi-Bettes ziehen und in die abgeschiedene Welt eines stillen Tals eintauchen.

Den hier lebenden Menschen mangelt es mit Ausnahme neumodischer Nebensächlichkeiten mit Sicherheit an nichts: Palmen und Oleander säumen das Flussbett, *Aflaj*-Wasser gurgeln versteckt hinter dichtem Grün, jeder Flecken bebaubaren Landes ist kultiviert. Selbst dort, wo der beschauliche Spaziergang vorbei an den dicht an die Schlucht gedrängten Häusern und Plantagen in eine Kletterpartie übergeht, ist das Tal noch grün und malerisch. Man könnte stundenlang tiefer in die Wadi-Welt vordringen, jedoch ist dies nur gut vorbereiteten, sportlichen Naturen anzuraten, da manche der Pools durchwatet oder durchschwommen werden müssen. Unter fachmännischer Führung sind ausgedehnte Bergtouren möglich,

die nach mehreren Stunden bis zu den prähistorischen Steingräbern, den **Burj Kibaykib** auf dem Jebal Bani Jabir (vgl. S. 158), führen.

Das ganzjährig Wasser führende **Wadi Tiwi** gleich hinter Shab ist breiter und kann über einige Kilometer mit dem Geländewagen erforscht werden. Dort wächst vieles im Überfluss: Palmen und Bananen, Feigenbäume und Mangos.

Die steinige Piste Richtung Sur folgt weiter der Steilküste, nähert sich hin und wieder den Bergen, aber die See verliert man nie ganz aus den Augen. Von ferne kündigen Staubwolken entgegenkommende Fahrzeuge an. Es ist üblich, Anhalter mitzunehmen oder anderen Verkehrsteilnehmern bei Pannen zu helfen und sie nicht am Wegesrand sich selbst zu überlassen.

Qalhat

Nach 22 km ist Qalhat erreicht, das vom 12. bis 15. Jh. zu den wichtigsten Hafenstädten an der omanischen Küste, wenn nicht gar an den Gestaden der Arabischen See zählte. Marco Polo besuchte Qalhat während seiner Reise nach Asien (1271–95). Er beschrieb es als geschäftigen Umschlagplatz, in dem viele Schiffe aus Indien vor Anker gingen und Gewürze, Getreide und Baumwolle löschen ließen, während »gute arabische Pferde« von dort ihre Reise nach Indien antraten. Spätestens seit 1270 Sitz des Gouverneurs von Hormus, war Qalhat

eine Außenstation des Königreichs von Hormus, das von beiden Seiten des Golfes von Oman den lukrativen Seehandel mit Indien und Ostasien kontrollierte.

Gegen Mitte des 15. Jh. müssen weite Teile von Qalhat einem Erdbeben zum Opfer gefallen sein, ein Schicksalsschlag, von dem sich die Stadt offenbar nicht mehr richtig erholen konnte.

Als Afonso de Albuquerque im August 1507 mit sechs Schiffen vor der omanischen Küste kreuzte, ankerte er zunächst 25 Meilen nordwestlich von Ras al-Hadd und nahm in Qalhat Nachschub an Bord. Qalhat beschrieb er als dünn besiedelt, mit renovierungsbedürftigen Häusern und einer landseitig verlaufenden Stadtmauer, die jedoch nicht höher als eine Lanze war.

Hatte Albuquerque die Stadt bei seinem ersten Besuch noch verschont, nicht zuletzt weil man sich freiwillig der portugiesischen Macht unterstellt hatte, tauchte seine Flotte im August 1508 erneut vor Qalhat

auf und machte nun alles nieder. Albuquerque ließ Gefangenen – auch Frauen und Kindern – Nasen und Ohren abschneiden und ein Feuer legen, dem nun auch die große Freitagsmoschee zum Opfer fiel.

Qalhat stellt sich heutigen Besuchern als ein weit ausgedehntes Ruinenfeld am Wadi Hilmi dar, auf dem einige zerfallene Grabmale, eine fragmentarische Stadtmauer und eine Zisterne auszumachen sind. Die Mündung des Wadi Hilmi muss zur Blütezeit der Stadt als natürlicher Hafen genutzt worden sein, wobei der Wadi-Verlauf gleichzeitig die nördliche Stadtgrenze bildete. Landeinwärts war die Siedlung durch eine Mauer gesichert, seeseits soll eine schwer einnehmbare Feste gestanden haben.

Von weit her sichtbar ragt das Grabmal der Bibi Miriam wie ein Wahrzeichen über dem Ruinenfeld auf und scheint Wache zu halten über die Geheimnisse der Vergangenheit. In dem quadratischen, ehemals überkuppelten Bau sind noch

Blick auf Sur

Reste von Stuckbögen und stuckierte Stalaktiten zu erkennen. Die Ruine wurde bis Mitte des 19. Jh. von einer in der Nähe ansässigen Gemeinschaft indischer Muslime als Gebetshaus genutzt. Heute verfällt das Bauwerk.

Sur

Auf der Weiterfahrt nach Sur finden sich Reisende sehr bald im 21. Jh. wieder, wenn ihr Blick auf den Industriekomplex der OLNG, der Gesellschaft Oman Liquefied Natural Gas fällt. Nachdem man 1989 stattliche Naturgasvorkommen im Landesinnern aufgespürt hatte, wurde die OLNG gegründet und mit 6 Mrd. US-Dollar die bisher größte industrielle Investition im Oman gestartet. Die 6,6 Mio. t Flüssiggas, die jährlich über eine 250 km lange Pipeline Qalhat erreichen, werden zu zwei Dritteln nach Korea exportiert, 600 000 t will Japan abnehmen.

Die restlichen 15 km Küstenpiste nach Sur sind schnell zurückgelegt. Sur soll bereits in vorislamischer Zeit existiert haben. Erste Belege für einen Handel mit Ostafrika datieren ins 6. Jh. Anfang des 16. Jh. wurde Sur von den Portugiesen erobert, aber nicht wie Qalhat zerstört. 1640 gewann Imam Nasir bin Murshid (1624–49) Sur zurück. Der Handel mit Indien und Ostafrika blühte wieder auf.

Nach dem ersten Abkommen von Sultan Sayyid Said bin Sultan (1804 bis 1856) mit den Engländern, dem Sklavenhandel entgegenzuwirken, musste Sur ab 1828 herbe wirtschaftliche Verluste hinnehmen, die 1857 durch die Probleme zwischen dem Oman und Sansibar noch verstärkt wurden. Als es 1865 zu einer Plünderung der Stadt durch die Wahhabiten Saudi-Arabiens kam, mit denen die Stammesgemeinschaft der

Bani Bu Ali aus dem Stadtteil Aiga sympathisierte, war der Niedergang des weltweiten Seehandels eingeleitet. Spätestens nach der Eröffnung des Suez-Kanals im Jahre 1869 beschränkte sich der wenige Schiffsverkehr nur noch auf Indien.

Die Hafenstadt Sur besteht aus zwei unterschiedlich großen Bezirken, die durch eine Lagune voneinander getrennt sind. Der kleinere Stadtteil **Aiga** und der größere **Sur al-Sahil** wurden traditionell von zwei Stammesgemeinschaften bewohnt, den Bani Bu Ali und den Janaba. Sur al-Sahil ist etwa drei Mal so groß wie Aiga.

Das alte Handwerk des *Dhau*-Baus, für das Sur berühmt ist, wird heute an der Lagune auf der Seite von Sur al-Sahil ausgeübt, wo reparaturbedürftige Schiffe und Neubauten indischen Handwerkern anvertraut werden.

Hier ließ auch der Ire Tim Severin seine »Sohar« bauen, mit der er 1980 von Muscat nach China in See stach, um die legendäre Reise des Sindbad, die alte Handelsroute der Omanis nach Kanton, in sechseinhalb Monaten nachzuvollziehen.

Die »Sohar« steht als Denkmal mittlerweile in Muscat auf dem Kreisverkehr vor dem al-Bustan-Hotel, doch kann man in Sur ein anderes historisches Schiff besichtigen. An der Lagune in Nähe der Werften hat man eine alte, restaurierte *Ghanjah* aufgestellt, die in den 20er Jahren des 20. Jh. in Sur gebaut, jahrelang als Handelsschiff zwischen dem Golf, Ostafrika und Indien um-

hersegelte, bis sie 1971 in den Jemen verkauft wurde. 1993 taten sich einige Bürger von Sur zusammen und kauften die *Ghanjah* für 165 000 DM wieder zurück.

Heute werden in Sur nur noch *Sambuqs* gebaut, der am häufigsten verbreitete *Dhau*-Typ auf den Wassern des Golfes, der Arabischen See und des Roten Meers. Charakteristisch für diese Boote sind der niedrige, krummsäbelförmig gebogene Vordersteven und das hohe, annähernd quadratische Spiegelheck. Ursprünglich als Zweimaster konzipiert, sind *Sambuqs* heute zumeist mit Motoren ausgestattet. Sie werden als Fracht- und Passagierschiffe genutzt, die, je nach Größe, zwischen 75 und 140 t laden können. Zur Blüte der Perlenfischerei im Golf fuhren die Taucher mit *Sambuqs* zu den Austernbänken hinaus.

Nach Aiga, in den Stadtteil auf der gegenüber liegenden Seite der Lagune, kann man sich entweder mit der Fähre übersetzen lassen, oder man folgt der um die Bucht gebauten neuen Uferstraße, von der man eine wunderbare Aussicht auf die im Hafen ankernden *Dhaus*, die Werft und die Wachtürme auf den umgebenden Bergen hat.

Aiga ist ein verträumter, ruhiger Stadtteil, da die meisten Bewohner tagsüber in Sur al-Sahil ihrem Beruf nachgehen. Wahrscheinlich liegt es an der alten Tradition des *Dhau*-Baus und der damit verbundenen Holzschnitzkunst, dass man in Aiga wie in Sur al-Sahil noch viele alte Haustüren sieht, die mit aufwändi-

Sur ist für den Bootsbau bekannt

gem Schnitzwerk versehen sind. Das Repertoire reicht von einfacheren geometrischen Mustern bis hin zu floralen Motiven und Koransprüchen. Typisch für die surische Holzschnitzkunst ist das Motiv des Palmwedels und des gedrehten Seils, worin man eine Anspielung auf die alte Schifffahrtstradition der Bewohner erkennen mag.

In Aiga steht ein kleines Fort, über dem die Stammesangehörigen der wahhabitischen Bani Bu Ali 1928 die Flagge Saudi-Arabiens gehisst und sich einseitig vom Oman losgesagt hatten. Sie lehnten die Steuerpolitik des Sultans in Muscat ab und probten den Aufstand, bis des Sul-

tans Truppen mit Hilfe des britischen Militärs sie wieder zur Raison bringen konnten.

Von den *Dhau*-Werften führt die **Corniche** am Strand vorbei, an dem je nach Tageszeit zahlreiche Fischer ihrer Arbeit nachgehen, in das Geschäftszentrum von Sur al-Sahil mit Restaurants, Banken, Supermärkten und kleinen Läden. Wer Andenken sucht, kann nach ›typisch‹ surischen Produkten Ausschau halten, nach *Dishdashas,* die in Sur mit farbig abgesteppten Nähten und Quasten versehen sind, oder nach üppig bestickten Frauengewändern, vergoldeten *Khanjars* und handgewebten Seidenstoffen, die von den omanischen Männern unter ihrem *Dishdasha* getragen werden.

Das etwa 300 Jahre alte **Fort Sinesilas** (Sa–Do 8–13, 16–18 Uhr) thront auf einer Anhöhe an der Route 23 Richtung Sur al-Bilad.

Ein paar Kilometer nordwestlich im Landesinnern liegt **Sur al-Bilad,** auch Sur Sur genannt, im Zentrum einer großen palmenbestandenen Oase. Der Ort war für die Hafenstadt von jeher wichtig wegen seines Suq. Eine Festung (Sa–Do 8–17 Uhr, Eintritt frei) aus Lehmziegeln wacht seit 200 Jahren über der Oase.

🛏 *Obere Preiskategorie DZ 40 bis 45 OR plus 17 % Steuern:* **Sur Mercure Hotel,** P. O. Box 908, Sur 411, Tel. 44 37 77, Fax 44 26 26, E-Mail: surbhtl@gto.net.om, 108 Zimmer, Pool, Fitness Centre, ein Restaurant, eine Bar, 1999 eröffnetes Hotel der französischen Accor-Gruppe; **Sur Beach Hotel,** P. O. Box 400, Sur 411, Tel. 44 20 31–2, Fax 44 22 28, E-Mail: surbhtl@gto.net. om, 112 Zimmer, Pool, Tennisplätze, ein Restaurant, zwei Bars, Live-Entertainment, an dem recht schmalen und kiesigen, nicht eben attraktiven Strand, jedoch mit Meerbrise und den meisten Unterhaltungsmöglichkeiten im Ort; *mittlere Preiskategorie DZ 30 OR plus 17 % Steuern:* **Sur Hotel,** P. O. Box 299, Sur 411, Tel. 44 00 90, Fax 44 37 98, im Geschäftsviertel in der Nähe des Marktes, einfach und im Vergleich zu den beiden höherklassigen Hotels zu teuer

🍴 *Obere Preiskategorie 5–10 OR:* **Oysters Restaurant,** Sur Mercure Hotel, internationale und arabische Küche, lizenziert, tägl. 6.30–23 Uhr; **al-Rasagh,** Sur Beach Hotel, internationale, indische und orientalische Küche, lizenziert, tägl. 6–24 Uhr; *mittlere Preiskategorie 5 OR:* **Penguin Restaurant,** Fast Food, Mayan House gegenüber dem Fort; **Pizza Hut,** Pizzeria, Tel. 44 53 88; *untere Preiskategorie 2–3 OR:* **um den**

Marktplatz in der Nähe des Sur Hotel gibt es zahlreiche einheimische Restaurants mit indo-arabischer Küche

🍸 **Captain's Bar,** Sur Mercure Hotel, tägl. 18–24 Uhr; **Sur Bar,** Sur Beach Hotel, Live-Entertainment, tägl. 12–15, 18–24 Uhr. Während das abendliche Unterhaltungsprogramm in den Bars der beiden ersten Häuser am Platze eher auf westliche Besucher und omanische Geschäftsreisende abgestimmt ist, bietet das Sur Beach Hotel in einem Etablissement rechts vom Haupteingang ein musikalisches Programm, das auf eine einheimische Klientel und Gastarbeiter zugeschnitten ist. Indische Bands aus der Provinz, Bauchtanz und arabische Popmusik für ein ausnahmslos männliches Publikum lassen in dem verqualmten Saal eine kuriose, arabisch-indische Hafenkneipenatmosphäre aufkommen, Sa–Do 20–24 Uhr

💱 **In Marktnähe** konzentrieren sich Banken und autorisierte Geldwechsler. Die Banken haben nur vormittags geöffnet, die Wechselstuben orientieren sich an den Geschäftszeiten im Suq

🚌 **Tägl. drei Busverbindungen** nach Muscat/Ruwi über Mintirib und Ibra um 6, 12 und 14.30 (außer Fr und an Feiertagen), 16.30 Uhr (Fr und an Feiertagen); einmal tägl. nach al-Kamil um 17 Uhr, Auskunft Tel. 44 46 50

✈ **Oman Air** fliegt dreimal wöchentlich nach Muscat und Masirah, Buchungen über Abu Anwar Travel Agency, P. O. Box 499, Sur 411, Tel. 44 46 50, Fax 44 22 89

🚶 **Sur Police Station,** Tel. 44 05 99, Notruf Tel. 9 99

➕ **Sur Hospital,** Tel. 44 01 90

Zu den Meeresschildkröten bei Ras al-Hadd

Nach Ras al-Hadd und den weiter südlich gelegenen Stränden, an denen jährlich mehrere tausend Meeresschildkröten ihre pingpongballförmigen Eier ablegen, gelangt man von Sur über Aiga, wo eine unbefestigte Küstenstraße beginnt. Nach etwa 6 km führt die holprige Weiterfahrt durch ein steiniges Wadi-Tal an fantastisch gefalteten Felswänden vorbei ins Landesinnere.

Rund 25 km weiter zweigt die Piste nach **Khor al-Gharamah** ab, wo sich eine geschützte Lagune eröffnet, an deren Strand Fischerboote und ausgebreitete Netze liegen. Im Ort erhebt sich eine ummauerte runde Fluchtburg aus Naturstein und Lehm. Man durchfährt die Siedlung und erreicht nach 10 km **Ras al-Hadd.** Ras bedeutet Landspitze und Hadd äußerster Rand/Kante, womit treffend benannt wurde, wo man sich hier befindet – am östlichsten Ende der Arabischen Halbinsel, an der sich der Golf von Oman und die Arabische See begegnen.

Das Städtchen besitzt eine Festung, die auf die Mitte des 16. Jh. zurückgehen soll. Von der höchsten Bastion des Fort Koran (Sa–Do 8.30–14 Uhr, Eintritt frei) hat man eine wunderbare Aussicht über den Ort, die Küste und die Lagune des Khor al-Hajar. Im untersten Geschoss des Turmes befindet sich ein Zugang zu einem unterirdischen Fluchtweg, der nach 200 m in einem Wohnhaus außerhalb der Burg endete.

Außer ein paar älteren Häusern hat das modernisierte Ortszentrum keine touristischen Anziehungspunkte. Ein Kuriosum ist die in der Nähe des Forts verlaufende, inzwischen etwas schlaglöchrig gewordene Asphaltpiste, die während des Zweiten Weltkriegs als Notlandebahn diente.

Nur wenige Kilometer südwestlich von Ras al-Hadd wurden Spuren bronzezeitlicher Besiedlungsaktivitäten freigelegt. Bei den ältesten Zeugnissen handelt es sich um die Fundamente eines Fluchtturms von 13 m Durchmesser aus der Umm an-Nar-Periode (2500–2000 v. Chr.). Auf einem nicht weit entfernten Siedlungshügel wurden Keramikfragmente importierter Töpferwaren aus dem späten 3. Jt. v. Chr. identifiziert, die auf einen überseeischen Kontakt mit den Bewohnern der Harappa-Kultur im Nordwesten des indischen Subkontinents schließen lassen.

Durch Grabungen in **Ras al-Junayz** 20 km weiter südlich war bekannt, dass die omanischen Küstenanrainer spätestens seit 2300 v. Chr. regen Austausch mit den Menschen des 450 nautische Meilen entfernten indischen Subkontinents gehabt haben mussten. Zwischen den Resten der kleinen Küstensiedlung von Ras al-Junayz fand man neben Gebrauchskeramik der Harappa-Zeit auch ›Luxusartikel‹ wie einen Elfenbeinkamm, Alabastervasen, Kupfer- und Steatitsiegel, die nur in den Werkstätten der Indus-Zivilisation entstanden sein konnten.

Meeresschildkröten

Die letzten Überlebenden der Saurierzeit

Meeresschildkröten haben sich seit über 90 Mio. Jahren annähernd unverändert erhalten. Ihre Vorformen sind älter als die Dinosaurier und spätestens, als die Dinosaurier ausstarben, lebten sie als Amphibien in den Weltmeeren. Mit der Erforschung des Lebenszyklus und der Wanderungsbewegungen der bedrohten Meeresschildkröten wurde im Oman 1977 begonnen, als man sie zum ersten Mal etikettierte. Durch die Auszeichnung von mehr als 30 000 Schildkröten konnte nachgewiesen werden, dass manche der Schildkröten, die an den Stränden von Ras al-Hadd und der Insel Masirah ihre Eier ablegen, aus den Gewässern vor Somalia, Äthiopien, dem Jemen, Saudi-Arabien und Pakistan kommen. Von sieben bekannten Schildkrötenformen leben heute fünf in den Gewässern vor der omanischen Küste.

Das ganze Jahr hindurch legen an dem über 80 km langen, unter Naturschutz stehenden Küstenstreifen, der von Ras al-Hadd bis auf die Höhe von al-Ashkhara reicht, etwa 20 000 Grüne Meeresschildkröten *(Chelonia mydas)* ihre Eier ab. Vor allem das Fleisch der Grünen Meeresschildkröte wurde einst für die Zubereitung von Schildkrötensuppe verwendet. An der Küste südlich von Ras al-Hadd gab es unter den Einheimischen nie die Tradition, Schildkrötenfleisch zu verzehren, aber auf Inseln wie Masirah, die heute mit 30 000 Loggerhead-Schildkröten *(Caretta caretta)* zu den weltgrößten Ei-Ablegeplätzen für diese Spezies gehört, war es üblich, Schildkröten zu fangen und ihr Fleisch zu essen. Wie man die behäbigen Meerestiere überwältigte und tötete, beschreibt bereits ein Text aus dem 1. Jh. v. Chr.

Seit 1977 weiß man etwas mehr über den Lebensrhythmus und die Verhaltensweisen der Meeresschildkröten. Ein weibliches Tier wird im Alter von 30 bis 50 Jahren geschlechtsreif. Zur Paarung und Ei-Ablage kehren weibliche und männliche Tiere an den Küstenstreifen zurück, an dem sie einmal ausgeschlüpft sind. Man vermutet, dass sie sich an Magnetfeldern der Erde orientieren oder sich von ihrem Geruchssinn leiten lassen.

Die Tiere paaren sich nur alle zwei bis vier Jahre. Einige Schildkröten legen in Abständen von etwa zwei Wochen ein- bis zweimal im Jahr ihre Eier ab, andere bis zu viermal jährlich. Die Menge der Eier variiert zwischen 80 und 140. Sie sind bis zu 58 mm groß und wiegen bis zu 69 g.

Die Ei-Ablage erfolgt stets nachts. In der aufkommenden Dunkelheit schleppen sich die ersten Schildkröten an Land. Man erkennt, wie beschwerlich es für sie ist, ihre durchschnittlichen 135 kg über den Sand zu bewegen. Zwischendurch halten sie inne, um auszuruhen und nach einem geeigneten Nistplatz Ausschau zu halten. Ist dann ein Ort gefunden, beginnen sie mit den Vorderpaddeln ein Loch zu graben, das groß genug ist, sich darin zu verbergen. Das Tier legt sich in die Grube und gräbt mit den Hinterpaddeln ein tieferes Loch für die Ablage der Eier. Sind diese deponiert, wird das Nest mit den Vorderpaddeln wieder verschlossen. Zum Schluss wirft die Schildkröte noch ein paar Paddelladungen losen Sandes über das Gelege, um räuberischen Tieren keine Fährte zu legen, und müht sich danach zurück in die See. Die ganze Prozedur dauert etwa zwei bis drei Stunden. Sie kann am Strand von Ras al-Junayz in vorangemeldeten Gruppen unter Führung von Rangern beobachtet werden. Hauptsaison für dieses Naturereignis ist die Zeit von Juli bis Oktober, auch wenn Meeresschildkröten das ganze Jahr hindurch hier ihre Eier ablegen.

Um das Reservat von Ras al-Junayz besuchen zu können, muss eine schriftliche Anmeldung drei Tage im Voraus beim Directorate General of Nature Reserves erfolgen. Der Antrag ist gegen eine Gebühr von 1 Rial während der Bürozeiten (7.30–14.30 Uhr) im Ministeriumsgebäude des Ministry of Regional Municipalities and Environment in al-Khuwair, al-Wazarat St., zu stellen, Tel. 69 64 42, 69 64 56, 69 25 50, Fax 69 69 55. Für einen Besuch des Reservats von Ras al-Junayz werden täglich nicht mehr als 60 Personen zugelassen. Vor dem Strand stehen 15 Picknick-Pavillons, in denen man sich mit mitgebrachtem Proviant die Zeit vertreiben kann, bis man nach Einbruch der Dunkelheit von den Rangern in kleinen Gruppen von bis zu 15 Besuchern an den Strand geführt wird.

Man verbringt die Nacht auf dem Resort-Gelände, um dann am nächsten Morgen nach Sonnenaufgang auch das Ausschlüpfen der Babyschildkröten zu beobachten. Etwa 55 Tage nach der Ei-Ablage schlüpfen die Jungen. Ob männliche oder weibliche Schildkröten das Nest verlassen, kann man an ihren äußeren Merkmalen nicht feststellen. Die Geschlechtsentwicklung ist wärmebedingt. Wärmere Sandtemperaturen bringen weibliche, kühlere männliche Schildkröten hervor.

Sind die Tiere geschlüpft, beginnt der Überlebenskampf, die rettende See möglichst schnell zu erreichen. Man wird Tiere beobachten, die in die falsche Richtung, landeinwärts laufen, andere fallen in Sandkrater und richten sich schnell wieder auf. Sie müssen wieselflink sein, wollen sie Raubtieren wie Möwen und Krebsen nicht zum Opfer fallen. Aber selbst im Meer lauern noch Gefahren durch Raubfische, so dass die Forscher annehmen, dass von 10 000 geschlüpften Babyschildkröten nur etwa zwei bis drei das Erwachsenenalter erreichen.

Dhofar – Omans tiefer Süden

**Salalah und die östliche
Dhofar-Küste**

**Ausflüge in die nördliche
Bergwelt von Dhofar**

In den Qamar-Bergen

Dhofar – Omans tiefer Süden

Durch das Land des Weihrauchs. In Salalah, der Hauptstadt zwischen Kokosplantagen, wird eine versunkene Stadt, al-Balid/Zafar, in einem archäologischen Park wieder erstehen. Ausflüge zu Weihrauchbäumen, Besichtigungen alter Handelsstationen, Exkursionen in die Berge, Entspannung an feinsandigen, fast menschenleeren Stränden.

Salalah und die östliche Dhofar-Küste

Die Provinz Dhofar im äußersten Südwesten des Oman umfasst ungefähr ein Drittel der Fläche des Sultanats. Etwa zwei Drittel davon bestehen aus Sand- und Geröllwüste, nur ein Drittel, die Küstenebene und die dahinter liegende Bergwelt, hat zum Ruhm dieser Region beigetragen, nicht nur einer der fruchtbarsten Landstriche an der süd-arabischen Küste zu sein, sondern auch das Geheimnis des sagenumwobenen Weihrauchs zu hüten.

Beides verdankt Dhofar dem Südwest-Monsun, der alljährlich von Juni bis Mitte September über einem etwa 50 km langen Küstenstreifen zwischen Raysut und Mirbat niedergeht. Die Regenmengen tragen in der Ebene zu einem reichen Grundwasservorrat bei, der auf dem fruchtbaren Boden ganzjährig die Ernte von Kokosnüssen, Papayas, Bananen, Getreide und Gemüse erlaubt. Im dahinter liegenden Qara-Gebirge füllen sich die Wadis, Bergseen und unterirdischen Aquiferschichten und die meerzugewandten Berghänge werden zu einem dichten Dschungel mit subtropischer Vegetation. Die Täler hinter den ersten Bergformationen bekommen zwar kaum noch etwas von den Niederschlägen ab, aber gerade die fein dosierten Feuchtigkeitsmengen der nebligen, bereits abgeregneten Monsunwolken sind den hier wachsenden Weihrauchbäumen ausgesprochen zuträglich.

Im Laufe der Jahrhunderte war Dhofar verschiedenen Einflüssen und Mächten ausgesetzt, nicht zuletzt immer wieder denen, die aus dem benachbarten Jemen herüberdrangen. So wie die Hafenstadt Sumharum im 1. Jh. v. Chr. als Kolonie des hadramautischen Reiches gegründet wurde, kamen in nachfolgenden Zeiten jemenitische Stämme nach Dhofar, wie die Qara, die um 900 bis 1000 n. Chr. eingewandert sein sollen.

In halbsesshaften Gemeinschaften haben die Qara sich die dhofarische Bergwelt erschlossen, in der sie bis vor kurzem auch saisonal in Höhlen wohnten. Sie nennen den größten Teil der Weihrauchgebiete ihr Eigen. Um 1100 n. Chr. folgten Angehörige des mit den Qara verwandten Mahrah-Stammes. Als nomadisierende Kamelzüchter leben sie in erster Linie in den Wüstengebieten. Die Bait Kathir wanderten gegen Ende des 16. Jh. aus dem Hadramaut ein und eroberten die Kiesebenen des Nejd südlich des Leeren Viertels, siedelten aber auch an der Küste an und wurden zum Teil erfolgreiche Händler.

Die Provinz Dhofar geriet erst im Verlauf des 19. Jh. unter den Einfluss der Regierung in Muscat. Als es nach der Ermordung des zwischen 1806 und 1829 mit strenger Hand regierenden jemenitischen Piraten und Sklavenhändlers Sayyid Mohammad bin Aqil zu Chaos, räuberischen Überfällen und Anarchie im Lande gekommen war, sah sich Sultan Sayyid Said bin Sultan (1804 bis 1856) bemüßigt, das Land zu befrieden. Er sandte Truppen nach Dhofar und versuchte, die Machtposition für den in Bombay lebenden Bruder Aqils zu halten. Dieser zog indes sein Kaufmannsdasein in Indien vor, so dass Said bin Sultan seine Truppen abzog, als diese in den ostafrikanischen Stützpunkten noch dringender gebraucht wurden.

Danach blieb Dhofar 50 Jahre der Willkür verschiedener Machthaber ausgesetzt. Bald darauf gewannen die Qara die Vormachtstellung und zogen plündernd und raubend durch das Land. 1876 versuchte Sayyid Fadhl bin Alawi, ein indischer Muslim von der Malabar-Küste, in die Fußstapfen Mohammad bin Aqils zu treten. Als sich jedoch herausstellte, dass seine Herrschaft ebenfalls von Gewalt und Unterdrückung geprägt war, schlossen sich die Stämme der Qara und Bait Kathir zusammen und riefen Muscat um Hilfe. Sultan Sayyid Turki bin Said (1871–88) schickte 1879 Sulaiman, den Sohn seines Bruders Sultan Thuwani, als *Wali* und Statthalter nach Dhofar. Mit 100 Soldaten konnte Sulaiman Ruhe und Ordnung herstellen und hatte binnen kürzester Zeit 12 000 bewaffnete Bedu hinter sich, die bereit waren, sein Regime zu verteidigen.

Sayyid Said bin Taimur (1932 bis 1970), der Vater von Sultan Qaboos, machte Dhofar schließlich zu seiner zweiten Heimat, zog sich unter dem Druck des Jebal-Akhdar-Aufstands 1958 in seinen Palast in Salalah zurück und suchte die Hauptstadt Muscat nie wieder auf.

Salalah

Die dhofarische Metropole (Stadtplan s. hintere Klappenkarte) hat heute etwa 130 000 Einwohner. Der Name soll von dem Jebali-Wort *Selelt* stammen, was so viel wie die Glänzende, Leuchtende bedeutet. Das Stadtgebiet von Salalah erstreckt sich über mehrere alte Ortsteile, die innerhalb eines 1,5 km breiten Streifens entlang der Küste von üppig grünen, tropischen Obst- und Gemüseplantagen gesäumt sind. An der al-Muntazah und Sultan Qaboos Street stehen aus Palmenstämmen und Palmenblättern gezimmerte Kioske, an denen erntefrische Ware angeboten wird. Einheimische und Fremde kaufen Bananen und Papayas, lassen sich frische, grüne Kokosnüsse aufschlagen, um das Durst löschende, noch wenig süßliche Wasser zu trinken und die weiche Masse des Fruchtfleisches mit einem Stückchen abgespaltener Schale aus der Nuss zu schaben.

Nach Ende des Dhofar-Krieges 1975 hat sich das Stadtbild von Salalah so rasant gewandelt, dass man dem Zentrum kaum noch die historische Bedeutung ansieht, die Salalah seit dem Mittelalter für die Region besaß. Anschauliches Beispiel hierfür ist das 64 ha große Ruinenfeld von **al-Balid,** einer Hafen- und Kaufmannsstadt aus dem 11. bis 16. Jh., die hinter dem Sandstrand zwischen dem Holiday Inn und dem Stadtteil al-Hafa begraben liegt. Hier soll ein archäologischer Park entstehen, in dem Besucher durch freigelegte Bereiche einer untergegangenen Handelsmetropole gehen können, die bereits der marokkanische Reiseschriftsteller Ibn Battuta im 14. Jh. besucht hat.

Von al-Balid führt die wenig befahrene al-Bahri Street, die Corniche von Salalah, am Meer entlang bis zum Sultanspalast in al-Hafa. Der beschauliche Stadtteil ist nicht nur wegen der königlichen Residenz von Sultan Qaboos von Bedeutung, sondern auch für seinen Suq und den vormittäglichen Freitagsmarkt bekannt. Dann reisen Bedu und Bergbewohner von weit her an, um ihr Vieh zu verkaufen und Waffen und Munition zu erstehen. Wer Weihrauch, angemischtes Räucherwerk, Parfüm oder andere ›typisch dhofarische‹ Souvenirs erwerben will, ist im **al-Hafa-Suq** richtig.

Besonders lebhaft geht es am späten Nachmittag und frühen Abend zu, wenn die Einheimischen an den Läden vorbeiflanieren oder in den nahe gelegenen Supermärkten ihre Besorgungen tätigen. Kräftige dhofarische Frauen mit schweren Nasenringen und hennabemalten Händen sitzen auf dem Trottoir und bieten ihre *Bokhur*-Mischungen an, die in bunte Aluminiumdöschen abgefüllt werden. So mancher indische Verkäufer wird Vorbeischlendernde auffordern, näherzutreten und bei ihm ein bereits zusammengestelltes Set aus Weihrauchbrenner, Weihrauch und gepresster Holzkohle zu erwerben. Aus anderen Läden schauen mit stoischer Gelassenheit graubärtige omanische Händler, die offenbar ein weit entspannteres Verhältnis zu ihren Tagesumsätzen haben.

Die Tische und Stühle vor den Restaurants werden zurecht gerückt und Holzkohlegrills entfacht. Unter den Bäumen auf dem Suq-Vorplatz finden sich nach Feierabend pakistanische Gastarbeiter ein und tauschen Neuigkeiten aus.

In al-Balid, einer untergegangenen Hafenstadt aus dem 11. bis 16. Jh. entsteht ein archäologischer Park

Der **Sultanspalast al-Husn** wurde 1981 nach Umbauarbeiten auf dem gleichen Gelände fertig gestellt, auf dem Ende des 19. Jh. der erste, von Sultan Sayyid Turki bin Said (1871–88) nach Dhofar entsandte *Wali* seine Residenz hatte errichten lassen. Zwischen 1958 und 1970 hatte Sultan Qaboos' Vater Sultan Said bin Taimur (1932–70) sich hier abgekapselt und seinen Sohn für einige Jahre unter Hausarrest gesetzt. Heute weilt Sultan Qaboos regelmäßig im kühleren Klima von Salalah.

An den Strand gebaut, umfasst der königliche Hof neben den Arbeits- und Privatgemächern des Sultans einen Trakt, in dem Staatsgäste untergebracht werden, sowie eine Moschee, deren Minarett der vor den hohen Mauern aus Taqah-Sandstein stehende Besucher von außen bewundern kann.

Vor dem inneren Palastbereich liegt im Nordwesten ein Wohnviertel, in dem afrikastämmige Familien leben, die sich noch heute zu den Sklaven des Königshauses zählen. Sultan Qaboos hatte ihnen 1970 die Freiheit zurückgeben wollen, aber die meisten von ihnen zogen die sichere Versorgung durch den königlichen Diwan vor.

Die moderne Innenstadt von Salalah beginnt etwa 1 km hinter dem Sultanspalast. Folgt man der al-Nahdah Street Richtung Norden, stösst man an der ersten beampelten Kreuzung, an der das Stadtverschönerungskommittee auf dem rechten Bürgersteig einen Betonha-

sen mit dazugehöriger Zementvege-
tation aufgestellt hat, auf die al-
Muntazah Street.

Schräg gegenüber liegt die neue
Freitagsmoschee, in deren Nähe
noch einige alte Kaufmannshäuser
stehen. Leider sind sie seit Jahren
dem Verfall anheim gegeben, weil
bisher alle gut gemeinten Appelle,
die historische Architektur für die
Nachwelt zu erhalten, überhört
wurden. In manchen der Häuser haben Gastarbeiter Quartier bezogen,
jedoch stehen die meisten leer. Typisch für traditionelle dhofarische
Häuser sind die dicken Kalkstein-
wände, die im obersten Stockwerk
mit einer zinnenförmig gestuften
Mauerbekrönung enden. Vielfach
war den nach Süden ausgerichteten
Fassaden ein ummauerter Innenhof
vorgelagert. Da im Erdgeschoss Stallungen und Lagerräume untergebracht waren, fehlen hier die Fenster. Allein die Wohnbereiche im
ersten und zweiten Stock weisen
zahlreiche Wandöffnungen auf – oft
mit reich beschnitzten Holzrahmun-
gen versehen –, um die erfrischende
Seebrise einzufangen.

Vor der nächsten Ampel, dort,
wo die al-Nahdah sich mit der al-
Salam Street kreuzt, liegt zur Linken
der **Gold-Suq.** Hier reiht sich ein Ju-
weliergeschäft an das andere und
die dhofarische Damenwelt geht
ganz selbstbewusst, auch ohne Her-
renbegleitung, zusammen mit Müt-
tern, Schwestern und Freundinnen
in die mit Preziosen gefüllten Läden, wählt selber aus und zahlt
auch selbst.

In der al-Salam Street, einer der
Haupteinkaufsstraßen, werden vornehmlich Stoffe, Kleidung, Schuhe,
Kosmetika, Haushalts- und Elektro-
artikel sowie Lebensmittel angeboten. Hier stehen auch große Waren-
häuser, die sich auf die »Welt des
Kindes« oder das omanische »Schö-
ner Wohnen« spezialisiert haben. In
der al-Nahdah Street weiter nördlich
befinden sich auf der rechten Seite
weitere Textilläden mit vornehmlich
indischen Erzeugnissen, der Family
Book Shop mit der besten Auswahl
an Zeitungen und Büchern in der
Stadt sowie zahlreiche Wechselstuben und Reisebüros.

Der **neue Suq** liegt etwas zurück-
gesetzt nördlich hinter der 23rd July
Street. Dort gibt es Fisch, Fleisch,
Obst und Gemüse, einige Frauen
verkaufen auch Räucherwerk und
traditionelle Korbarbeiten. Geschäftiges Treiben herrscht hier am frühen
Morgen und in den Abendstunden.

Eine weitere Haupteinkaufsmeile
ist die Straße des 23. Juli mit Banken, Restaurants, Möbelgeschäften,
Bäckereien, Lebensmittel-, Buch- und
Schreibwarenläden, Büro- und Ver-
waltungsgebäuden sowie Moscheen.
Zum Schlendern laden jedoch die
wenigsten Innenstadtbereiche von
Salalah ein. Die Stadt ist zu weitläu-
fig, um zu Fuß erkundet zu werden.

Das **Cultural Centre** (Sa–Mi 7.30
bis 14.30 Uhr, Eintritt frei, Tel. 29
45 49) in der Markaz al-Muhafdah
Street (Abfahrt al-Nahdah Roundabout) wurde vom Ministerium für
nationales Erbe und Kultur als Museum und Konferenzzentrum ge-

Vor dem Suq in Salalah

plant, ist jedoch seit der Eröffnung 1990 immer noch sehr leer.

Der **Khor Salalah,** ein umzäuntes Naturschutzgebiet im Südwesten der Stadt wurde zum Lebensraum vieler Vogelarten. Wer einen Ausflug nach Mughsail plant, hat von einer Besichtigung der dortigen Lagune allerdings mehr.

ℹ️ **Das Büro der Dhofar Tourism Co.,** P.O. Box 2808, Salalah 211, Tel. 29 06 41, Fax 29 06 43, befindet sich im nördlichen Drittel der al-Matar St. und arbeitet leider alles andere als besonders effektiv

🛏️ *Obere Preisklasse DZ 30–50 OR plus 17 % Bedienung und Steuern:* **Salalah Hilton,** P.O. Box 699, Salalah 211, Tel. 21 12 34, Fax 21 00 84, E-Mail: sllbc@omantel.net.om, 5 km außerhalb, 147 Zimmer, drei Restaurants, zwei Bars, Nachtklub, Pool, Fitness Centre, Tennisplätze, großzügiges Haus am Strand mit Gartenanlage und Pool-Landschaft, fünf Autominuten bis zum Zentrum; **Salalah Holiday Inn,** P.O. Box 870, Salalah 211, Tel. 23 53 33, Fax 23 51 37, E-Mail: hinnsll@gto.net.om, al-Khandaque St., 100 Zimmer, darunter 19 Villen im Park, am Strand, Pool, drei Restaurants, Bar und Nachtklub, zwei Tennisplätze, Health Club und Sauna, bis zur Eröffnung des Hilton erstes Haus am Platz, immer noch der schönste Strand in Salalah; **Haffa House,** P.O. Box 427, Salalah 211, Tel. 29 54 44, 29 55 15, Fax 29 48 73, E-Mail: house@gto.net.om, al-Matar St. am Clock Tower Roundabout, in Flughafennähe, aber noch relativ innenstadtnah, 100 Zimmer, Pool und Fitness Centre, Restaurant, Shopping-Arkade; zweckmäßiges Stadthotel mit guter Infrastruktur; **Hamdan Plaza Hotel,** P.O. Box 2498, Salalah 211, Tel. 21 10 25,

Fax 21 11 87, al-Robat St., am Stadtrand, 185 Zimmer, Pool, zwei Tennisplätze, zwei Restaurants, großzügige, nüchterne Zimmer, ebensolche Atmosphäre, wird bevorzugt von Reisenden aus den Golfstaaten gebucht, das Hotel ist in einem großen Betonkomplex am Stadtrand untergebracht, in dem sich Supermärkte, Banken und Arztpraxen befinden; *mittlere Preisklasse DZ 25–30 OR plus 17 % Steuern und Bedienung:* **Dhofar Park Inn,** P.O. Box 2539, Salalah 211, Tel. 29 23 00, 29 04 84, Fax 29 43 58, al-Matar St., in der Innenstadt, 66 Zimmer, ein Restaurant, ein Coffee Shop, zweckmäßige Unterkunft mit etwas düsterer Innenarchitektur; **Salalah Beach Villas,** P.O. Box 20, Salalah 214, Tel. 23 59 99, Fax 23 55 99, E-Mail: beachspa@oman tel.net.om, in al-Dahariz in Nähe des Holiday Inn, am Strand, 10 Zimmer, kleiner Pool, gegen Vorbestellung Abendessen und Grillabende, familiär geführtes Haus, einfach, freundlich und zweckmäßig; **Salalah Tourist Village,** Reservierungen über Haffa House, Tel. 21 14 20, Fax 21 12 64, E-Mail: bennet@omantel. net.om, Apartment-Hotel für Gruppen oder Großfamilien, 150 m² große Apartments mit drei Schlafzimmern mit Wohnzimmer, Küche und Bädern, Pool, ein Restaurant, am Strand, außerhalb in Nähe des Hilton; *untere Preiskategorie DZ 12–15 OR plus 17 % Steuern und Bedienung:* **Redan Hotel,** P.O. Box 957, Salalah 211, Tel. 29 22 66, 29 22 55, Fax 29 04 91, al-Salam St., 30 Zimmer, zehn Apartments, ein Restaurant, schlichte Unterkunft in der Stadt; **Salalah Tourist Hotel,** P.O. Box 823, Salalah 211, Tel. 29 53 32, 29 56 26, Fax 29 21 45, 23rd July St. gegenüber der ONTC-Bushaltestelle, 48 Zimmer, ein Restaurant, in Nähe des neuen Suq, einfach und sauber

 Obere Preiskategorie 10 OR: **al-Maha,** Coffee Shop, Salalah Hil-

ton, Tel. 21 12 34, lizenziert, 24 Stunden geöffnet; **Palm Grove,** Salalah Hilton, Tel. 21 12 34, Pool-Restaurant, mediterrane Küche, lizenziert; **Sheeba,** Salalah Hilton, Tel. 21 12 34, internationale Küche, lizenziert; **al-Luban,** internationale Küche, Live-Entertainment, lizenziert, im ersten Stock des Holiday Inn, Sa–Do 20–1 Uhr; **al-Kharif Coffeeshop,** Holiday Inn, internationale Küche, lizenziert, tägl. 6–23 Uhr; **al-Lou'Lou'a,** internationale, arabische und indische Küche, im fünften Stock des Hamdan Plaza Hotel, Tel. 21 10 25-7, unlizenziert, tägl. 12 bis 15.30 und 19.30–24 Uhr; **al-Fareed Restaurant,** 3rd July St., nahe dem neuen Suq, Tel. 29 23 82, internationale, chinesische, indische und arabische Küche; *mittlere Preiskategorie 5 OR:* **Hassan bin Thabit,** arabische, indische und chinesische Küche, 23rd July St., Tel. 29 10 10, tägl. 6–24 Uhr; **bin Atique,** omanische Küche, 23rd July St., Tel. 29 23 84, tägl. 9–24 Uhr; **bin Atique,** omanische Küche, Sultan Qaboos St. in al-Hafa, Tel. 29 23 80, tägl. 9–24 Uhr; **Pizza Hut,** Pizzeria, al-Salam St., Tel. 29 03 03, Sa–Do 11–23.45, Fr 13–23.45 Uhr; **Penguin,** Fast Food, al-Nahdah St., Tel. 22 50 34, tägl. 9–24 Uhr; *untere Preiskategorie:* **Southern Desert,** Stehcafé in einer indisch geführten Konditorei, Snacks, Kuchen und frische Säfte, al-Nahdhah St. nahe der Muscat Pharmacy, Tel. 29 89 11, Sa–Do 8–24, Fr 12–16 Uhr; preiswerte indische Restaurants befinden sich in al-Hafa in der Nähe des Suq

Bauchtanz und libanesische, ägyptische oder afrikanische Live-Musik wird im al-Luban Restaurant im Holiday Inn geboten, in der Monsunzeit sehr frequentiert von Gästen aus den Golfstaaten, tägl. 20–1 Uhr, Tel. 23 53 33

Das Cultural Centre an der Markaz al-Muhafdah St. (Zufahrt über den al-Nahdah Roundabout und die al-Nahdah St.), Sa–Mi 7.30–14.30 Uhr, Eintritt frei, Tel. 29 45 49, verfügt über eine große Ausstellungshalle, in der archäologische Ausstellungsstücke aus dhofarischen Fundorten, ethnographisches Material und Fotografien von Wilfred Thesiger zu besichtigen sind; **The British Council,** P.O. Box 249, Salalah 211, Tel. 21 22 40, Fax 21 25 08

Royal Oman Police, Hauptquartier al-Nahdah/23rd July St., Tel. 29 00 99, Notruf Tel. 9 99

Sultan Qaboos Hospital, al-Sultan Qaboos St., rechts hinter dem Hospital Roundabout, 5 km außerhalb am westl. Stadtrand, Tel. 21 11 51

Das Hauptpostamt (Central Post Office) liegt an der nördlichen al-Nahdah St., Eingang in der al-Ghadeeda St., Sa–Mi 8–14, Do 9–11 Uhr, Fr geschl., Telefonkarten gibt es in fast jedem Lebensmittelladen (Food Stuff)

Busse der O.N.T.C., der Oman National Transport Company, verlassen vier Mal tägl. Salalah Richtung Muscat/Ruwi: um 7, 17, 18 und 19 Uhr. Die nicht sehr abwechslungsreiche, 1040 km lange Reise dauert 13 Stunden. Kosten: 10 OR. Der Busbahnhof befindet an der 23rd July St. in Nähe des neuen Suq, Auskunft Tel. 29 27 73

Oman Air bietet täglich zwei Flüge zwischen der Hauptstadt und Salalah an. Es gibt eine Nachmittags- und eine Abendverbindung, an fünf Tagen in der Woche verkehrt ein weiterer Flug in der Mittagszeit. Oman Air, Haffa House, al-Matar St., P.O. Box 662, Salalah 211, Tel. 29 27 77, 29 43 77, Fax 29 32 42, Sa–Do 8–13 und 16–18 Uhr, Fr 9–11 Uhr, Rückflugticket 50 OR

Die Banken in der al-Nahdah und al-Salam St. haben nur vormittags geöffnet, die Wechselstuben richten sich nach den üblichen Geschäftsöffnungszeiten. DM-Reiseschecks kann man in Salalah nicht tauschen, Bargeld in jeder Währung.

Mezoon Travels, 23rd July St., Tel. 29 78 46, Fax 29 78 47, E-Mail: mzt@omzest.com, nimmt Rückbestätigungen für Lufthansa-Flüge vor; weitere Reisebüros: **Shanfari Travel and Tours,** Tel. 29 76 87, Fax 29 47 92, E-Mail: touroman@shanfari.com; **United Tours,** Tel. 29 79 48, Fax 29 79 58, E Mail: utours@gto.net.om; **Zubair Travel and Service,** P.O. Box 809, Salalah 211, al-Nahdah St., Tel. 29 11 45, 23 55 82, Fax 23 55 81; **Ettin Tours,** P.O. Box 2195, Salalah 211, Tel. 23 57 75, Fax 23 57 75; **Bahwan Travel Agencies,** Tel. 29 46 65, Fax 29 09 08

Avis Oman, c/o Zubair Travel and Service, P.O. Box 809, Salalah 211, al-Nahdah St., Tel. 29 11 45, 23 55 81/2, Fax 23 55 81; **Budget Rent a Car,** Salalah Holiday Inn, Tel. 23 51 60, Fax 23 59 66; **Budget Rent a Car,** Salalah Airport, Tel. 29 00 97; **Europcar Interrent Oman,** Salalah, Tel. 29 79 48, Fax 29 79 58, E-Mail: eurmct@gto.net. om; **al-Miyasa Rent-A-Car,** P.O. Box 2890, Salalah 211, al-Salam St. nahe dem Redan Hotel, Tel. 29 65 21, Fax 29 67 24, E-Mail: carenalmiysa@ yahoo.com

Samharam Divers, P.O. Box 870, Salalah 211, Tel. 9 48 12 65, Fax 23 51 37, E-Mail: ezrebello@hot mail.com, Tauchen, Schnorcheln, *Dhau*-Fahrten, Hochseeangeln; **Salalah Sub-Aqua Club,** P.O. Box 2979, Salalah 211, Tel. 23 53 33, Fax 23 51 37, Tauch- und Schnorcheltrips

Von Salalah nach Mirbat

Verlässt man Salalah Richtung Osten, führt die Straße an ausgedehnten Feldern vorbei, die mit riesigen Maschinen künstlich bewässert werden. Das üppige Grün, das hier gedeiht, geht an die staatlichen milchwirtschaftlichen Betriebe und die Royal Staples in al-Robat. Nicht allzu weit vor dem Mamoura Roundabout liegt rechter Hand die Razat Farm, ein landwirtschaftliches Versuchsgelände in königlichem Besitz mit Gemüse- und Obstplantagen, Gewächshäusern, Stallungen und Forschungslabors. Dort arbeiten

omanische, britische und indische Spezialisten an neuen Anbaumethoden. Alle Erträge der Razat Farm werden für den königlichen Hof produziert. In einem Geschäft neben dem Eingangstor an der Straße gibt es auch einen Laden, in dem Durchschnittsbürger Produkte der Royal Farm erstehen können.

Am Mamoura Roundabout zweigt die Route 49 Richtung Taqah ab. Die beinahe echt wirkende Landschaftskulisse mit äsenden Gazellen, rotbeinigen Störchen und sprudelnden Bächen wurde anlässlich der Nationaltagsfeierlichkeiten 1997 in der Mitte des Kreisverkehrs angelegt und soll über 1 Mio. DM verschlungen haben. Der **Mamoura-Palast,** einst

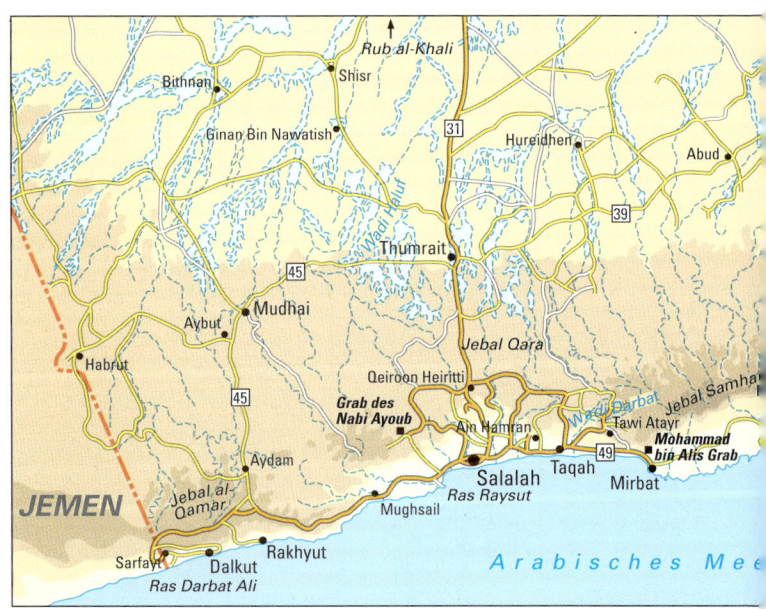

der Landsitz von Sultan Said bin Taimur (1932–70), war später die Residenz der Mutter von Sultan Qaboos,
wenn sie in Salalah weilte.

Taqah ist nach 20 Minuten Auto-
fahrt von Salalah erreicht. In der
Umgebung wird der gelbgräuliche
Taqah-Kalkstein abgebaut, aus dem
einst die dhofarischen Häuser errichtet wurden. Am Khor Taqah, einer schilfbewachsenen, verlandeten
Lagune, die früher einmal als Hafen
diente, führt eine Schotterstraße in
den Ortskern, wo das alte, renovierte Fort (Sa–Mi 8–14.30 Uhr, Eintritt
frei) mit historischen Möbeln und
Gerätschaften besichtigt werden
kann. Auf dem Gelände der Freitagsmoschee (Masjid Sheikh al-Afif)

gegenüber dem Fort steht ein
schlichter Schrein, in dem die Mutter von Sultan Qaboos ihre letzte
Ruhestätte fand. Die Nekropole
wird als Grab der Bibi Mazyoun
(Großmutter) bezeichnet.

Dort, wo sich der **Wadi Darbat** in
den Monsunsommermonaten von
einer 100 m hohen Felswand als pit-
toresker Wasserfall in die Ebene er-
gießt, wird die Lagune des **Khor
Rohri** regelmäßig von Süßwasser
gespeist. Die Lagune war zu Zeiten
der Besiedlung von Khor Rohri mit
dem Meer verbunden und nicht
durch eine Sandbank von der See
getrennt, so dass ozeantaugliche
Schiffe hier vor Anker gehen und vor
den Monsunwinden Schutz suchen
konnten.

In den 50er Jahren des 20. Jh.
wurden auf der Zitadelle von Khor
Rohri hadramautische Inschriften
zutage gefördert, auf denen sich der
Name des Ortes identifizieren ließ.
Smhrm (das altsüdarabische Alpha-
bet bezeichnet keine Vokale)
– ausgesprochen Samharam, englische Transkirption Sumharum –,
was so viel bedeutet wie »der Plan
ist großartig«. Eine Datierung der
Texte in das 1. Jh. v. Chr. sowie Informationen aus weiteren Inschriften sind Hinweise darauf, dass es
sich um eine jemenitische Kolonie
handelt. Griechische Quellen berichten von einem Hafen an der arabischen Küste namens Moscha, der

Dhofar

Weihrauch und andere Wohlgerüche

Dem Duft des Weihrauchs kann sich im Oman niemand entziehen. Er empfängt Besucher beim Betreten einer Hotelhalle, er erfüllt Suqs mit schweren Düften und hinterlässt feine Rauchschwaden. Nach Weihrauch duftet sogar manches Taxi, in dem der Fahrer ein kleines Stückchen von dem Baumharz auf den Zigarettenanzünder gelegt hat. Und trotz dieser alltäglichen Begegnungen verliert der Weihrauchgeruch nicht das Mystische, das Geheimnisvolle, das ihn umgibt.

Weihrauch wird seit Jahrtausenden im Oman gewonnen und gehandelt. Er war im Altertum das wertvollste und begehrteste Handelsgut, für das Karawanen den Marsch über tausende von Kilometern durch Wüsten auf sich nahmen. So hat Weihrauch auch Dhofar den Namen Arabia Eudaimon oder Arabia felix eingebracht, weil spätestens die Griechen schriftlich hinterließen, woher sie die kostbare Ware bezogen. Plinius und Plutarch berichteten, dass Alexander der Große in jungen Jahren zu einer üppigen Verwendung von Weihrauch für die von ihm verehrten Gottheiten neigte, so dass sein Lehrer Leonidas ihm riet, er solle erst einmal die Länder seines Ursprungs erobern, bevor er derart verschwenderisch damit umgehe.

Nicht nur Ägypter und Griechen bedienten sich im Tempel- und Totenkult des Weihrauchs, das kostbare Baumharz war auch im alten Rom geschätzt. Nero soll ungeheure Mengen beim Begräbnis seiner Gattin Poppaea Sabina verbraucht haben; ein etwas verspäteter Wiedergutmachungsversuch des Kaisers, der am Tod der Poppaea nicht unschuldig war.

In der Bergwelt von Dhofar, die sich hinter der Küstenlinie auf bis zu 1000 m erhebt, wachsen die berühmten Weihrauchbäume *(Boswellia sacra)*, die ein ganz besonders qualitätvolles Harz (Liban) produzieren, wie es in Nordostafrika, Somalia und auch Indien nicht vorkommt.

Wenn in den Sommermonaten von Juni bis September die Monsunregen an den Hängen der ersten Bergmassive niedergehen, bleibt für die dahinter liegende Bergwelt nur noch ein kühler Nebel mit hoher Luftfeuchtigkeit übrig, der aber gerade für den Weihrauchbaum völlig ausreichend ist, um sich kräftig entwickeln zu können. Hinzu kommen die kalkhaltigen Böden, die den Pflanzen die Nährstoffe bieten, die sie brauchen.

Die Erntezeit an den wild wachsenden, nicht kultivierten Bäumen beginnt jeweils im Frühjahr und endet kurz vor Einsetzen des Monsun. Traditionell liegt die Ernte-Arbeit in den Händen Angehöriger des Stammes der Bait Kathir und zu einem geringeren Anteil bei den al-Mahrah. Sowohl Männer als auch Frauen sind mit dem Sammeln beschäftigt.

Damit das wertvolle Harz aus den Bäumen austreten kann, muss ihre Rinde vorsichtig und fachmännisch angeritzt werden. Je nach Alter des Baumes werden zehn bis dreißig Einkerbungen angebracht, die lediglich zur Vorbereitung der eigentlichen Ernte dienen. Aus den ersten Wunden tritt zunächst eine milchige, harzförmige Flüssigkeit *(Shatawi)* heraus, die rasch am Baum erstarrt. Dies ist noch lange nicht das Harz, das man ernten will. Der Baum wird zwei Wochen später an den gleichen Stellen nochmals verletzt, danach dringt wieder Harz hervor, das abermals noch nicht die gewünschte Qualität besitzt. Weitere zwei Wochen später wird eine dritte Einkerbung vorgenommen, die ein fast weißes bis gelbliches Harz hervorquellen lässt, das nun von reinster Qualität ist und Laqat genannt wird. Es trocknet an den Stämmen und Ästen oder es tropft zu Boden, wenn der Baum besonders ertragreich ist. Drei Monate kann ein Baum im Durchschnitt beerntet werden, danach wird ihm eine Schonzeit von ein bis zwei Jahren gegeben.

Ein durchschnittlicher Weihrauchbaum liefert während der Erntezeit um die 10 kg Harz; reife, stattliche Bäume, die bis zu 5 m hoch werden können, erbringen bis zu 20 kg. Die jährliche Ernte kann in Dhofar somit durchaus 7000 t erreichen. Nach vollbrachter Sammelarbeit muss das Harz weiter trocknen, bevor es auf den Markt kommen kann. Da es während der Monsunzeit in küstennahen Bereichen zu feucht ist, bringt man es in den trockenen Nejd südlich der Rub al-Khali, wo es in Felshöhlen bis zur beginnenden Verkaufssaison im September gelagert wird.

Über die kultische Verwendung hinaus, hat man Weihrauch auch für medizinische und kosmetische Zwecke zu nutzen gewusst. Die alte ägyptische, griechische, römische und indische Literatur nennt die verschiedensten Anwendungsbereiche, von Magenbeschwerden bis zu Verdauungsstörungen. Wegen seiner desinfizierenden und astringierenden Eigenschaften wurde Weihrauch in gelöster Form beim Verbinden von Wunden oder als Mundwasser gebraucht.

In Südarabien und speziell im Oman findet Weihrauch bis heute vielfache Verwendung. Sicherlich glaubt man nicht mehr ernsthaft daran, dass der Geruch von Weihrauch den bösen Blick abwendet und Haus und Herde vor teuflischen Geistern schützt. Man gebraucht ihn aber noch, wenn man nach einem opulenten Mahl die Gäste verabschiedet. Räucherwerk in kleinen Brennern aus Keramik wird herumgereicht und unter *Dishdashas* und *Abayas* gehalten. Auch in Privatgemächern bedient man sich des wohlriechenden Qualms: Hausfrauen hängen die Kleidung der Familie über Holzgestelle, unter denen Weihrauch entfacht wird, so dass der Duft in der Kleidung hängenbleibt.

Der omanischen Vorliebe für Wohlgerüche hat die internationale Konsumwelt auch ein Parfüm zu verdanken, das hoch gehandelt und von der Werbung zum Mythos stilisiert wird: Amouage. Dies klingt französisch, kommt aber aus dem Arabischen und heißt frei übersetzt (Gefühls-)Welle/Woge. Amouage gibt es für Damen und Herren. Beide Düfte wurden in Grasse entwickelt, der guten Kinderstube der meisten französischen Designer-Parfüms. Die Mischung aus über 120 Ingredienzien ist orientalisch schwer und lange anhaltend. Neben den Duftnoten Rose, Jasmin, Aprikose, Limone, Pfirsich, Patschouli und Sandelholz hat der Meister Guy Robert auch Weihrauch und Myrrhe einfließen lassen. Ob Amouage nun das kostbarste Parfüm der Welt ist, wie seine Produzenten behaupten, sei dahingestellt. Es ist sicherlich teuer, und dies um so mehr, als es in luxuriösen Bleikristallflakons verkauft wird, deren Verschlüsse in Form eines *Khanjar*-Griffs (Herrenduft) und einer Moscheenkuppel (Damenduft) aus reinem Sterlingsilber mit einer 24-karätigen Vergoldung bestehen.

Ubar ist die neueste Kreation des Hauses Oman Perfumery LLC. Der Name spielt auf das legendäre Ubar/Wabar an, einer bereits im Koran und in den Geschichten von Tausendundeiner Nacht erwähnten Wüstenstadt an der Weihrauchstraße, die durch den Handel mit dem kostbaren Harz derart reich geworden sein soll, dass ihre Bewohner ob des Wohlstandes übermütig wurden und Gottes Hand sie vernichtete.

Amerikanische Archäologen meinen, Ubar in der Oase Shisr im südlichen Dhofar entdeckt zu haben. Diese Behauptung machte Anfang der 90er Jahre sensationelle Schlagzeilen, jedoch scheiden sich an diesem Punkt zwischen Mythos und Wahrheit auch gelehrte Geister.

im Seehandel zwischen Arabien, Indien und dem Mittelmeer von großer Bedeutung war, weil der begehrte Weihrauch von dort in ferne Länder verschifft wurde. Sumharum wird von der Forschung heute im Allgemeinen mit Moscha identifiziert.

Bei einem Rundgang über die 1,5 ha große Zitadelle fällt es schwer, die baulichen Zusammenhänge der Anlage mit Umfassungsmauer, einem dreifach gesicherten Eingangstor, einem Tempel, der dem hadramautischen Gott Sin geweiht war, sowie diversen Lager- und Wohngebäuden zu erkennen. Eine Besichtigung der eingezäunten Ruinen ist nur nach vorheriger Anmeldung beim Antikendienst, Ministerium für Nationalerbe und Kultur, Cultural Centre, in Salalah möglich (Tel. 29 45 49).

Ein Ausflug in das **Wadi Darbat** ist in der Nachmonsunzeit besonders reizvoll. Mit etwas Glück sind noch Mitte September die letzten Kaskaden des Wasserfalls zu beobachten, der das Wadi in den Regenmonaten zu einer Touristenattraktion macht. Im Laufe der Jahrhunderte setzten sich durch die Wadi-Fluten Kalktuffablagerungen am Berghang ab, die eine annähernd schnurgerade, steil abfallende Mauer gebildet haben, über die das Wasser 100 m in die Tiefe stürzt. Oberhalb des Naturdamms eröffnet sich, eingerahmt von Bergen, ein fast immergrünes Plateau, in dem die Darbat-Seen noch bis weit nach der Regenzeit Wasser führen. Dort wachsen Feigenbäume und Mimo-

sen und die Vogel- und Insektenwelt ist hier besonders vielfältig.

In den Kalksteinbergen am Wadi Darbat dienten zahlreiche Höhlen den umherziehenden Jebali-Stämmen jahrhundertelang als Schutzräume während des Monsun. Inzwischen haben sie den von der Regierung zur Verfügung gestellten Wohnungen den Vorzug gegeben, so dass einige der mit Wandmalereien geschmückten Höhlen unter ortskundiger Führung besichtigt werden können.

Etwa 46 km östlich von Salalah zweigt von der Route 49 eine geteerte Straße in die Berge nach **Tawi Atayr** ab, wo eine der größten Dolinen der Welt zu besichtigen ist. Das 211 m tiefe Schlundloch ist ein für Kalksteinformationen typisches Phänomen: Im Laufe der Jahrmillionen wird Karstgestein durch Wasser herausgewaschen, so dass unterirdische Höhlensysteme entstehen können. Der Name Tawi Atayr bedeutet Brunnen der Vögel und gereicht dem Ort zur Ehre, da unzählige Vögel über der 150 m weiten Öffnung ihre Kreise ziehen. Ein Pfad führt an den mit Stalagmiten und Stalaktiten bedeckten Höhlenwänden entlang über 100 m tief in das Schlundloch hinein. Von einer Plattform lässt sich das 100 m tiefer anstehende Grundwasser auf dem Höhlenboden erkennen.

Etwa 2 km vor Mirbat liegt das **Grab des Mohammad bin Ali al-Alawi** rechts der Straße. Ein Schotterweg führt von der Route 49 zu dem schon von weitem erkennbaren, weiß gestrichenen Schrein in-

Grab des Mohammad bin Ali al-Alawi

mitten eines riesigen islamischen Gräberfeldes.

Alawi bedeutet »von Ali abstammend« und ist ein verbreiteter Familienname in der arabischen Welt. Die Namensträger berufen sich darauf, in direkter Linie Nachfahren von Ali, dem Schwiegersohn von Mohammad, zu sein. Im Heiligtum verweist ein Stammbaum auf die Genealogie des Schutzheiligen, der ursprünglich aus dem Jemen kam, in Mirbat eine Koranschule eröffnete und Anfang des 12. Jh. verstarb.

Schreine für verstorbene religiöse Führer oder Heilige zu bauen, ist eine dhofarische Eigenart, die man im ibaditischen Norden weniger pflegte. Die Form der zwei fast zwiebelförmig zugespitzten Kuppeln, die das Heiligtum krönen, weicht von den für Dhofar typischen, eher zuckerhutförmigen Dächern ab und verweist auf jemenitische Einflüsse aus dem Hadramaut.

Mirbat

Das ruhige Fischerstädtchen 60 km östlich von Salalah liegt an einer malerischen Bucht. Einige alte, ehemals prächtige Kaufmannshäuser, die seit Jahrzehnten leer stehen und fast vollständig verfallen sind, zeugen davon, dass Mirbat einst ein wichtiger Hafen und Warenumschlagplatz war. Seit dem 11. Jh. unter der Regierung der persischen Manjuwis (Minjawi) historisch belegt, wurde der Hafen wegen seiner geschützten Lage vor dem Nordost-

Monsun im Zuge des ansteigenden Seehandels mit Ostafrika zu einem wichtigen Umschlagplatz für Weihrauch und Datteln.

Das **Fort** (Sa–Mi 8–13 Uhr, Eintritt frei) ließ Sultan Sayyid Turki bin Said (1871–88) 1880 errichten, als er Dhofar unter die Hoheit von Muscat stellte. Der rechteckige Bau mit oktogonalem Eckturm steht am Südende der Siedlung. Von dort bietet sich ein malerisches Panorama auf die Bucht mit Fischerbooten und die dahinter liegende Ortschaft.

Im Zentrum von Mirbat ist eines der letzten großen Kaufmannshäuser aus ruhmreicheren Tagen noch teilweise bewohnt. Dem zweistöckigen Gebäude ist rechts des Eingangs ein Eckturm vorgelagert, der in Fortsetzung der omanischen Festungsarchitektur den Eingang und die zwei anschließenden Gebäudeseiten bewacht. Die Schießscharten deuten auf den militärischen Charakter des Gebäudes, aber der Turm kann sicherlich auch als ein Symbol der Macht und des Reichtums interpretiert werden. Oben an der Fassade ist dargestellt, worauf der Besitzer seinen Wohlstand zurückführte: Das Relief einer *Dhau*, wohl einer ozeantüchtigen *Boum*, verweist auf die Seehandelsbeziehungen.

Sharah Tourism Restaurant, P.O. Box 62, Mirbat 220, Tel. 26 84 58, vom Fort gesehen an der gegenüberliegenden Strandseite. Bei etwas überteuerten Fischgerichten, frischen Säften und aromatisierten Wasserpfeifen genießt man von der Terrasse den Meerblick. Das Haus verfügt über drei recht einfache Doppelzimmer mit Bad zu 10 OR plus Steuern; **al-Damer Tourism Restaurant,** außerhalb von Mirbat am Westende des langen Sandstrands zwischen Taqah und Mirbat

Ain Hamran

Auf der Rückfahrt nach Salalah bietet sich ein kurzer Abstecher nach Ain Hamran, der roten Quelle, an. An der Route 49 weist 11 km westlich von Taqah ein Schild Richtung Norden zur 7 km entfernten Quelle inmitten von Akazien, Oleander und Kokospalmen. In einem eingezäunten Garten, der dem Königshof gehört, wachsen Bougainvillea, Wein und Obstbäume. Die schattig grüne Idylle zieht insbesondere an Wochenenden Erholung suchende Dhofaris an, die mit ihrer Großfamilie hier picknicken und spazieren gehen.

Die Anfahrt nach Ain Hamran führt an Rastplätzen vorbei, an denen Bedu ihre vorübergehende Wohnstatt aufgeschlagen haben und ihre Kamele grasen lassen. Unbeaufsichtigtes Vieh, vor allem Kamele, haben im omanischen Straßenverkehr überall Vorrang, so dass es sich empfiehlt, die Geschwindigkeit entsprechend zu drosseln. Nach ein paar weiteren Kilometern ragen die ersten Bergrücken aus der Ebene. Bei genauerem Hinschauen sind auf der rechten Gesteinsformation Ruinen auszumachen, die zur Anlage von Ain Hamran gehören. Hier hatten sich zwischen dem 4. Jh. v. Chr.

und dem 7. Jh. n. Chr. Menschen niedergelassen, denen die stets Wasser führende Quelle von Ain Hamran die Grundlage für Ackerbau bot. Auf der natürlichen Anhöhe errichteten sie eine Befestigung, von der sie die Umgebung kontrollieren konnten. Die 1,5 ha große Feste besteht aus einer äußeren Umfassungsmauer mit elf Bastionen sowie einem höher gelegenen zweiten Mauerring mit zwei Rundtürmen und einer inneren Burg oder Zitadelle.

Ein größeres Gräberfeld in der Ebene vor der Burg von Ain Hamran mit länglich-ovalen Steinnekropolen in Megalithbauweise gibt noch einige Rätsel auf. Ähnliche, so genannte bootsförmige Gräber, die bis zu über 6 m lang sein können und immer in Gruppen nebeneinander anzutreffen sind, fand man in Khor Rohri, Khor Sowli, Sinur und im Wadi Darbat. Untersuchungen an Gräbern in Khor Sowli haben ergeben, dass in der Eisenzeit (1200 bis 300 v. Chr.) die Toten in gestreckter Lage nach Westen ausgerichtet ohne Grabbeigaben bestattet worden waren.

Ausflüge in die nördliche Bergwelt von Dhofar

Etwa 8 km vom Mamoura Roundabout entfernt, fließen am Fuße der Qara-Berge in **Ain Razat** mehrere Quellen zusammen. Sie münden in ein Sammelbecken, bevor sie die umliegenden Gärten bewässern und über *Aflaj*-Systeme zur königlichen Razat Farm am Stadtrand von Salalah geleitet werden. Unter Akazienbäumen und zwischen Oleanderbüschen lässt sich so manches schattige Plätzchen ausmachen, so dass Ain Razat an Ferien- und Feiertagen zu einem beliebten Freizeitpark für das nahe Salalah wird. Man reist mit Kind und Kegel, Kühlboxen und tragbaren Musikanlagen an, um es sich an den gurgelnden Wasserläufen bequem zu machen, die mitgebrachten Speisen auf künstlichen Strohmatten auszubreiten und die Natur zu genießen.

Das **Grab des Nabi Ayoub** liegt 40 km nordwestlich von Salalah auf dem Jebal Ittin in den Qara-Bergen. Von Salalah führt der Weg über die al-Robat Street und den Abzweig hinter dem Hamdan Plaza nach Ittin. Bevor sich die Straße nach 9 km in die Berge windet, passiert man in der Ebene ausgedehnte Termitenhügel, die durch ihre stattliche Größe beeindrucken.

Etwas versteckt im ummauerten Bezirk einer modernen Moschee beherbergt der goldgelb überkuppelte Bau die 3 m lange Ruhestätte des Propheten. Von dort hat man bei klarem Wetter einen weiten Blick in die Ebene von Salalah.

Auch Nicht-Muslime dürfen den Schrein – jedoch nicht die Moschee – betreten, wenn sie die Schuhe ausziehen und Frauen ihren Kopf mit einem Tuch bedecken. Hinter dem Kopfstein des Grabes brennt Räu-

Grab des Nabi Ayoub

cherwerk und hier liegen die Gaben, die Gläubige dem Heiligen dargebracht haben.

Ayoub ist identisch mit dem christlichen Propheten Hiob/Job. Im Koran wird er in Sure 4,163, 21,83 und 38,41 erwähnt. Im Alten Testament gibt das Buch des Hiob die Geschichte wieder, wie Hiob das Opfer einer Wette zwischen Gott und dem Satan wird und grausame Schicksalsschläge erleiden muss. Der Teufel hatte behauptet, Hiob könne durch Unglück dazu gebracht werden, Gott zu schmähen. Obwohl er seine Herden und alle seine Kinder verlor, am Ende selbst von Schmerzen gepeinigt wurde, verfluchte er Gott kein einziges Mal.

Auf dem Weg in die Rub al-Khali

Etwa 15 km nördlich von Salalah verlässt man über die Route 31 die Küstenebene und die Straße windet sich allmählich bis auf 900 m in die Qara-Berge hinauf. Im Sommer sind die meerzugewandten Gebirgshänge in tiefgraue Monsunnebel gehüllt, so dass man den Weg eher ertasten muss, aber im September, wenn sich die letzten Wolken verzo-

gen haben, erstrahlt die Hügelland-
schaft in sattem Grün.

Hat man die höchsten Bergkämme passiert, geht das Gebirge an der
Nordseite in ein trockenes Tafelland
über, das von der Natur weniger ge-
segnet ist, weil die Monsunregen
nicht mehr hierhin gelangen. Anfangs noch bergig, fällt das Terrain
bis auf 600 m ab und geht dann in
eine Geröllwüste über, die als Nejd
bezeichnet wird. Nach etwa 90 weiteren Kilometern sind die Dünen der
Rub al-Khali erreicht. Die größte
Sandwüste der Arabischen Halbinsel nimmt etwa ein Viertel der
Fläche Arabiens ein.

Auf dem Weg in das Meer aus
Sand liegen zwei mit UNESCO-
Sternchen versehene Ausflugsziele,
der Weihrauchpark und die Oase
Shisr. Höhepunkt der mehrstündi-
gen Reise durch die kargen Mond-
landschaften und die Einöden in
schwirrender Hitze ist der Sonnenuntergang in den Dünen der Rub al-
Khali.

Etwa 40 km nördlich von Salalah
kreuzt die Nationalstraße 31 das
Wadi Dawkah nahe der Siedlung
Qairoon Hiritti. Das ausgetrocknete
Flussbett soll auf der Weltkulturer-
beliste der UNESCO vermerkt und
zum Frankincense Park, zum Weihrauchpark, erklärt werden. Zwar ist
das Wadi Dawkah bei weitem nicht
das einzige, in dem die berühmten
Weihrauchbäume wachsen – auf
der Arabischen Halbinsel gedeiht
Boswellia sacra in monsunabge-
wandten Bereichen von Hasik in
Ost-Dhofar bis in den westlichen Je-

men in der Nähe von Habban –,
doch hat man sich für dieses Wadi
entschieden, weil hier besonders
kräftige Bäume wachsen und der
Park durch die Schnellstraße für Besucher bequem zu erreichen ist.

Der Frankincense Park und die
Fundorte von Khor Rohri/Sumharum
(1. Jh. v. Chr.), Shisr (2. Jh. v. Chr.)
und al-Balid (11.–16. Jh. n. Chr.) sollen die dhofarische Weihrauchwirt-
schaft als Weltkulturerbe dokumen-
tieren. So wie die Inschrift aus Khor
Rohri darüber Auskunft gibt, dass
die hadramautische Kolonie wegen
des Weihrauchhandels gegründet
wurde, so war Shisr eine der letzten
Versorgungsstationen für die Karawanen, die das kostbare Baumharz
durch die Rub al-Khali bis nach Gaza,
Damaskus und Baghdad beförder-
ten. Wie reich al-Balid durch den Export von Weihrauch und Pferden geworden war, beschreiben historische
Quellen, wie die des Ibn al-Mujawir
(1221), der notierte, dass es einen
Handelspfad durch das Leere Viertel
gab, auf dem zweimal jährlich Karawanen zwischen Dhofar und Baghdad verkehrten und indische Produkte und Weihrauch mitnahmen.

Etwa 50 km nördlich von Qai-
roon Hiritti bietet sich **Thumrait** als
letzte Tank- und Raststation an, bevor man sich auf die Weiterfahrt in
die große Wüste begibt.

 *Untere Preiskategorie DZ 18
OR plus Steuern:* **Thumrait
Tourist Hotel,** P.O. Box 39, Thumrait
222, an der Route 31 rechts neben der
Tankstelle, Tel. 27 93 71, Fax 27 93 73

Thumrait Police Station, Tel. 27 90 99, Notruf Tel. 9 99

Shisr – Das ›Atlantis der Wüste‹

15 km hinter Thumrait weist ein Schild nach Shisr. Die Strecke ist nicht asphaltiert und eher für Geländefahrzeuge geeignet. Das Fahren im Konvoi auf der Schotterpiste erfordert etwas mehr Umsicht, da sowohl die vorausfahrenden als auch die nachfolgenden Wagen nur noch schemenhaft in Staubwolken auszumachen sind. Jeder Vordermann muss seinen Tross im Rückspiegel ausspähen und notfalls Lichtzeichen nach vorn weitergeben, wenn ein Fahrzeug hinter ihm aus dem Blickfeld geraten ist, weil es möglicherweise wegen einer Panne liegenblieb.

Etwa eine Stunde dauert die Anfahrt nach Shisr, der kleinen Oase an den Ausläufern der Rub al-Khali, die wie eine Fata Morgana inmitten der Einöde auftaucht. Palmen, Grünpflanzen und Gemüse können hier gedeihen, weil eine Laune der Natur Wasser aus einer Felshöhle hervorsprudeln lässt.

Als Archäologen hier 1991 mit Ausgrabungen begannen, wollten sie Ubar finden – in manchen Texten auch Wabar genannt –, die sagenumwobene, versunkene Stadt, die Claudius Ptolemäus bereits in der ersten Hälfte des 2. Jh. n. Chr. erwähnte und die später im Koran sowie den Märchen aus Tausendundeiner Nacht beschrieben wurde.

Legenden zufolge soll Ubar ein besonders fruchtbares Land gewesen sein, das sich irgendwo zwischen Shisr und Sana'a bis zur Ostgrenze des Jemen erstreckte und an die Sande der Rub al-Khali heranreichte.

Die Geschichten aus Tausendundeiner Nacht und der Koran beschreiben Ubar – in der Sure 89,6–8 Irem/Iram genannt – als Stadt mit vielen Säulen und einem großen Brunnen in der Mitte, der eine ausgedehnte Oase mit Wasser versorgte. Da schon Ptolemäus von einem Omanum Emporium, von omanischen Marktstädten, berichtet hatte, die im Großraum von Ubar zu lokalisieren waren, hatte bereits T.E. Lawrence, der berühmte Lawrence von Arabien, nach dem ›Atlantis der Wüste‹ gesucht. In den 30er Jahren des 20. Jh. folgte dann Bertram Thomas auf der Suche nach Ubar mit einem erfahrenen Bedu alten Karawanenstraßen durch das Leere Viertel.

Somit war die Idee nicht neu, die amerikanische Abenteurer in den 80er Jahren wieder aufnahmen. Sie bestellten sich anhand der von Thomas angegebenen Koordinaten Satellitenbilder und identifizierten die von ihm entdeckten Karawanenpfade. Durch Sponsorengelder aus dem Oman und den USA bestens mit Hubschraubern, Jeeps, Funktelefonen und Astronautennahrung ausgestattet, machte ein Team um Ranulph Fiennes jahrelang Extremurlaub in der Rub al-Khali und versuchte, dem Rätsel von Ubar näher zu kommen.

Als sich Anfang der 90er Jahre beunruhigte Finanziers nach Resultaten erkundigten, musste eine Lösung her: Man begann, an der schon seit Jahrhunderten bekannten Wasserquelle der Oase von Shisr mit Grabungen und stellte in Aussicht, es wäre aufgrund von Scherben- und Steinwerkzeugfunden, die in der Umgebung aufgetaucht seien, möglich, unter Shisr könne sich Ubar verbergen.

Die Ausgrabungen brachten eine Befestigungsmauer zutage, die um eine Karst-Doline errichtet worden war. Auf deren Grund sammelt sich aus unterirdischen Aquiferschichten Wasser, das noch heute die benachbarte Oase speist und in Zeiten des Karawanenverkehrs als letzte Tränke vor Reiseantritt durch das Leere Viertel angesteuert wurde.

An die 90 cm breite Umfassungsmauer aus Naturstein schlossen sich im Innenbereich kleine Räume an, denen eine vierte abschließende Wand fehlte – vermutlich Lagerräume und Läden eines Marktplatzes.

In der Nordwestecke des ummauerten Bereichs machten die Archäologen eine ›Zitadelle‹ aus. Dort hatten sie Reste eines etwa 70 m² großen Gebäudes freigelegt, das aus mehreren Räumen bestand und eine Treppe aufwies, die darauf deutet, dass es zumindest zweistöckig war. Um 1200 n. Chr. wurde das Gebäude mit Lehmziegeln aufgefüllt, um als Beobachtungsplattform zu dienen.

Anhand der Funde wurde die Befestigungsanlage in das 2. Jh. v. Chr.

datiert. Bis in das 6. Jh. n. Chr. scheint Shisr kontinuierlich besiedelt gewesen zu sein. Zu Beginn der islamischen Ära vorübergehend verlassen, wurde die Oasenfestung vom Mittelalter bis in die jüngste Zeit weitergenutzt.

Wann und wodurch die Karstdoline schließlich einstürzte, wird kaum noch in Erfahrung zu bringen sein. Die Ausgräber gehen jedoch von einer seismischen Störung aus, die somit auch den Untergangsmythos bestätigen würde, den der Koran Ubar zuschreibt. Gott ließ Ubar untergehen, weil seine Bewohner durch ihren Reichtum lasterhaft und ungläubig geworden waren.

Von einer Weiterfahrt an den Rand des Leeren Viertels ist ohne die Begleitung eines lokalen Führers dringend abzuraten, weil sich die Pisten durch das sandige Terrain ständig ändern und nur das erfahrene Auge eines Wüstenmenschen die Unterschiede zwischen befahrbaren und unpassierbaren Sandflächen erkennen kann.

Ausflüge entlang der westlichen Dhofar-Küste

Die Route 47, die bis an die jemenitische Grenze ausgebaut wurde, erreicht 10 km südwestlich von Salalah **Raysut.** Neben Mirbat war Raysut seit je einer der wichtigsten natürlichen Häfen an der dhofarischen Küste. Während die Bucht von Mirbat Schiffen Schutz vor dem Nordostmonsun gewährte, waren zu Zeiten des Südwestmonsuns die *Dhaus* in Raysut sicher. Nachdem der Seehandel mit den *Dhaus* jedoch stetig zurückgegangen war, wurde aus Raysut ein verschlafener Fischerhafen, in dem omanische Fischer morgens ihre reichen Thunfisch- und Sardinenfänge anlandeten.

Nach einer Modernisierung des Hafens 1973 konnten auch tiefer liegende Motorschiffe hier festmachen. Sie trugen in den ersten Jahren nach Beendigung des Dhofar-Krieges, als die Asphaltstraße zwischen Muscat und Thumrait bis Salalah noch nicht fertig gestellt war, erheblich zur Entwicklung der Südprovinz bei. Mitt-

lerweile ist Raysut zum internationalen Containerhafen avanciert. Dort legen auch Passagierdampfer an, die tageweise Touristenströme über Dhofar ergießen. Aus Raysut wurde Port Salalah, einer der modernsten und größten Containerhäfen der Welt, an dessen 1,2 km langer Mole jährlich 1,5 Mio. Container um- und ausgeladen werden, wodurch man den benachbarten Häfen am Arabischen Golf mächtig Konkurrenz gemacht hat.

Abgesehen von den Geldeinnahmen und den neu geschaffenen Arbeitsplätzen, die für das bisher eher ländliche Dhofar wichtig sind, hofft man, dass die Ansiedlung exportorientierter Industrien folgen wird.

Im Fischerörtchen **Mughsail** 30 km westlich von Raysut ziehen die so genannten *blowholes,* das Vogelschutzgebiet **Khor Mughsail,** in dem

Blowhole bei Mughsail

Auf dem Weg zur jemenitischen
Grenze

sich Wasservögel, Flamingos, Stör-
che und Kamele ein Stelldichein geben, und der feine, lange Sandstrand
Besucher an. In den Strandpavillons
picknicken Großfamilien und genießen die Seebrise, während Halbwüchsige Fußball spielen und Klein-
kinder Sandkuchen backen. Auf der
Terrasse des al-Mughsail Beach Tourist Restaurant sitzen omanische und
zugereiste Herren aus den Golfstaaten und genießen ihre Wasserpfeife,
die man sich mit ganz unterschiedlichen Aromen – von Kirsche bis zu
Vanille – bestellen kann.

Am Ende des 6 km langen Strandes findet auf einem meerumspülten
Felsplateau ein Naturschauspiel statt,
das je nach Seegang die *blowholes*
zu hohen Wasserfontänen oder gurgelnden Schlunden werden lässt.
Durch die aus dem Gestein gewa-
schenen Löcher schießt bei hohem
Wellengang das Meerwasser in die
Höhe und die Gischt türmt sich to-
send zu Fontänen auf.

*Untere Preiskategorie DZ 12
bis 15 OR plus Steuern:* **Al-
Mughsail Beach Tourist Restaurant,** P.O.
Box 2808, Salalah 211, Tel. 92 16 58,
9 49 59 13, Fax 29 06 43, einfache Gerichte, schlichte Unterkunft in Leichtbau-
Pavillons mit Meerblick

Auf der Weiterfahrt zur **jemenitischen Grenze** bieten sich keine touristischen Sehenswürdigkeiten mehr

an. Die serpentinenreiche Strecke
über den Jebal Qamar ist jedoch so
Schwindel erregend, dass der Weg
zum Ziel wird und man immer wieder anhält, um die Landschaft zu betrachten. Für einen Ausflug – möglichst am Nachmittag – sollten vier
Stunden Zeit einkalkuliert werden.

Die Straße erscheint zunächst
eher als Raubbau an der Natur denn
als Glanzleistung der Ingenieurkunst.
Um die Kreidefelsformationen des
Jebal Qamar in acht Haarnadelkur-
ven zu überwinden, haben die
Sprengmeister in drei Jahren offen-

bar reine Explosionsorgien veranstaltet. Der gesamte Berg ist zersprengt, verletzt. Seine Wunden sind hier und da zubetoniert oder werden von Stahlgittern zusammengeklammert, aber sie ›bluten‹ an vielen Stellen immer noch, wo an Hängen Geröllmassen in die Täler nachstürzen. Das Ganze sieht aus, als hätten Zyklopen ein Riesenzementwerk errichtet, nur sucht das Auge vergeblich nach den Maschinen der Giganten.

Der Blick auf den unbelassenen Teil der Natur stimmt dennoch versöhnlich: Man fährt vorbei an Weihrauchbäumen, Kamel- und Ziegenherden, an ausgewitterten Felsformationen, auf denen sich bei näherem Hinsehen ein rätselhafter Mikrokosmos aus genügsamen Pflanzen erkennen lässt. Immer wieder stockt der Atem, wenn die Felswände die Sicht auf die in steiler Tiefe liegende aufschäumende Arabische See freigeben.

Auf 900 m Höhe steht weit vor der jemenitischen Grenze ein Militärposten; eine Weiterfahrt ist ohne Sondergenehmigung nicht gestattet.

TIPPS & ADRESSEN

Alle wichtigen
Informationen rund
ums Reisen – von
Anreise bis Zeit-
unterschied –
auf einen Blick.

Ein Sprachführer
enthält die wichtig-
sten Redewendun-
gen und Vokabeln.

INHALT

REISEVORBEREITUNGEN UND ANREISE

Informationsstellen

Fremdenverkehrsämter hat der Oman weder in der Bundesrepublik noch in Österreich oder der Schweiz.

... im Internet
www.omanet.com: Homepage des Sulatants von Oman
www.oman.org/tourism.htm: allgemeine touristische Informationen

Diplomatische Vertretungen des Oman

... in der Bundesrepublik Deutschland
Botschaft des Sultanats von Oman Lindenallee 11, 53173 Bonn-Bad Godesberg, Tel. 02 28-35 70 31-4, Fax 02 28-35 70 40-45, Bürozeiten: Mo–Fr 9–15 Uhr

Honorarkonsulat für das Sultanat von Oman
Neue Mainzer Str. 57, 60311 Frankfurt/M., Tel. 0 69-1 70 07 90, 1 70 00 60, Fax 0 69-7 10 07 91 25, Bürozeiten: Mo–Fr 9–12 Uhr

... in Österreich
Botschaft des Sultanats von Oman Währingerstr. 2–4, A-1090 Wien, Tel. 00 43-1-310 8643-4, Fax 00 43-1-310 7268

... in der Schweiz
Permanent Mission – U. N. Office, 28B, Chemin du Petit Saconnex, CH-1209 Génève

Tel. 00 41-22-7 34 14 53, 00 41-22-7 33 73 20/29, Fax 00 41-22-740 10 75

Gesundheitsvorsorge

Von omanischer Seite ist keine bestimmte Impfung zwingend, es sei denn, man hätte zuvor ein Land mit Gelbfieber- oder Choleragefahr bereist. Da jedoch weltweit die Malaria-Erkrankungen zunehmen, ist Vorsicht geboten. Obwohl man im Oman viel zur Bekämpfung der Malaria unternommen hat, ist das Land auf der Liste der Weltgesundheitsorganisation immer noch mit einem Malariarisiko ausgewiesen. Eine der unschädlichsten Prophylaxen besteht darin, sich durch Einnahme von Vitamin B, durch Cremes und entsprechende Kleidung, eventuell auch Moskitonetze, gegen Mückenstiche zu schützen. Wer mehr unternehmen will, konsultiere seinen Arzt sowie das Gesundheitsamt.

Zu regelmäßigen Tetanus-, Polio- und Diphterie-Impfungen wird jeder Hausarzt raten, egal, wohin man zu reisen beabsichtigt. Alle anderen Vorkehrungen wären vor der Reise in den Oman übertrieben.

Einreise und Zollbestimmungen

Visa erteilen die Botschaften und Konsulate in den entsprechenden Ländern. Ein Touristenvisum ist in der Regel vier Wochen gültig und kann nicht verlängert werden. Auf schriftliche Anfrage senden die Visa-Abteilungen die Antragsformulare zu; sie müssen in englischer Sprache und in Schreibmaschinenschrift ausgefüllt werden, ein frankierter und adressierter Rückumschlag ist beizufügen. Die Bearbeitungsfrist der Anträge, die nur als Originale, nicht als Faxe oder Fotokopien einzureichen sind, beträgt ein bis zwei Wochen, die Kosten liegen bei 70 DM für ein Touristenvisum mit einfacher Ein- und Ausreisegenehmigung. Ein Touristenvisum für sechs Monate und mehrfache Ein- und Ausreisemöglichkeit kostet 120 DM.

Die Einfuhr von Waffen, Narkotika und pornografischen Medien ist untersagt. Zeitschriften, Literatur und Videokassetten können bei der Einreise kontrolliert und konfisziert werden. Nichtmuslime dürfen 1 l Alkohol einführen. Die Einfuhr von Devisen, auch omanischen Rial, unterliegt keiner Beschränkung.

Auf Grund strenger Quarantänevorschriften ist von der Einfuhr von Haustieren, Pflanzen und Lebensmitteln abzuraten. Es ist verboten, Muscheln, Korallen, Fossilien sowie Antiquitäten aus dem Lande zu bringen.

Reisen mit Kindern

Die Omanis und die im Lande lebenden Gastarbeiter sind sehr kinderlieb. In Hotels und Restaurants liest das Personal den kleinen Gästen gern ihre Sonderwünsche von den Augen ab und ein Zusatzbett im Zimmer der Eltern ist gegen einen geringen Aufpreis schnell aufgestellt.

Fast alle Hotels sind mit Kinderpools ausgestattet. Das Interconti in Muscat verfügt über einen »Just Kids Club«, in dem Kinder von erfahrenen Animateuren zu ganz unterschiedlichen Aktivitäten angeleitet werden.

In den Supermärkten aller größeren Städte gibt es eine gute Auswahl an Kindernahrung, Körperpflegemitteln und auch Kinderkleidung. Fast-Food-Ketten verfügen über Spielzonen und fast jeder öffentliche Park ist mit Turn- und Spielgeräten ausgestattet, an denen omanische, indische und pakistanische Kinder ihren Spaß haben. Sieht man von dem heißen Klima und der starken Sonnenstrahlung einmal ab, bestehen für Kinder während einer Oman-Reise keine großen Gesundheitsrisiken. Man sollte sich jedoch gut überlegen, ob man die nicht immer ganz unstrapaziösen Ausflüge seinem Kind zumuten will.

Reisen für Behinderte

Auf die Integration behinderter Menschen wird im Oman großer Wert gelegt. Daher sind die meisten öffentlichen Gebäude, Hotels und Restaurants auf Behinderte eingestellt.

Karten, Pläne, Literatur

Hildebrand's Travel Map: United Arab Emirates, Oman, im Maßstab 1:1 500 000 ist die übersichtlichere Alternative zu den im Oman erhältlichen Karten. Die Oxford Map des Sultanats von Oman im Maßstab 1:1,32 Mio. mit Stadtplänen von der Capital Area und Salalah ist in allen größeren Buchläden im Lande erhältlich. Als englischsprachige Karten des nationalen Landesvermessungsamts sind die Stadtpläne von Muscat und Salalah im Maßstab 1:20 000 sowie die Karte des Sultanats von Oman im Maßstab 1:1 300 000 erschienen. Die gelb gebundene Apex-Karte des Oman (1:1,3 Mio.) verfügt über einen Stadtplan mit detailliertem Straßenverzeichnis der Capital Area und einen Stadtplan von Salalah. Sie lohnt auf jeden Fall, wenn man mit dem Mietwagen in Muscat unterwegs ist.

Als einstimmende Literatur empfehlen sich folgende auf Deutsch erschienene Titel:

Merian: Jemen, Oman, V. A. Emirate, Hamburg, 1996; gut bebildertes Magazin mit kompetent verfassten Artikeln zu Spezialthemen.

Ruete, Emily: Leben im Sultanspalast. Memoiren aus dem 19. Jh. Philosophische Verlags-Gesellschaft, 1997; als Prinzessin Sayyida Salma, Tochter von Sultan Sayyid Said bin Sultan Al Bu Said (1804–56), geboren, heiratete Emily Ruete einen deutschen Kaufmann aus Hamburg. Ihre Memoiren geben einen Eindruck vom Leben im Sultanspalast in Sansibar zur ersten Hälfte des 19. Jh.

Severin, Tim: Auf den Spuren Sindbads von Arabien nach China. Eines der letzten großen Abenteuer unserer Zeit. Hoffmann und Campe Verlag, 1983; Abenteuerfahrt von Muscat nach Kanton mit einer traditionellen Dhau.

Thesiger, Wilfred: Die Brunnen der Wüste. Mit den Beduinen durch das unbekannte Arabien. Serie Piper, München 1998; eindrucksvolle Reisebeschreibungen eines eigenwilligen Briten, der zwischen 1945 und 1950 achtmal unter Begleitung von Bedu-Männern durch die Omanischen Wüsten zog.

Reisezeit

Die angenehmste Reisezeit liegt zwischen Oktober und April, wenn im Nord-Oman Tagestemperaturen um die 30° (bis max. 35°) Celsius herrschen. Das Klima im südlichen Dhofar ist moderater, weil es während der Hauptreisezeit durchschnittlich 3° Celsius kühler ist. Die Sommermonate Mai bis September sind im Norden sehr heiß, während von Juni bis September im Süden der Monsun kühlere Temperaturen (um die 29° Celsius) mit sich bringt, aber auch Regen und bis zu 98 % Luftfeuchtigkeit.

Reisekleidung und -ausrüstung

Mitnehmen sollte man legere, sportliche Kleidung, bevorzugt aus Baumwolle, für den Abend oder unterkühlte Hotelräume etwas Warmes aus Wolle. Ein eleganteres Outfit ist bei Besuchen von Restaurants gehobener Kategorie oder bei Einladungen omanischer Gastgeber angebracht. Festes, geschlossenes, möglichst knöchelhohes Schuhwerk erleichtert die Erkundung im Landesinnern und schützt vor Skorpion- oder Schlangenbissen. Kurze Hosen sind nur am Strand und im Poolbereich der Hotels akzeptabel. Sowohl Männer als auch Frauen sollten Rücksicht auf arabische Bekleidungssitten nehmen und daran denken, dass unbekleidete Schultern und Beine als anstößig empfunden werden können. Eine besondere Sensibilität ist während des Fastenmonats Ramadan (vgl. S. 227) und in ländlichen Gebieten geboten.

Praktische Reisebegleiter sind: Rucksack für Tagestouren, Taschenmesser, Taschenlampe, Sonnenhut, Sonnenbrille, Regenjacke, Badeschuhe, Fernglas, Thermosflasche, um das Trinkwasser kühl zu halten.

Anreise

... mit dem Flugzeug

Viele Gesellschaften fliegen von den großen internationalen Flughäfen Europas nach Muscat. Mit Zwischenstopp in anderen Golfanrainerstaaten wie Bahrain, Qatar, den Vereinigten Arabischen Emiraten, vor allem Dubai, dauert der Flug etwa acht Stunden. Je nach Saison gibt es preiswerte Economy-Tarife oder Graumarkttickets von Fluggesellschaften wie British Airways, Emirates, Gulf Air, KLM, Lufthansa und Swissair. Chartergesellschaften haben Muscat noch nicht in ihr Programm aufgenommen, auch wenn gelegentlich Flüge von Reiseveranstaltern gechartert wurden.

... mit dem Auto über die Vereinigten Arabischen Emirate

Für den Grenzübertritt von den Vereinigten Arabischen Emiraten in den Oman benötigt man ein Visum, das vor der Reise bei den Visa-Abteilungen (vgl. S. 211) oder in Abu Dhabi bei der omanischen Botschaft beantragt werden kann.

Es sollte bedacht werden, dass man den Oman nur auf dem gleichen Weg verlassen darf, auf dem man in das Land gekommen ist. Visa erteilen in den Vereinigte Arabischen Emiraten:

Embassy of the Sultanate of Oman
Moharba al-Jadida al Khleej al-Arabi St.; Villa No. 674, Abu Dhabi; Tel. 0 09 71-2-46 46 33

Consulate of the Sultanate of Oman
P. O. Box 1898, am Umm-Hureir-Kreisverkehr, the Consulates Area, Bur Dubai, Tel. 0 09 71-04-51 50 00, Fax 0 09 71-04-52 52 20

UNTERWEGS IM OMAN

... mit öffentlichen Verkehrsmitteln

Das staatliche Transportsystem verbindet alle Städte des Landesinnern mit der Hauptstadt und bietet auch Fahrten über Land nach Dubai und Abu Dhabi an. Für den Grenzübertritt müssen Ausländer ein spezielles Visum vorweisen. Die aktuellen Fahrpläne sind den Tageszeitungen zu entnehmen oder bei der ONTC (Oman National Transport Corporation) in Ruwi, Tel. 59 00 46, 70 12 94 erhältlich; Comfort Line (Muscat-Dubai) Tel. 59 76 44.

... mit dem Taxi

Taxis stehen vor allen Hotels ausreichend zur Verfügung. Die weißen Limousinen sind deutlich an ihren orangefarbenen Dächern zu erkennen. Die meisten Taxis besitzen jedoch keinen Taxameter, so dass man sich über die Preise an der Preistafel seines Hotels kundig machen oder die Gebühr im Voraus aushandeln sollte.

Viele der Flughafentaxis in Seeb sind mit Taxametern ausgestattet, um den ankommenden Gästen das Misstrauen vor einer bisweilen durchaus praktizierten Preiswillkür zu nehmen. Taxifahrer sind gesetzlich verpflichtet, die Taxameter einzuschalten. Galt bisher als Faustregel, dass eine Fahrt vom Flughafen in die Stadt 6 OR kostet, so wird man sich jetzt auf eine Grundgebühr von 100 Baisa pro gefahrenem Kilometer und einer Wartegebühr von 100 Baisa für eine fünfminutige Wartezeit einstellen müssen.

... mit dem Mietwagen

Mietwagenagenturen gibt es in allen größeren Hotels und am Flughafen Seeb. Für die Anmietung eines Wagens sind eine Kreditkarte und der internationale Führerschein nötig. Je nach Agentur beträgt das Mindestalter zwischen 21 und 25 Jahre. Ein Preisvergleich zwischen verschiedenen Anbietern sowie die Frage nach Preisnachlässen kann sich durchaus lohnen.

Ein Mittelklassewagen mit 150 Freikilometern kostet 90 DM pro Tag. Bei einer Anmietung von mehr als drei Tagen sind alle darüber hinaus gefahrenen Kilometer frei. Geländefahrzeuge sind mit 200 DM pro Tag erheblich teurer, zumal sich die Freikilometerpauschale von 150 km pro Tag bei mehrtägiger Miete nicht erhöht. Hinzu kommen für alle Fahrzeuge Zusatzversicherungen wie die Vollkaskoversicherung *Collision Damage Waiver* von 2 bis 3 OR pro Tag sowie die Unfallversicherung *Personal Accident Insurance* von 1 OR pro Tag.

Ein zusätzlicher Fahrer muss im Mietvertrag ausdrücklich vereinbart werden, manche Anbieter verlangen hierfür einen Zuschlag von 3 OR pro Tag. Vor Übernahme des Fahrzeugs sollte man sich von dem im Vertrag vereinbarten Zustand überzeugen, da selbst die Zusatzversicherungen nicht für Lackschäden oder Beschädigungen an Außenspiegeln, Antennen, Reifen und Windschutzscheiben aufkommen. Hierfür ist der Mieter mit einer Summe von bis zu 1000 DM haftbar.

Bei Unfällen – auch mit kleineren Blechschäden – muss unbedingt die Polizei hinzugerufen werden, da ohne Polizeibericht keine Werkstatt ein Auto reparieren darf. Vorsicht geboten ist ferner vor Geschwindigkeitsüberschreitungen und einer Nichtbetätigung von Parkuhren: Die omanische Polizei ist im Verteilen von Strafzetteln nicht zimperlich. Ein Ticket kann man im Übrigen auch bekommen, wenn man in den städtischen Zentren in einem zu stark verschmutzten Wagen herumfährt. Wichtig ist ferner, dass die Promillegrenze bei 0,0 liegt. Ein Grenzübertritt in die Nachbarstaaten im Mietwagen ist nicht möglich.

UNTERKUNFT UND RESTAURANTS

Hotels

Die meisten Reiseveranstalter bringen ihre Gäste in Hotels der Vier- bis Fünf-Sternekategorie unter. Die Preise und Leistungen entsprechen dem internationalen Standard, jedoch ist der Service oft besser, weil im Oman mit Personal nicht gespart wird.

Kleinere, preiswertere Hotels findet man in Muscat in den Randbezirken sowie den Stadtteilen Mutrah und Ruwi, in der Innenstadt von Salalah sowie im Lande in den Arab Oryx Resthouses und Motels. Dort sind alle Zimmer klimatisiert sowie mit Bad, Fernsehen und Telefon ausgestattet.

Ferienwohnungen

Für Langzeitgäste bietet sich die Anmietung von möblierten Apartments an. Sie werden wochen- oder monatsweise vermietet.

Capital Area Muscat

Noorah Garden Hotel Apartments, P. O. Box 387, Muscat Postal Code 133, Way No. 1925, Tel. 9 32 22 47, 69 72 03, Fax 69 86 31, E-Mail: noorah@gto.net.om, website: www.noorahgarden.com; ASAS Oman Hotel Apartments, P. O. Box 191, Muscat, Postal Code 113, Tel. 56 85 55, Fax 56 00 18, E-Mail: alqasim@gto.net.om, Qurum Heights, Way 2235; Safeer Hotel Suites, P. O. Box 121, Muscat Postal Code 115, al-Khuwair, Tel. 69 12 00, Fax 69 22 27, E-Mail: safeer@omantel.net.om

Salalah

Salalah Tourist Village, P. O. Box 427, Salalah Postal Code 211, Tel. 29 54 44, Fax 29 48 73, E-Mail: house @gto.net.om

Restaurants

In der Capital Area von Muscat ist die Restaurantauswahl vielfältig: von der arabischen über die indische, mexikanische, persische, syrische bis zur italienischen und französischen Gastronomie, vom Fünf-Sterne-Restaurant bis zur Fast-Food-Kette. Einen Überblick über Angebot und Preise liefert die Restaurantliste des Magazins »Oman Today«. Ihr kann man auch entnehmen, ob ein Restaurant Alkohol serviert, *licensed* ist, oder nicht.

Einheimische Lokale

Besonders preiswert lässt es sich in einfachen, einheimischen Restaurants essen. Da die Köche und das Personal zumeist indischer oder pakistanischer Nationalität sind, besteht das Speiseangebot aus einer Mischung omanischer bzw. arabischer sowie indischer und pakistanischer Gerichte. Durch das sehr einfache Äußere der Lokale sollte man sich nicht abschrecken lassen. Die Gaststätten werden vom Staat regelmäßig auf die Einhaltung von Hygienevorschriften kontrolliert, was allerdings nicht bedeutet, dass ein im Orient unerprobter Gast sich einen Salat bestellen sollte.

URLAUBSAKTIVITÄTEN

Angeln

Hochseeangeln wird von professionellen Veranstaltern in Muscat angeboten.

Arabian Sea Safaris, P. O. Box 2785, Muscat Postal Code 111, Tel. 69 32 23, Fax 69 32 24, E-Mail: arabseas@gto.net.om; Website: www.arabian sea safaries.com

Mezoon Travel, P. O. Box 629, Muscat Postal Code 113, al-Burj St., Greater Mutrah, Tel. 79 66 80, Fax 79 57 21, E-Mail: mzt@omzest.com

Marina Bander al-Rowdha, P. O. Box 940, Muscat Postal Code 113, Tel. 73 72 88, Fax 73 72 85, E-Mail: marina @gato.net.om; Website: www.marinaoman.com

Samharam Divers (in Salalah), Hotel Holiday Inn, Salalah, Postal Code 211, Tel. 23 53 33, Fax 23 51 37, E-Mail: ezrebello@hotmail.com

Baden

Ob am Hotelpool oder am Strand, stets sollten Besucher sich vor Augen halten, dass der Oman ein arabisches Land ist, in dem die Bekleidungssitten relativ streng sind. Besondere Rücksicht ist an öffentlichen Stränden geboten, wo Einheimische mit ihren Familien und Freunden spazieren gehen, angeln, joggen oder Fußball spielen.

Im Spätsommer gibt es vermehrt Quallen, doch ist zu allen Jahreszeiten Vorsicht geboten. Werden Quallen im Wasser oder am Strand gesichtet, sollte man unbedingt auf das Schwimmen verzichten, denn alle Quallenarten, die in omanischen Gewässern vorkommen, sind giftig und die Berührung kann zu erheblichen Hautreizungen führen. In manchen Fällen muss sogar ein Arzt aufgesucht werden. Verletzte Hautstellen sollte man sofort mit Essig oder Sand abreiben, um die Giftzellen zu entfernen. Auch die Begegnung mit Korallen kann zu schmerzhaften Wunden führen. Es ist daher ratsam, an bestimmten Stränden Badeschuhe zu tragen.

Das Sammeln von lebenden Muscheln, Korallen, Schildkröten oder Schildkröteneiern ist strengstens verboten. An der Südküste ist noch lange Zeit nach dem Monsun mit gefährlichen Unterströmungen zu rechnen.

Eis laufen

Für Kurzurlauber aus Europa wahrscheinlich nicht attraktiv, jedoch für die Omanis ein Freizeitspaß besonderer Art: Eis laufen in der Halle von Muscat. Ein Besuch lohnt sich für diejenigen, die an den Vorlieben ihres Gastgeberlandes interessiert sind.

Al-Khuwair Ice Skating Rink, al-Khuwair St. neben der al-Zawawi-Moschee, Tel. 96 94 92, Sa–Do 9–11.30 Uhr, 14–22 Uhr, für Frauen So, Di 9–11.30 Uhr, Schlittschuhverleih

217

Golf

Golf kann im Oman bisher nicht auf Greens gespielt werden wie in den benachbarten Vereinigten Arabischen Emiraten, sondern nur auf Sandbahnen.

Der **al-Maha Golf Club,** Seeb, in der Nähe des Oman Automobile Club verfügt über einen 18-Loch-Golfplatz, auch Nichtmitglieder sind willkommen, Tel. 52 21 77, Fax 51 02 76, 7–12.30, 14–19 Uhr.

Im **Ghala Wentworth Golf Club** in Bausher können zwischen Oktober und März 18 Loch bespielt werden. Vom April bis September steht nur ein 9-Loch-Platz zur Verfügung, Tel. 59 12 48, Di–Do 9.30–11.30, 14.30–20.30 Uhr.

Im **Crowne Plaza al-Sawadi Resort,** P. O. Box 747, Barka 320, Tel. 89 55 45, Fax 89 55 35, eine Autostunde von Muscat entfernt, soll der erste Golfplatz des Oman entstehen, der über einen Rasenplatz verfügt. Der Bau einer Meerwasserentsalzungsanlage wird die Voraussetzung für den Unterhalt der Greens sein.

Flamingo Park Golf Club, Tel. 47 60 58, in Salalah; hier kann man erfahren, ob das Spielen auch für Nichtmitglieder möglich ist.

Reiten

Al-Hashmy Riding School in Seeb, Tel. 53 58 12, bietet Reitstunden und Strandausritte ebenso an wie das **Sharady Equestrian Centre,** P. O. Box 2726, Muscat Postal Code 111, Tel. 62 12 77

Surfen

Das **al Bustan Palace Hotel,** Tel. 79 96 66, in Muscat und das **Muscat Intercontinental Hotel,** Shati al Qurum, Tel. 60 05 00, bieten Kurse an und leihen Surfbretter aus. **Marina Bander al-Rowdha** in Sidab, Tel. 73 72 88 sowie das **Crowne Plaza al-Sawadi Resort,** 40 Autominuten von Muscat, bieten eine breite Palette von Wassersportmöglichkeiten, Tel. 89 - 55 45, Fax 89 55 35.

Salalah
Sanharam Divers, Hotel Holiday Inn, nur außerhalb des Monsun, Oktober bis Mai, Tel. 23 53 33, Fax 23 51 37

Tauchen

In omanischen Gewässern lässt sich eine besonders vielfältige Meeresflora und -fauna erkunden. Die Sicht in der zumeist ruhigen, sehr sauberen See beträgt im Durchschnitt 15 m. Die omanische Küste zieht zunehmend Tauchsportler an, so dass viele Anbieter sich auf die unterschiedlichen Fähigkeiten und Vorkenntnisse ihrer Klientel eingestellt haben und Tauchexkursionen mit verschiedenen Schwierigkeitsgraden anbieten. Es werden Tauchkurse durchgeführt und die entsprechende Ausrüstung kann gemietet werden.

Capital Area
Blu Zone Watersports, Marina Bander al-Rowdha, in Sidab, Tel. 73 72 93; **Muscat Divers,** Marina Bander al-Rowdah, Tel. 61 80 47; **Oman Dive Centre,** Qantab Rd., Bandar Jissah, Tel. 95 02 61, ganzjährig

geöffnet, Tauchkurse und Tauchshop; **Sheraton Hotel Diving Club,** Sheraton Hotel, Ruwi, Tel. 79 98 99

Barka
Crowne Plaza Resort al-Sawadi, Tel. 89 55 45, Fax 89 55 35

Musandam
Beim **Khasab Diving Centre** in Khasab gibt es Tauch-Pauschalangebote, die Transport und Unterbringung, jedoch keine Ausrüstung enthalten, im Juli und August Rabatte, Tel. 83 01 35.

Salalah
Samharam Divers, nur außerhalb des Monsun, Oktober bis Mai, **Salalah Holiday Inn,** Tel. 23 53 33, Fax 23 51 37; **Thumrait Divers,** bietet an Wochenenden Tauchausflüge in der Nähe von Salalah an, Tel. 46 60 60, 46 64 99

Tennis

Die meisten Fünf-Sterne-Hotels verfügen über Tennisplätze und Trainer. Fast alle haben auch Flutlichtanlagen, die das Spielen in den kühleren Abendstunden erlauben.

Wadi-Ausflüge

Als in den 70er und 80er Jahren immer mehr ausländische Experten in den Oman zogen, um am Aufbau und der Modernisierung des Landes mitzuwirken, waren einige so von der Ursprünglichkeit der Natur fasziniert, dass sie Erkundungsfahrten ins Landesinnere unternahmen. Diesen verdankt die Archäologie die Entdeckung einiger wichtiger Fundstätten. Der Tourismus- und Freizeitindustrie kamen die professionell zusammengestellten Routenbeschreibungen zugute, die als »Explorer's Guide to Oman« und »Off-Road in Oman« überall im Buchhandel erhältlich sind.

Ausflüge in die faszinierende Welt omanischer Wadis sollten von Kurzbesuchern nur unter Führung erfahrener Reiseleiter unternommen werden. Als Grundregel gilt: Immer mit mehreren Fahrzeugen zu reisen, stets die doppelte Menge des benötigten Trinkwassers, Proviant und auch genügend Benzinreserven mitzuführen. Ferner sind die Wettervorhersagen zu beachten, denn von Regenfällen im Wadi-Bett überrascht zu werden, kann fatale Folgen haben.

REISEINFORMATIONEN VON A BIS Z

Ärztliche Versorgung

Die medizinische Versorgung im Oman besteht aus medizinischen Zentren, *medical centres,* die unseren Gemeinschaftspraxen ähnlich sind, und aus staatlichen Krankenhäusern, in denen für omanische Staatsbürger die medizinische Versorgung kostenlos ist. Ausländer müssen ihre Behandlung in bar begleichen. Bei der Aufnahme in die Ambulanz der staatlichen Hospitäler ist ein Betrag von 5 OR fällig. Behandlungskosten und Medikamente werden separat in Rechnung gestellt.

In Notfällen stehen in der Capital Area folgende Krankenhäuser zur Verfügung:

Royal Hospital, Seeb, al-Gubrah Street, Abfahrt al-Athaiba-Kreisverkehr, Tel. 59 28 88, Sa–Mi 7.30 bis 12.30 Uhr, Do–Fr nur Notfälle

al-Khoula Hospital, Qurum, Abfahrt Wattaya-Kreisverkehr, Maidan al-Fat St., Tel. 56 04 55, Notfälle 56 36 25, Sa–Mi 7–12 Uhr, Do–Fr nur Notfälle

al-Nahdah Hospital, Ruwi, Abfahrt Wadi-Adai-Kreisverkehr, al Nahdah St. Tel. 70 12 55, Notfälle 70 78 00, Sa–Mi 7–12 Uhr, Do–Fr nur Notfälle

In weniger akuten Fällen können alle größeren Hotels Fachärzte nennen. Hospitäler im Landesinnern:

Adam Hospital: Tel. 43 40 55
al-Buraimi Hospital: Tel. 65 08 55
Ibra Hospital: Tel. 47 05 35
Bani Bu Ali Hospital: Tel. 45 38 31
Quriyat Hospital: Tel. 64 50 03
Rustaq Hospital: Tel. 87 50 55
Salalah: Sultan Qaboos Hospital:
  Tel. 21 11 51
Sohar Hospital: Tel. 84 02 99
Sumail Hospital: Tel. 35 02 22
Sur Hospital: Tel. 44 01 90

Alkohol

Alkohol ist allein in lizensierten Hotels, Bars und Restaurants erhältlich. Zu kaufen gibt es ihn nicht. Muslimen ist der Genuss von Alkohol verboten, doch wird die Regelung großzügig gehandhabt. Jede Fünf-

Sternehotelbar ist gut besucht von omanischen Gästen.

Apotheken

Die medizinische Versorgung ist landesweit gut. Viele Arzneimittel und Kosmetika werden aus Europa und den USA eingeführt. In allen größeren Städten wird man in einer Dependance der »Muscat Pharmacy« einen Englisch sprechenden Apotheker finden.

Pharmacies gibt es in nahezu jedem Shopping Centre, die Sa–Do von 8–13 und 16–19, Fr von 16–19 Uhr geöffnet haben. An geschlossenen Apothekentüren hängen meist Listen, auf denen die Notdienste angegeben sind. Notdienst habende Apotheken sind durch eine rote Lampe ausgewiesen. Der »Oman Daily Observer« nennt unter der Rubrik »Your Daily Guide« die Tages- und Nachtnotdienste aller größeren Städte des Sultanats.

Auskunft

Capital Area Muscat
Fluginformation (24 Std.), Tel. 51 92 23
Nachrichten (inkl. Apothekennotdienst) Tel. 11 05
PKW-Pannenhilfe (AAA), Tel. 60 55 55
Taxiruf Tel. 70 05 55, 70 07 77, 69 33 77, 69 33 88
Telefonauskunft Inland Tel. 143
Telefonauskunft Ausland Tel. 143
Zeitansage Tel. 140

Salalah
Fluginformation Tel. 29 10 16, 20 43 11

Autofahren

Im Oman wie in anderen Golfstaaten herrscht Rechtsverkehr. Somit dürfte das Autofahren für Besucher auf dem hervorragend ausgebauten Straßennetz keine Schwierigkeit bereiten, zumal die Omanis eher zurückhaltend fahren.

Dennoch sind einige Grundregeln und Besonderheiten zu beherzigen. Das Fahren unter Alkoholeinfluss ist strengstens untersagt, die Strafgesetzgebung ahndet Vergehen gegen die 0,0 Promille-Grenze strenger als in Europa. Auf Vorder- und Rücksitzen besteht Anschnallpflicht. Die Geschwindigkeitsbeschränkungen (40 bis 50 km/h innerorts, 80 km/h auf Überlandstraßen und bis 120 km/h auf Autobahnen) sollte man ernst nehmen, denn falls die Radaranlagen deutscher Bauart blitzen, ist mit hohen Geldbußen zu rechnen. Im Austeilen von Strafzetteln ist man ohnehin nicht zimperlich: Parken im Halteverbot des internationalen Flughafens von Seeb bringt der Stadtverwaltung von Muscat 30 OR ein. Die in den letzten Jahren installierten Parkuhren an der Corniche und vor den Shopping Malls in Qurum sind unbedingt zu bedienen, sonst riskiert man ein Ticket.

Ferner gilt: Wer sich im Kreisverkehr befindet, hat Vorfahrt. Zeigen sich Tiere (Kamele, Ziegen-, Kuhherden etc.) am Rande oder auf der Fahrbahn, ist die Warnblinkanlage zu betätigen, um den nachfolgenden oder entgegenkommenden Verkehr zu warnen. Auf der Arabischen Halbinsel bremst man für Tiere und vor Zebrastreifen. Besondere Aufmerksamkeit erfordert das Autofahren bei Regen. Für Omanis sind diese Wetterverhält-nisse ungewohnt und man tut gut daran, für andere Verkehrsteilnehmer mitzudenken. Weniger geschult sind Europäer in Überlandfahrten, auf denen man mit Ziegenherden, Kamelen und Fußgängern rechnen muss, wo unbefestigte Straßen sowie staubige Wadi- und Wüstenpisten besondere Fahrkünste erfordern. Man könnte es schnell bereuen, diese Strecken zu unterschätzen, wenn der japanische Geländewagen trotz seines Vierradantriebs auf einer Sanddüne festsitzt und eine Schaufel sowie erfahrene omanische Helfer weit weg sind.

Banken

Banken haben Sa–Mi zwischen 8 und 12 Uhr geöffnet, Do von 8 bis 11.30 Uhr. Freitags sind sie geschlossen. Viele verfügen über Geldautomaten, an denen nach den Öffnungszeiten mit Kreditkarten (nicht EC-Karten) Geld abgehoben werden kann. Staatlich zugelassene Geldwechselstuben befinden sich in der Nähe von Shopping Malls und Einkaufsvierteln. Die Öffnungszeiten entsprechen denen der Geschäfte und man kann hier zumeist zwischen 16 und 19 Uhr Geld wechseln. DM-Reiseschecks werden außerhalb von Muscat nicht akzeptiert.

Diplomatische Vertretungen im Oman

Deutsche Botschaft
Qaboos St., nahe dem al-Nahdah Hospital, Ruwi, P. O. Box 128, Postal Code 112, Muscat, Tel. 70 24 82, Fax 70 56 90, Sa–Mi 9–12 Uhr

Österreichische Botschaft

Moosa Abdul Rahman Hassan Complex Building 477, zweiter Stock, Zimmer 203–204, Way 3109, Ruwi, P. O. Box 5070, Postal Code 112, Muscat, Tel. 79 31 35/79 31 45, Fax 78 36 69

Honorarkonsulat der Schweiz

Hatat-House am Wadi-Adai-Kreisverkehr, erster Stock, Zimmer 106, P. O. Box 1181, Muscat, Tel. 56 43 53, Fax 56 26 63, Sa–Mi 8.30–13 Uhr

Drogen

Der Besitz und Konsum von Drogen ist strengstens verboten.

Einkaufen und Souvenirs

Generell werden die Öffnungszeiten der Suqs und Geschäfte von einer langen ›Siesta‹ zwischen 12 und 13 sowie 16 und 17 Uhr unterbrochen. Abends variieren die Schließungszeiten zwischen 21 und 22 Uhr. Je nachdem, was man sucht, wird man entweder in den Suqs und einheimischen Geschäftsvierteln oder in den modernen Shopping Malls fündig, die vornehmlich internationale Markenprodukte anbieten.

Im Vergleich zu den Konsumtempeln von Dubai sind die klimatisierten Einkaufszentren von Muscat eher bescheiden. Die meisten befinden sich in Qurum.

Preissenkungen oder Ausverkäufe gibt es während des Ramadan und zur Zeit der Nationalfeiertagsfestlichkeiten. Zu typisch omanischen Souvenirs zählen Silberschmuck und Khanjars, omanische Krummdolche, von denen die Suqs in Muscat und Nizwa die größte Auswahl anbieten, ferner Weihrauch, Räucherwerkmischungen *Bokhur* und Parfum. Man kann sich auch preiswert mit größeren Gewürzmengen eindecken oder nach traditionellen Kupfergeräten wie Kaffeekannen, Tabletts und Tellern Ausschau halten. Traditionelle Korb- und Keramikarbeiten, Gewebtes aus den Wahiba Sands oder Kelims aus dem Jebal Akhdar. Daneben gibt es importiertes Kunsthandwerk wie Teppiche, Silberschmuck, Silberdöschen oder Saris aus Indien, alte Navigationsgeräte und Chronometer von ausgeschlachteten Schiffen aus aller Welt. Armbanduhren, Designer-Schmuck und Brillen sind im Oman ebenso beliebt wie im Westen und manchmal etwas preiswerter. Generell aber ist das Preisniveau ähnlich wie daheim.

Elektrizität

220/240 Volt, 50 Hertz. Die omanischen Elektro-Installationen entsprechen dem britischen Standard mit einem dreipoligen Stecker. Um Laptop, Akkuladegeräte oder einen mitgebrachten Fön anschließen zu können, wird fast jedes Hotel einen Adapter zur Verfügung stellen. Notfalls sind Adapter auf dem Markt erhältlich, wo sie preiswerter sind als daheim.

Feste und Feiertage

Die meisten Feiertage hängen vom islamischen Mondkalender ab, der etwa elf Tage kürzer ist als unser Kalenderjahr. Mit der Zählung des islamischen Mondkalenders begann man 622, als der Prophet Mohammad seine Reise von Mekka nach Medina antrat. Die exakten Daten werden Jahr für Jahr nach dem Mondstand bestimmt und lassen sich daher nicht genau voraussagen.

Zu den wichtigsten Feiertagen gehören der islamische Neujahrstag, der Geburtstag des Propheten, der Himmelfahrtstag des Propheten, Eid al-Fitr (Ende der Fastenzeit), Eid al Adha (Ende der Pilgerfahrt, Hajj, nach Mekka). Der Nationalfeiertag ist der Geburtstag von Sultan Qaboos am 18. 11. Die Feierlichkeiten werden jährlich drei Tage lang Ende November mit Paraden, Umzügen, Kamel- und Pferderennen und bunten folkloristischen Veranstaltungen begangen. Nur jedes zweite Jahr finden die Feierlichkeiten in Muscat, der Capital Area, statt. In den Jahren dazwischen werden sie in der Provinz ausgerichtet, wodurch viele Städte mit großzügigen Stadien, schmucken Hotels und Parks ausgestattet wurden. Der 1. 1., der Neujahrstag, ist ebenfalls ein arbeitsfreier Tag.

Fotografieren

Mittlerweile sind auch Diafilme im Oman erhältlich, jedoch zu weit höheren Preisen als daheim. Farbnegativfilme gibt es fast überall und Entwicklung sowie Abzüge sind in einer Stunde gemacht. Die Entwicklung von Diafilmen ist nur bei wenigen Fachhändlern in der Capital Area möglich und selbst diese schicken die Filme zum Teil ins benachbarte Ausland.

Dass man in einem islamischen Land sensibel mit der Kamera umgehen sollte, ist sicherlich nichts Neues. Trotzdem sei daran erinnert, dass insbesondere das Fotografieren von Frauen und Mädchen heikel ist, das nicht nur den Zorn der unfreiwilligen Fotomodelle provozieren kann, sondern auch den der Umgebung. Angesichts des hohen Respekts und der sprichwörtlichen Höflichkeit, mit denen Fremde im Oman empfangen werden, ist es nur recht, die Linse nicht ungefragt auf jedes pittoreske Motiv oder ausdrucksvolle Gesicht zu richten, sondern vorher eine Erlaubnis einzuholen, indem man fragt *Mumkin Sura?*, was so viel bedeutet wie darf ich ein Foto von Ihnen machen?

Militärische Einrichtungen, Polizeistationen, Flughäfen und Innenräume von Moscheen dürfen nicht fotografiert werden.

Frauen allein im Oman

Die omanische Tradition hält das Ansehen von Frauen sehr hoch, aber dies ist mit einigen Verhaltensweisen verbunden, die für Westler gewöhnungsbedürftig sein können. Eine allein reisende Europäerin wird akzeptiert und respektiert, wenn sie sich auf die Sitten des Landes einstellt, doch in knöchellangen Röcken unter einem Kopftuch versteckt durchs Landesinnere zu reisen, wäre ebenso übertrieben wie in kurzen Hosen zu erscheinen. Durch internationale Fernsehkanäle weiß inzwischen jeder omanische Halbwüchsige, wie eine Ausländerin um den Bauchnabel herum aussieht, indes muss man diesen am Strand von Qurum nicht zur Schau stellen, wenn dort verschleierte Frauen mit Familienangehörigen sitzen und ihrem im Wasser plantschenden Nachwuchs zusehen.

Auf dem Lande ist besonderes Einfühlungsvermögen angebracht. Von speziellen Einrichtungen wie *family rooms* in den Restaurants oder Frauen vorbehaltenen Sitzplätzen in Bussen sollten allein reisende Frauen in jedem Fall Gebrauch machen.

Geld

Da der omanische Rial an den Dollar gekoppelt ist, können Wertschwankungen auftreten. 1 OR entspricht etwa 5,60 DM bzw. 2,90 Euro (Stand Mai 2000). Ein omanischer Rial hat 1000 Baisa. Es gibt 100, 200, 250 und 500 Baisa-Scheine sowie Noten von $\frac{1}{4}$, $\frac{1}{2}$, 1, 5, 10, 20 und 50 Rial, die auf einer Seite in Arabisch und auf der anderen in Englisch bedruckt sind. Die Münzen zu 5, 10, 25 und 50 Baisa tragen nur arabische Zahlen. Aus Sicherheitsgründen mag sich die Mitnahme von Reiseschecks anbieten. In den größeren Städten werden in Hotels, Restaurants und Geschäften alle gängigen Kreditkarten akzeptiert; auf dem Lande bezahlt man bar.

Geschenke

Aufgrund der tief verwurzelten Gastfreundschaft, die im Oman gepflegt wird, wird man als Besucher nicht nur eingeladen und verwöhnt, sondern oft auch beschenkt. Um sich revanchieren zu können, sollte man schon daheim an ein paar Mitbring-sel denken, die typisch für unsere Kultur sind. Es muss ja nicht gleich eine Kuckucksuhr sein. Hochwertige Kugelschreiber, deutsche klassische Musik oder Fotobände erfreuen die Gastgeber.

Märkte

Traditionelle Märkte werden auf der arabischen Halbinsel Suq genannt. Sie sind, wie andere orientalische Verkaufsviertel, die Basare, konzentriert in einem Stadtteil angesiedelt und relativ streng nach Handels- und Handwerkszweigen geordnet, so dass z. B. Stoffläden oder Schneidereien, Silber- und Goldhändler zumeist nahe beieinander liegen.

Maße, Gewichte und Temperaturen

Im Oman hat man sich für das metrische System entschieden. Entfernungen auf Schildern an Schnellstraßen und Autobahnen werden in Kilometern angegeben. Wenn Sie einen Omani fragen, wie weit es etwa von Muscat nach Nizwa sei, wird er ihnen antworten »approximately 175 kilos« und er meint Kilometer damit.

In Supermärkten und Suqs beziehen sich die Maße zumeist auf Gramm und Kilo, mit englischen Längen-, Volumen- und Gewichtseinheiten muss indes überall gerechnet werden.

1 foot	0,3048 m
1 inch	2,54 cm
1 yard	0,9144 m
1 mile	1,6093 km
1 pint	0,5683 l

1 gallon	4,5461 l
1 ounce	28,3495 g
1 pound	0,4536 kg

Temperaturen werden sowohl in Celsius als auch in Fahrenheit angegeben:

0° Celsius	32° Fahrenheit
20° Celsius	68° Fahrenheit
25° Celsius	77° Fahrenheit
30° Celsius	86° Fahrenheit
35° Celsius	95° Fahrenheit
40° Celsius	113° Fahrenheit
50° Celsius	122° Fahrenheit
100° Celsius	212° Fahrenheit

Moscheen

Islamische Gotteshäuser sind im Oman nur Muslimen zugänglich.

Museen

In der Capital Area von Muscat gibt es eine ganze Reihe von interessanten Museen, die einen Besuch lohnen. Das Natural History Museum in al-Khuwair ist ein Paradebeispiel dafür, wie man Flora und Fauna, Geologie und Meereskunde Laien zugänglich machen kann. Sehenswert sind ferner in Alt-Muscat das Bait al-Zubair mit historischen Waffen, Schmuck und Mobiliar und das Bait Fransa, das den französisch-omanischen Beziehungen gewidmet ist, in Qurum das Children's Museum, in dem Kinder und Jugendliche in die Welt der Naturwissenschaften eingeführt werden. Im Aquarium des Marine Science and Fisheries Centre in Sidab können Seeschildkröten besichtigt werden, im Oil and Gas Exhibition Centre in Mina al-Fahal wird die Suche und Gewinnung fossiler Brennstoffe thematisiert. Das Oman Museum nahe dem Informationsministerium, Madinat Sultan Qaboos, stellt Exponate zur Archäologie, Seefahrt, Landwirtschaft, Handwerkstradition und Architektur aus.

In Salalah beherbergt das Cultural Centre eine großzügige Ausstellungshalle, in der einige versprengte, konzeptlos zusammengestellte Exponate zur Geschichte von Dhofar zu besichtigen sind. In der Eingangshalle hängen Schwarzweiß-Fotos, die Wilfred Thesiger 1947 bis 1948 auf seinen Exkursionen in die Dhofar-Wüste gemacht hat.

Die meisten historischen Forts im Hinterland sind mit altem Mobiliar, Waffen und Hausgerätschaften ausgestattet. Das Fort von Sohar verfügt über einige Vitrinen, die der Geschichte von Sohar und dem weit reichenden Seehandel gewidmet sind. Der Besuch der meisten Forts und Museen ist frei.

Nachtleben

Außerhalb der Capital Area von Muscat beschränkt sich das städtische Nachtleben auf die Hauptgeschäftsstraßen, wo bis 21 oder 22 Uhr Geschäfte geöffnet haben und Restaurants und Cafés bis 23 oder 24 Uhr Speisen und Getränke servieren. In al-Buraimi, Nizwa, Sohar, Sur und Salalah bieten gehobene Hotels abendliche Unterhaltung.

Muscats Nachtleben ist im Vergleich zu Dubai, Abu Dhabi oder Bahrain eher bescheiden. Es sind vorzugsweise die internationalen Hotels, in denen Bars, Diskotheken und Restaurants mit Live-Musik Nachtschwärmern Unterhaltung bieten. Eine gute Übersicht über die wechselnden Programme und Themenabende liefert das Magazin »Oman Today«.

Mitunter finden Theaterspiele des British Airways Playhouse Ensemble im Hotel Intercontinental in Qurum statt. Die Konzerte des Royal Oman Symphony Orchestra oder arabischer und asiatischer Popgruppen werden in den Tageszeitungen angekündigt.

Notruf

Feuerwehr: Tel. 9 99
Royal Omani Police: Tel. 56 00 99 (Muscat), Tel. 29 00 99 (Salalah)

Für einen Transport ins Krankenhaus stehen keine Ambulanzwagen zur Verfügung. Man ist auf ein Taxi oder einen privaten Wagen angewiesen.

In Notfällen wird kein Krankenhaus die Aufnahme verweigern. Bei einem längeren Krankenhausaufenthalt sollte jedoch geprüft werden, ob nicht ein anderes Krankenhaus für den individuellen Fall besser geeignet ist.

Öffnungszeiten

Freitag, der muslimische Feiertag, gilt als arbeitsfreier Tag. Banken haben Sa–Mi von 8–12, Do –11.30 Uhr geöffnet. In Behörden und staatlichen Einrichtungen wird Sa–Mi von 7.30–14.20 Uhr gearbeitet, Do und Fr ist frei. In den meisten privaten Unternehmen gilt die 5,5- oder 6-Tagewoche. Hier wird Sa–Do von 8–13

und von 16–19 Uhr gearbeitet oder aber am Donnerstag nur von 8–13 Uhr. Geschäfte und Supermärkte sind im Allgemeinen von Sa–Do von 9–13 Uhr und von 16–20 Uhr geöffnet, kleinere Läden öffnen auch freitags von 16.30–20 Uhr.

Post

Der omanische Postservice ist relativ zügig und zuverlässig. Die dolchförmigen Briefkästen werden regelmäßig geleert und die Postämter sind wohlorganisiert, auch wenn es keine einheitlichen Öffnungszeiten gibt. Es ist ratsam, die Postämter vormittags aufzusuchen, da sie mittags und nachmittags geschlossen sein können.

Die Briefgebühren sind nach Entfernungen gestaffelt, Oman und Golfstaaten; andere arabische Länder; alle anderen Länder weltweit. Ein Luftpoststandardbrief nach Europa kostet 200 Baisa, eine Postkarte 150 Baisa.

In den meisten Hotels kann man Briefmarken kaufen oder seine Post an der Rezeption frankieren und abgeben.

Kurierdienste
DHL Worldwide Express, Muscat, Tel. 56 35 99, Salalah, Tel. 23 55 82, Sohar, Tel. 84 09 60, Sur Tel. 44 12 61

Radio und Fernsehen

Das omanische Fernsehen strahlt nur ein Programm aus. Die Sendungen sind nicht sonderlich spannend, aber durchaus von landeskundlichem Interesse. Englischsprachige Nachrichten werden um 20 Uhr ausgestrahlt. Über Satellitenempfang bieten die meisten Hotels ihren Gästen Kanäle wie BBC, CNN, Orbit, star-TV, Zee-TV India, Doordashan India, Super Movies, Star Movies, Dubai, Saudi Arabien, Ägypten, Kuwait etc. an.

Auf Ultrakurzwelle (FM) sendet Radio Oman täglich englischsprachige Nachrichten und Musik- bzw. Unterhaltungssendungen zwischen 7 und 22 Uhr. Die Frequenz für Muscat beträgt 90.4, in Salalah 94.3. Auf Wunsch von Sultan Qaboos, der ein großer Liebhaber klassischer Musik ist, wird vormittags nur Klassik gesendet; BBC sendet in Muscat auf FM 94,1; in Salalah auf FM 93,5.

Ramadan

Im Ramadan, dem neunten Monat des muslimischen Mondjahrs, wird von Sonnenaufgang bis Sonnenuntergang gefastet, das heißt, weder gegessen noch getrunken oder geraucht. Erst nach Sonnenuntergang setzt man sich mit der Familie und Freunden zusammen um den Fastentag zu beenden. Aus Respekt vor seinem Gastgeberland sollten nichtmuslimische Besucher darauf verzichten, in der Öffentlichkeit zu essen, trinken oder rauchen. Das omanische Gesetz verlangt, dass Andersgläubige sich während des Ramadan anpassen. In den internationalen Hotels jedoch werden Gäste nicht gezwungen, auf Alkohol aus der Minibar oder vom Zimmerservice zu verzichten. Bars und Diskotheken bleiben indes geschlossen.

Während des Ramadan gehen die Uhren im Lande ein wenig anders.

Die Bürostunden im öffentlichen Dienst und die Ladenöffnungszeiten passen sich den Gegebenheiten an.

Mit dem Erscheinen der Sichel des ersten Neumondes nach 29 bis 30 Tagen des Fastens beginnt das Fest des Eid al-Fitr. Das Ende der Fastenzeit wird mit opulenten Mahlen, mit Geschenken an Familie und Freunde gefeiert. Es ist auch Sitte, Grußkarten zum Eid-Fest zu versenden, so wie wir es zu Weihnachten und Ostern gewohnt sind.

Reisebüros

In Muscat ist die Auswahl an Reisebüros und Reiseveranstaltern groß, die ihren Kunden bei der Tourenplanung behilflich sind. Von einer halbtägigen Stadtrundfahrt bis hin zu mehrtägigen Ausflügen in das Landesinnere, von Dhau-Fahrten bis zu Übernachtungen im Wüstencamp kann man alles vor Ort buchen. Dabei haben sich einige Veranstalter auf Besonderheiten spezialisiert wie Hochseeangeln, Höhlenbesichtigungen, Dhau- und Segelturns, Unterwasserfahrten in einem tauchfähigen Boot oder Delfin- und Walbeobachtungsfahrten.

Schlangen und andere giftige Tiere

Von den 22 im Oman bekannten Schlangenarten sind sieben Viper-Formen, eine Kobra-Variante, die nur im südlichen Dhofar vorkommt, sowie die mit ihr verwandten Seeschlangen giftig. Knöchelhohe Schuhe und Umsicht helfen, Schlangenbisse zu vermeiden. Normalerweise ergreifen Schlangen die Flucht, wenn man ihnen durch Geräusche, Stockschlagen o. ä. seine Gegenwart ankündigt. Auf keinen Fall sollte man unbedacht unter Steine oder ins Gebüsch greifen.

Im Falle eines Schlangenbisses gilt als oberste Devise »keine Panik«. Als erstes ist der Patient ruhig zu stellen und die Bisswunde möglichst tief zu lagern, so dass das Gift nicht schnell in den Blutkreislauf gerät. Dann ist die Schlangenart zu identifizieren (Zeichnung, Farbe, Kopfform), was von größter Wichtigkeit ist, um dem behandelnden Arzt die Wahl des Gegenserums zu erleichtern. Michael Gallaghers »Snakes of the Arabian Gulf and Oman« kann vor Touren in die Wildnis eine wertvolle Investition sein. Schließlich ist umgehend das nächstliegende Hospital aufzusuchen.

Skorpionbisse sind selten tödlich, aber sehr schmerzhaft. Schmerzmittel und Antihistamine werden vom behandelnden Notarzt verabreicht, den man möglichst schnell aufsuchen sollte.

Sicherheit

So weit es die Kriminalität betrifft, ist der Oman ein sicheres Land. Doch sollte man nicht leichsinnig sein und Wertsachen unbeaufsichtigt lassen und von den angebotenen Hotelsafes Gebrauch machen. Geparkte Autos werden im Oman ebenso abgeschlossen wie andernorts, denn Gelegenheit macht auch hier Diebe.

Im Prinzip kann man sich überall im Lande sicher fühlen, auch des Nachts; gleichwohl ist es nicht ratsam, dass Frauen ohne Begleitung die letzten Winkel des Gastlandes erkunden.

An den Wüstenrändern im südlichen Dhofar ist es in der Vergangenheit hin und wieder zu räuberischen Übergriffen benachbarter Bedu-Stämme gekommen, bei denen Landärzten ihre Geländewagen abgenommen wurden. Dass es unvorsichtig ist, als unbedarfter Tourist ohne omanische Begleitung allein die Wüsten und Wadis des Landes zu erkunden und sich einzig auf einen Kompass und den angemieteten Jeep zu verlassen, versteht sich von selbst.

Sonnenschutz

Sonnencremes mit hohem Schutzfaktor sind ein unbedingtes Muss. Hat man nicht vor der Abreise daran gedacht, erhält man sie in den Supermärkten und Apotheken von Muscat. Die Auswahl an Sonnenhüten, Sonnenbrillen und Baseballkappen in den Suqs ist reichlich.

Sprache

Nützliche Begriffe und Redewendungen

Umgang im Alltag

Begrüßung	
Friede sei mit Ihnen	as-salaam alai-kum
Erwiderung	
Friede sei auch mit Ihnen	wa' alaikum as-salaam
Willkommen	ahlan wa sahlan
Hallo	marhaba
Wie geht es Ihnen?	keef halak?

Danke, gut	bikhair shukran
Gott sei Dank	al-hamdullilah
Auf Wiedersehen	ma'a salama, salam
Bitte	min fadlik
Danke!	shukran
Gern geschehen, bitte	afwan
Tut mir Leid.	muta asif
Macht nichts.	ma'alish
Ja	na'am, aiwa
Nein	la
Gut	zen
In Ordnung, gut	tamam
Ausgezeichnet	mumtas
Wenn Gott will.	inshallah
Vielleicht	mumkin
Es gibt	fi
Es gibt nicht	ma fi
Was gibt's?	shu fi?
Genug	bass
Problem	mushkela
Kein Problem	ma fi mushkela
Schluss, genug	chalass
Los, gehen wir.	yallah
Wie viel?	bi kam?
Teuer	ghali
Später	baden
Morgen	bukra

Unterwegs

Langsam	shuwai, shuwai
Links	yasar
Rechts	yamin
Geradeaus	sida
Wie viele Kilometer?	kam kilo?
Hotel	funduk
Hospital	mustashfa
Arzt	tabib
Zimmer	ghurfa
Toilette	hamam
Restaurant	mat'am
Kaffee	kahwa
Tee	tschai

Zucker	sukhar
Milch	halib
Wasser	ma'ai
Essen	aki
Rechnung	hisab

Zahlen

null	sifr
eins	wahid
zwei	itnan
drei	talata
vier	arba'a
fünf	chamsa
sechs	sitta
sieben	sab'a
acht	tamanija
neun	tis'a
zehn	ashara
elf	ahada ashar
zwölf	itna ashar
dreizehn	talata ashar
vierzehn	arba'ata ashar
fünfzehn	chamsata ashar
zwanzig	ishrin
dreißig	talatin
vierzig	arba'in
hundert	mia
tausend	alf

Telefonieren

Öffentliche Telefonzellen sind weit verbreitet. In den größeren Städten wird man keine Schwierigkeiten haben, ein Telefonhäuschen zu finden, von dem mit einer Telefonkarte ein In- oder Auslandsgespräch geführt werden kann. Telefonkarten zu 1, 5, 3 und 5 OR sind in fast allen Lebensmittelläden (Food Stuff) erhältlich. Auf dem Lande wird man in der Regel an Tankstellen eine Telefonzelle vorfinden.

Obwohl die Telefongebühren in den vergangenen Jahren gesenkt wurden, ist das Telefonieren im Oman relativ teuer. Ein Ferngespräch über eine Distanz von 50 km kostet ca. 50 Baisa (0,25 DM) pro Minute und eine Telefonminute nach Deutschland ungefähr 1 Rial (5 DM). Zwischen 22 und 8 Uhr ist das Telefonieren ca. 16 % billiger.

Ein Ferngespräch vom Hotel kann sich als ein sehr kostspieliges Urlaubsvergnügen herausstellen. Man sollte sich vorher über die hoteleigenen Gebühren kundig machen und wissen, dass auch ein nicht zu Stande gekommenes Gespräch in Rechnung gestellt werden kann, wenn länger als 30 Sekunden durchgeläutet wurde.

Das omanische Mobilnetz ist seit 1998 mit dem D2-Netz kompatibel. Die Preise sind auch hier hoch: Zwischen 6 und 20 Uhr kostet die Minute 0,74 DM im nationalen Nahbereich und bis zu 1,25 DM im Fernbereich. In den übrigen Zeiten betragen die Tarife nur etwa die Hälfte. Ankommende internationale Verbindungen aus dem Ausland schlagen mit fast 3 DM zu Buche und eine Gesprächsminute nach Deutschland kostet knapp 5 DM.

Toiletten

Orientalische, in den Boden eingelassene WCs sind nicht jedermanns Sache. Sie sind zumeist auf dem Lande und in einfachen Restaurants vorzufinden. Bei Überlandfahrten stehen Reisenden die Toiletten der Tankstellen zur Verfügung, für die man sich den Schlüssel beim Kassierer abholt. Papier ist im Allgemeinen nicht vorhanden.

Trinkgeld

Auf Hotel- und Restaurantrechnungen wird ein zehnprozentiger Bedienungszuschlag und eine fünfprozentige Steuer erhoben, so dass beim Bezahlen eine moderate Aufrundung des Betrages um 5 bis 10 % genügt. Dienstleistungen wie Koffer tragen oder Schuhe putzen sollten mit 200 oder 300 Baisa honoriert werden. Fremdenführer und Chauffeure erwarten ein Trinkgeld, das eine Reisegruppe am besten vorher einsammelt und gemeinsam übergibt.

Verhalten im Alltag

Der Oman ist trotz aller Modernität ein traditionelles islamisches Land. Ein deutliches Zeichen hierfür ist beispielsweise, dass die meisten weiblichen Omanis verschleiert auftreten, obwohl kein Schleierzwang mehr besteht.

Im Kontakt mit Ausländern verhalten sich die Omanis sehr tolerant, überaus interessiert und äußerst gastfreundlich. Fremde sind daher gut beraten, sich mit einigen Grundregeln einheimischer Höflichkeitsformen und Verhaltensweisen vertraut zu machen, um nicht als unsensible Botschafter ihres Landes empfunden zu werden.

Wie überall auf der Arabischen Halbinsel ist das Begrüßungszeremoniell herzlich und zeitaufwendig. Nach dem obligatorischen *as-salaam alaikum* und der Antwort *wa alaikum as-salaam* geht man nicht sofort zur Tagesordnung über, sondern fragt sein Gegenüber, ob es ihm gut gehe, bekundet, wie angenehm es sei, einander zu sehen und hört, dass man höchst willkommen sei und so fort.

Nicht immer wird der Gast mit Handschlag begrüßt. Personen anderen Geschlechts die Hand zu reichen, ist unüblich. Man neigt den Kopf etwas nach vorn und legt seine rechte Hand auf die Brust. Zur Begrüßung gehört auch, dass man zu Kaffee und Datteln eingeladen wird. Die Einladung abzulehnen ist unüblich und gilt als unhöflich. Vor dem Betreten eines omanischen Hauses lässt man die Schuhe vor der Haustür. Werden Besucher gebeten, auf dem Boden Platz zu nehmen, ist darauf zu achten, dass die Fußsohlen nicht auf andere Gäste oder Gastgeber gerichtet sind.

Angebotene Speisen sind immer nur mit der rechten Hand entgegenzunehmen, die linke Hand ist unrein und beim Essen tabu. In traditionellen Familien ist es üblich, dass Männer und Frauen jeweils unter sich bleiben.

Wie auch andernorts im Orient, hat die Schnelllebigkeit und Hektik des Westens den Oman noch nicht erreicht. Man lässt sich Zeit, führt Konversation, pflegt die zwischenmenschlichen Beziehungen. Ungeduld ist nicht angemessen, weder im Straßenverkehr noch beim Feilschen im Suq.

Wasser

Dass Wasser in trockenen Gebieten wertvoll ist, liegt auf der Hand. Durch Dürreperioden und intensive Landwirtschaft, die 90 % des jährlichen Wasserhaushalts verbraucht, ist der Oman von Grundwasserabsenkungen bedroht. Durch Wasseranreicherungsdämme in den Wadis versucht man, dem entgegenzuwirken. Der Hauptteil des Leitungswassers wird durch Meerwasser-Entsalzungsanlagen produziert und es gilt allgemein als trinkbar. Dennoch sollte man zum Trinken auf das überall erhältliche Mineralwasser zurückgreifen.

Zeitungen

Im Oman erscheinen drei arabisch- und zwei englischsprachige Tageszeitungen. Letztere sind der »Oman Daily Observer« und die »Times of Oman«. Beide zeichnen sich dadurch aus, dass sie auch über die Ereignisse in der europäischen Politik berichten. Ferner sind die aus den Emiraten stammenden Zeitungen »Khaleej Times« und »Gulf News« sowie internationale Blätter in den Läden der großen Hotels in Muscat am Folgetag ihres Erscheinens erhältlich, im Landesinnern oder in Dhofar jedoch nicht. Dorthin gelangen der »Observer« und die »Times« zumeist erst am nächsten Tag.

Eine sehr gute Übersicht über aktuelle Veranstaltungen, Restaurant- und Hoteladressen sowie Reiseveranstalter, Vereine, Bibliotheken und Kinos liefert das alle zwei Monate erscheinende Magazin »Oman Today«. Sehr engagiert geschriebene Artikel berichten von omanischen Sehenswürdigkeiten, Flora und Fauna sowie vom modernen und traditionellen Oman.

Zeitunterschied

Der Zeitunterschied zur Greenwich Meantime beträgt vier Stunden. Das bedeutet, dass es im Oman drei Stunden später ist als in Mitteleuropa, allerdings nur zwei Stunden später während der europäischen Sommerzeit.

GLOSSAR

Abaya, die: Schwarzer Überwurf für Frauen

Aflaj, die: pl. von *Falaj,* omanisches Bewässerungssystem

Ain, die: Wasserquelle

Alaya, die: Oberstadt

Askar, der: Soldat einer Schutztruppe, die einst zur Aufrechterhaltung von Gesetz und Ordnung einem Wali zur Seite stand

Baghlah, der: Ozeantauglicher Schiffstyp, zwei- bis dreimastig, 150 bis 500 t. Typisch ist das hohe, mit aufwändiger Schnitzarbeit verzierte Heck mit fünf Fensteröffnungen. Der letzte *Baghlah* soll 1952 in Sur gebaut worden sein.

Bait, der: Haus

Banjan, der: Nicht-muslimischer Einwanderer aus dem Westen des Indischen Subkontinents, vornehmlich Händlerfamilien aus Gujarat. Der Begriff *Banjan* soll von *Vaniya* stammen, der Bezeichnung für eine gujaratische Kaufmannskaste.

Barasti: Sommerunterkunft aus Palmblättern und Ästen, die durch Flechtwerkwände eine hohe Luftzirkulation zulässt.

Barzah: Vorhalle, auch Empfangssal, Audienz des *Wali,* auf der die Bevölkerung ihre Anliegen vorbringen kann.

Bedu, der: Beduine, arabischer Nomade

Bin, der: Sohn des, gebräuchlich in Familiennamen

Bisht, die: Leichter Mantel, traditioneller Überwurf der omanischen Männertracht, oft mit Goldbordüren versehen

Bokhur, der: Duftmischung aus Weihrauch und anderen Duftstoffen wie aromatischen Hölzern, Blumenölen oder Gewürzen

Burj, der: Turm

Burqa, die: Gesichtsmaske der Frauen

Dhau, der/die: Allgemeiner Begriff für traditionelle Segelschiffe, die an der indischen und arabischen Küste gebaut und im Seehandel zwischen Ostafrika, Arabien und Indien bis Hinterindien eingesetzt wurden.

Dirwaza, das: Befestigtes Tor, Stadttor

Dishdasha, der: Traditionelles Männergewand auf der Arabischen Halbinsel, zumeist ein weißes, knöchellanges Hemd mit langem Arm

Diwan, der: Einst die Bezeichnung für den türkischen Staatsrat, im Oman der königliche Hof

Eid, das: Muslimischer Feiertag am Ende des Fastenmonats Ramadan (Eid al-Fitr) sowie am Ende der Pilgersaison (Eid al-Adha)

Falaj, das: Künstliches Bewässerungssystem

Ghaf-Baum: *Prosopis cineraria L.,* auch *Prosopis spicigera,* Hülsenfruchtbaum

Ghanjah, die: Arabisches Hochseesegelschiff

Hadj, der: Pilgerfahrt nach Mekka

Halwa, der: Orientalische Süßspeise aus Honig oder Sirup

Henna, der: Rotgelber Farbstoff des Hennastrauchs, der zum Färben von Haaren und Mustern auf der Haut verwendet wird

Hidjra, die: ›Loslösung‹, Übersiedlung Mohammads nach Mekka

Husn, der, auch *hisn:* Festung, Burg

Imam, der: Vorsteher einer geistlichen Gemeinde, Vorbeter und geistiger Führer, im Oman auch Titel der politischen Herrscher

Jebal, der: Berg, Gebirge

Jebali, der: Bergbewohner, verschiedene Stammesgemeinschaften im Süd-Oman werden Jebalis genannt

Jumma, die: Freitag

Juss, der: Putz- und Mörtelmischung auf Kalkbasis

Kahwa, die: Arabischer Kaffee, weniger stark gebrannt als der unsrige, oft mit Kardamon gewürzt

Khanjar, der: Omanischer Krummdolch, der in kunstvoll ziselierten Silberschäften von omanischen Männern am Gürtel getragen wird

Kharejiten: Eine oppositionelle Gruppe, die sich in der Auseinandersetzung um die Khalifatsnachfolge von Ali (Schwiegersohn Mohammads) abspaltete. Die Kharejiten wurden 658 in einer Schlacht von Alis Truppen vernichtend geschlagen. Ibn Muljam ermordete Ali 661 aus Rache dafür.

Kharif, der: Jahreszeit des Monsun im Süd-Oman, Juni bis September

Khojas: Bezeichnung für Einwanderer aus dem Indischen Subkontinent, vornehmlich aus Bombay und Gujarat. Als ehemalige Hindus sind die meisten von ihnen Ismailiten und erkennen den Aga Khan als ihren geistigen Führer an.

Khor, der: Meeresbucht, Lagune

Kohl, das: Antimonpulver, Augenschminke

Kumma, der: Omanische Herrenkappe mit kunstvoller Lochstickerei

Lahaf, der: Kopftuch der omanischen Frauen

Liban/Luban, der: Weihrauch

Maidan, der: Markt-, Versammlungsplatz in einer Stadt

Majlis, der: Gäste- und Versammlungsraum in einem Haus, *Majlis al-Shura* – Konsultativrat, *Majlis al-Dawla* – Staatsrat

Masjid, der/die: Moschee

Massar, der: Omanisches Turbantuch, meist bestickt und aus Kaschmir importiert

Medrese, die: Koranschule

Mihrab, der: Nach Mekka ausgerichtete Gebetsnische in einer Moschee

Mina, der: Hafen

Minbar, der: Podest in Nähe des Mihrab, von dem der Vorbeter oder Imam seine Rede oder Gebete spricht

Muezzin, der: Ausrufer einer Moschee, der die Gebetszeit ankündigt

Muscharabie, die: Vom arab. *mashrabiyyah,* ursprünglich ein Fenster- oder Balkongitter aus Holz, auch eine durchbrochene Wandöffnung, die möglichst viel Luftventilation und möglichst wenig gleißendes Sonnenlicht in das Gebäude bringen soll

Qawasim, der: Piraten aus den Vereinigten Arabischen Emiraten, die im 18. und 19. Jh. die Seewege im Golf von Oman und im Persischen Golf unsicher machten

Qibla, die: Gebetsrichtung nach Mekka, im Oman nach Westen ausgerichtet

Ramadan, der: Fastenmonat der Muslime

Ramlah, die: Sand, wie in Ramlah al-Wahiba

Ras, der: Landspitze, Kap
Sabkha, der: Salzebene, verlandeter Salzsee, Salzwüste
Sabla, die: Öffentlicher Versammlungsraum einer Stammesgemeinschaft oder einer Großfamilie
Sambuq, der: Zwischen 20 und 150 t großer Schiffstyp, mitunter zweimastig, der vor allem in Sur gebaut wurde.
Saruj, der: Putz- und Mörtelgemisch aus Sand und Lehm
Shamlah, die: Eigentlich Mantel, Umhang, aber auch Bezeichnung für einen kelimartigen Teppich
Shashah, die: Archaisches Fischerboot aus Dattelpalmenästen. Man sieht es mitunter noch an der Batinah-Küste.

Sheikh, der: Scheich, Stammesältester, Stammesführer, Ehrentitel
Sirwal, der: Omanische Frauenhose mit Brokatstickerei
Sufala, die: Unterstadt
Suq, der: Arabischer Markt, Händlerviertel in arabischen Städten
Sur, der: Umfassungsmauer, befestigter Bezirk, Verteidigungsanlage
Ustadh, der: Meister
Wadi, das: Flussbett, tief eingeschnittenes Tal
Wahhabit, der: Anhänger einer orthodoxen Reformsekte, die sich im 18. Jh. in Saudi-Arabien formierte
Wali, der: Statthalter, Verwaltungsbeamter
Wilayat, das: Verwaltungsbezirk, dem ein Wali vorsteht

ABBILDUNGSNACHWEIS

REGISTER

Personenregister

Abdullah bin Ibadh   50
Abriyin, Volksstamm   135
Abu Shaatha   50
Ahmad bin Said Al Bu Said (1744-83), Imam   101, 105, 108
Al-Azd, Volksstamm   153
Al-Bu-Said-Dynastie   18, 101, 105, 107
Al-Harthy, Volksstamm   156, 159, 161
Al-Humaymi   134
Al-Masakira, Volksstamm   156
Al-Ya'aruba   s. Ya'aruba-Dynastie
Albuquerque, Afonso de   69, 174
Alexander der Große   194
Ali, Schwiegersohn Mohammads   49, 50, 198
Alvarez, Belchior   74
Awamr   31
Ayoub (Hiob, Job), Prophet   201

Bait Kathir, Volksstamm   48, 185, 195
Bani Bu Ali, Volksstamm   168, 169, 175, 176, 177
Bani Hina, Volksstamm   138
Bani Riyam, Volksstamm   138
Bedus, Nomaden   14, 21, 59, 142, 156, 163, 165, 186, 199, 203
Bilarab bin Sultan (1668-92), Sultan   128, 129, 132
Bonne, Jean-Francois   94

Cairate, Carlo   74
Chosrau II. Parves (Khusrau, 590-628), Sassaniden-König   108

Faisal bin Turki (1888-13), Sultan   71, 73

Fiennes, Ranulph   203

Galmiche, Jean-Francois   94
Ghafiri, Urstamm   138, 146, 168
Ghalib bin Ali, Imam   144
Ghalilah bint Salim   71

Harasi, Volksstamm   48
Hariq, Sklave   123
Heyerdahl, Thor   113
Hinawi, Urstamm   138, 146, 161

Ibaditen   49, 50f.
Ibn al-Mujawir   202
Isa bin Abdulla bin Masud bin Saif al-Bahlawi, Imam   144

Janaba, Volksstamm   176
Jebalis   48, 49
Jemeniten   111
Julanda bin Masud (751), Imam   138

Kämpfer, Engelbert   48, 73
Kharejiten   50
Khojas   81, 82
Kibaykib, Riese   158

Lawrence, Thomas Edward   203
Leonidas, Lehrer von Alexander dem Großen   194

Mahrah, Volksstamm   48, 185, 195
Manjuwi (Minjawi), persische Herrscherdynastie   198
Masud bin Mahmud bin Suleiman Al Bu Said, Sheikh   143
Miles, Samuel Barrett   108, 126, 172
Mohammad, Prophet   57
Mohammad bin Ali al-Alawi   197f.